Somos vecinos

*Intermediate Spanish
through U.S. Latino Culture*

Somos vecinos

Intermediate Spanish through U.S. Latino Culture

Joan F. Turner
University of Arkansas at Fayetteville

William C. Maisch
University of North Carolina at Chapel Hill

Heather D. Mendoza
University of Arkansas at Fayetteville

PEARSON

Prentice
Hall

Upper Saddle River, NJ 07458

Library of Congress Cataloging-in-Publication Data

Turner, Joan F.
    Somos Vecinos : intermediate Spanish through U.S. Latino culture / Joan F. Turner,
William C. Maisch, Heather D. Mendoza.
      p.   cm.
    ISBN 0-13-017926-4 (alk. paper)
    1. Spanish language—Textbooks for foreign speakers—English.   2. Hispanic
Americans—Social life and customs.   3. Civilization, Hispanic.   I. Maisch, William C.   II.
Mendoza, Heather D.   III. Title.

PC4129.E5T88 2004
468.2'421—dc21   2003056469

Publisher: Phil Miller
Senior Acquisitions Editor: Bob Hemmer
Senior Development Editor: Julia Caballero
Assistant Director of Production: Mary Rottino
Assistant Editor: Meriel Martínez
Production Liaison: Claudia Dukeshire
Editorial Assistant: Pete Ramsey
Prepress and Manufacturing Manager: Nick Sklitsis
Prepress and Manufacturing Buyer: Brian Mackey
Composition/Full-Service Project Management: Preparé, Inc.
Cover art: José Rios

This book was set in 10/12 Korinna by Preparé Inc.
and was printed and bound by Courier Westford.

©2004 by Pearson Education, Inc.
Upper Saddle River, New Jersey 07458

Printed in the United States of America
10 9 8 7 6 5 4 3 2 1

ISBN: 0-13-017926-4

Pearson Education LTD., London
Pearson Education Australia PTY, Limited, Sydney
Pearson Education Singapore, Pte. Ltd
Pearson Education North Asia Ltd, Hong Kong
Pearson Education Canada, Ltd, Toronto
Pearson Educación de México, S.A. de C.V.
Pearson Education — Japan, Tokyo
Pearson Education Malaysia, Pte. Ltd
Pearson Education, Upper Saddle River, New Jersey

Tabla de contenidos

Preface

Somos vecinos is based on a "new" concept: that to function in the 21st century you will need the language skills and the cultural know-how to interact with Latinos* in your daily life. Although many Latinos are second generation and speak English as their native language, others are more recently arrived from Spanish-speaking countries. In either case, they share a cultural heritage that is becoming a significant part of the United States. The image of the "melting pot" has been replaced by that of the "salad bowl" where ingredients are part of a mixture but still bear their distinguishing characteristics.

As intermediate students of Spanish, you have studied the language and cultures of Hispanic countries and begun to feel comfortable in communicating your interests, needs, and observations. As members of the world community, you have no doubt witnessed the rise in population of Hispanic Americans in the United States. Like most Americans, you probably enjoy eating tacos, enchiladas, and flan, and are familiar with the merengues of Mark Anthony, the acting of Salma Hayek, and the batting average of Sammy Sosa. Nevertheless, no matter how visible these stars are in the media, it is highly unlikely that you will be speaking with any of them personally. What is inevitable, however, is that you will have direct contact with members of the growing Latino population not only in

---

*A word about the use of the terms "Latino" and "Hispanic (or *hispano*)" in the United States today and throughout this text

There is some difference of opinion, but many people from Spanish-speaking cultures in the United States today prefer to be called "Latinos," which is why we have shown a preference for the term throughout the text. There are, nevertheless, many who are proud to call themselves Hispanics (*hispanos*), and many who actually prefer the term. Preference for "Latino," which is partly based on the stigmatization of "Hispanic" by its use as an indicator of race on United States census forms beginning in the 1970s, is not universal. Students should be advised that many well-educated Latinos prefer to call themselves Hispanics or *hispanos* because of the more recent association of the term "Latino" with the urban working class.

your school but in your career as well. We invite you to learn more about these individuals (and yourself, too) as you meet them in *Somos vecinos*.

The core of the text is a series of interviews with Latinos from different parts of the United States like those who can be found in your own community. Although these people are not famous individuals, we found that they have interesting stories to tell. They speak about their reasons for coming to the United States, how being bilingual has affected them, what their goals are for the future, and how they're happy to be part of the United States.

You will read cultural selections that reflect such timely topics as *Spanglish*, recertification of Latino professionals, celebrating a bi-cultural Thanksgiving, and preventing school dropouts. There are also literary readings by a new crop of Latino authors who speak about growing up in a bi-cultural environment. We hope to dispel some of the stereotypes that people in the United States hold toward Latinos and their culture.

You will find that *Somos vecinos* displays a unique approach toward vocabulary and grammar since both are based on the biographical sketches and commentary of the individuals interviewed in each chapter. In both sections, there is a view toward practicality. Lists of vocabulary relate to the theme of the chapter but also furnish you with the "tools" needed to discuss the topics at hand. Activities for the vocabulary section range from those in which you fill in one or two words to those that are more open-ended. The vocabulary will help you understand the reading sections, and hopefully enjoy them, and will give you the tools that you need to express yourself in discussions, writing, and role play activities.

For your convenience, there are concise grammar explanations in English in every chapter along with examples that illustrate each of the primary grammar structures presented. They are followed by exercises that will help you to assess your mastery of the structures. If you need more detailed explanations and additional practice of the primary grammar structures, you will find them in the workbook. A review of several secondary grammar structures is also included in the workbook along with practice exercises. In chapter two, for example, the main grammar structure in the textbook provides an overview of narrating in the past using the preterite and imperfect tenses, while the workbook introduces additional practice exercises with a more detailed explanation of the tenses including how to form regular and irregular preterites and imperfects.

One of the most exciting features of *Somos vecinos* is the auditory comprehension sections and the virtual interview that offer you an opportunity to see and hear Latinos talking about themselves, their lives, their jobs, hobbies, interests and opinions. The CD-ROM contains these two components for each of the text's six chapters: 1) the auditory comprehension activity meant for use and discussion in class; and 2) a "virtual interview," which is offered to you as an alternative to a live interview. Like those interviewed in the text, the Latinos on the videos are not famous people, but represent a wide variety of ages and experiences in the United States as well as a broad range of national origins. These people are not reading scripts, but speaking spontaneously. Although they often address you directly and generally speak at a deliberate pace, you should expect them to occasionally pause and repeat phrases as we all do in normal conversation. This may come as a bit of a surprise to you if you are not used to hearing authentic speech, but you will soon become accustomed to it and find that it is helping you understand native speakers in your face-to-face conversations. To offer you further help in using the *Entrevistas Virtuales*, we have included a guide to each in the corresponding chapter of the workbook. These include comprehension check questions and a directed writing activity.

Among the Latinos you meet on the CD-ROM are: a Cuban-American grandmother who came to the United States over thirty years ago and recalls for us the excitement she felt the first time she saw snow; two young Guatemalan-American construction workers who speak with great pride and eloquence about their work here and their arduous journey through Mexico; and, a four year old Cuban-American girl who talks about playing with her toys and speaking Spanish.

To help you in working with *Somos vecinos*, the following is a list of the sections of the text and a brief explanation of their content.

Chapter Outline

Primer encuentro consists of a reading intended to introduce you to the theme of the chapter. The selection is followed by check questions, small group discussion questions, and a process writing assignment.

Vocabulario esencial begins with a list of important words and phrases related to the theme of the chapter. Vocabulary lists are followed by activities (*Práctica*), intended for both oral and written practice, that will help you to process the vocabulary found in the reading and to use these words in the discussion, writing, and role play sections. Activities range from highly structured to open-ended and communicative practice.

Cultura will acquaint you with some important issues in the bicultural world. Selections are taken from newspapers articles found on the Internet. Each section begins with a reading strategy to help you understand an actual article intended to be read by native speakers of Spanish. After the cultural reading are content questions (*Comprensión*) and questions for further discussion (*Discusión*).

A conocer consists of readings based on individual interviews of 3-4 Latinos. These provide the content for both the grammar and the communicative activities of the chapter. *A presentar* provides some background about the individuals presented in the chapter. As a pre-reading activity you will be asked to make predictions about what you will read. *A conocer* contains the actual reading passages or interviews. Each interview is followed by *Comprensión*, post-reading questions that serve to check content. *Discusión* allows leads you to develop listening/speaking skills while exploring your feelings and opinions of what you have read. *A repasar* occurs at the end of the set of interviews and invites you to synthesize the information found in the chapter and engage in discussion of general themes. Whenever possible, you will be asked to consider your own experiences/feelings and to make inferences about how it would feel to be a Latino in the North American culture. For some questions in this section you will search the Internet to gather information needed to complete a task.

Estructura includes grammar explanations and examples illustrate each of the primary grammar structures presented. They are followed by exercises (*Práctica*). If you need more detailed explanations and additional practice of the primary grammar structures, you can find these in the workbook. A review of several secondary grammar structures is also included in the workbook along with practice exercises. In chapter three, for example, the main grammar structure in the textbook provides an overview of the subjunctive mood, while the workbook provides a more detailed explanation of the subjunctive as well as a review of future/ conditional.

A escribir is designed as the main process writing activities. You will begin by brainstorming, filling in charts or making lists and then use the information gathered in these activities to answer questions that lead them to a coherent writing sample.

¿Qué haría Ud.? is designed to give you an opportunity to place yourself in a situation similar to one experienced by Hispanics interviewed in the text. This part of the chapter features oral exercises. You will be able to recycle familiar vocabulary and apply it in a new role-play context.

Comprensión auditiva offers you a chance to improve your listening skills.

Antes de ver el video is similar to the pre-reading section and gives you an opportunity to discuss the topic to be presented in the video and to relate that topic to your own life. *Primera proyección– Comprensión* is a set of multiple choice comprehension check questions. *Segunda proyección – Comprensión* is a second set of slightly more ambitious comprehension check questions. *Consideraciones* is a communicative activity in which students discuss the video and related themes.

Lectura includes an authentic literary reading that reflects the chapter's theme. Prior to reading the chapter, you will read a brief sketch that describes the author and his/her works. This section begins with *Antes de leer*, which provides you with some knowledge of what will follow and as a tool. New or difficult words from the readings that are not considered active vocabulary are glossed as footnotes on the page where they occur in the text. The literary text is followed by *Comprensión, Discusión*, and *Composición*.

Entrevista encourages you to engage one of the members of the Hispanic community in an actual interview. Where this type of interview is not possible or practical, you should use the *Entrevista virtual* included on the CD-ROM that accompanies the text. In the preliminary section of the text, you will be instructed on how to conduct an interview so that you can gain the maximum amount of information. There is also a guide to each of the *Entrevistas virtuales* in the corresponding chapter of the workbook.

We hope that you will enjoy this new look at Hispanic culture; that the text will provide you with the skills that you need to interact both at work and at home in the community; that you will finish your Spanish class with the knowledge that *sí, somos vecinos.*

Acknowledgments

We would like to thank all those who supplied us with their autobiographical narratives and those who gave on-camera interviews. We hope that they are pleased with the final product.

We are especially grateful to the following people for their valuable contributions to the *Somos vecinos* project.

for supplying contacts:

Carolina Caballero

Xiomara Gómez

Luis González

Carol Johnson

Alejandro Mendoza

Rosario Nolasco

Alicia Ramos

Adrienne Royo

Leslie Rubin

Patty Suppes

for all the video editing:

Andy Brawn

for his assistance as cameraman:

Luis Gonçalves

for piloting materials in their classes and giving us valuable feedback:

Linda Saborío

Betsy Sandlin

Finally, we would like to give special thanks to:

Rosemary Bradley, who saw the value of our project but could not be with us at the end; Kristine Suárez, who encouraged us with her enthusiasm and creativity; Frank Morris, for his faith in the project, his consistent guidance and his insightful feedback; Manel Lacorte, for his thorough review of the manuscript and his detailed suggestions; Pete Ramsey, for answering our frantic e-mails and responding promptly to our many inquiries; Claudia Dukeshire, for coordinating the project at Prentice Hall; Mary Rottino, for following through on so many important details; Preparé Inc. for editing and producing our book; Copy Editor, Solivia Márquez for her invaluable suggestions; Audio Visual Editor Samantha Alducin; Assistant editor, Meriel Martínez-Moctezuma, for all her hard work; and, Bob Hemmer, who came to the project late but saw us through to the end.

Joan F. Turner
William C. Maisch
Heather D. Mendoza

Capítulo preliminar

Latinos en los Estados Unidos

COMUNICACIÓN

Describirse a sí mismo y a otras personas

Hablar de sentimientos y creencias

Hablar de los estereotipos

Reconocer los cognados

Hacer una entrevista

LECTURAS CULTURALES

Perspectiva general de los latinos en los Estados Unidos

Spanglish

ESTRUCTURAS

Repaso de los adjetivos calificativos

Adjetivos comparativos de igualdad y superioridad

Pronombres interrogativos y las preguntas

Encuentros

Los latinos

G P.1

Todos los latinos que aparecen en los dibujos del principio de este capítulo viven en los Estados Unidos. Algunos vinieron de otros países mientras que otros nacieron aquí. En grupos de tres o cuatro personas, contesten las siguientes preguntas.

1. En su opinión ¿cuáles de estas personas nacieron aquí y cuáles se mudaron de otros países? ¿Por qué cree eso? ¿Es posible adivinar de qué países vinieron?

2. ¿Conoce Ud. a alguien que viniera de otro país a vivir aquí? ¿De dónde es esa persona? ¿Por qué dejó su país natal?

3. Los Estados Unidos es un país hecho de inmigrantes. Algunos llegaron a Ellis Island hace muchos años y otros son recién llegados. ¿De qué países vino la mayoría de la gente que llegó a Ellis Island? ¿Por qué vino? ¿De dónde vienen los inmigrantes de hoy? ¿Por qué razones habrán dejado sus países para venir a los Estados Unidos?

4. ¿De dónde vinieron sus antepasados? ¿Vinieron sus padres, abuelos o bisabuelos de otro país? ¿Cuáles son las ventajas y desventajas de ser hijo o nieto de inmigrantes?

2 P.2 ¿Sabía Ud. que... ?

En parejas, indiquen si las siguientes oraciones son ciertas o falsas. Para las oraciones que marquen como falsas, hagan los cambios necesarios para transformar las oraciones falsas en oraciones ciertas.

1. Los latinos miran menos televisión que la mayoría de la población de los Estados Unidos.

2. Los cubanos son el mayor grupo de hispanos en los Estados Unidos.

3. La palabra "hispano" representa a las personas cuya nacionalidad es de 15 países de Sudamérica y Centroamérica, México, Cuba, Puerto Rico, España y la República Dominicana.

4. No todos los latinos hablan español como lengua principal en casa.

5. El 37% de los latinos vive en Los Ángeles, Nueva York y Miami.

6. Los latinos son generalmente más viejos que el resto de la población de los Estados Unidos.

7. Las familias latinas son más grandes que la familia mediana de los Estados Unidos.

8. La mayoría de los mexicanoamericanos del siglo pasado no eran inmigrantes sino que vivían en tierra que fue anexionada por los Estados Unidos en 1848, después de la guerra con México.

Quiénes Somos

°**bomba:** Puerto Rican dance form

°**plena:** Puerto Rican type of song that has social comment, satire or humor

Según el censo del 2000, hay 32,8 millones de latinos viviendo en los Estados Unidos. Esto constituye el 12% de la población total. Los de origen mexicano, el 66,1%, son el grupo más grande. Los centroamericanos y sudamericanos constituyen el 14,5%, los puertorriqueños el 9%, los cubanos el 4% y el resto un 6,4%. Es importante darse cuenta de que los latinos no son un pueblo homogéneo. O ellos o sus antepasados vinieron de un país con una cultura y tradiciones distintas. No todos celebran el Cinco de Mayo ni escuchan la música bomba° y plena°.

Hay un debate sobre cuál debe ser el nombre correcto para denominar a este grupo de gente. Algunos creen que el término "hispano" no lo es porque se refiere a todas las personas que tienen ascendencia española genética o cultural. Otros indican que el término "latino" se puede referir a todas las personas que hablan una lengua romance, como los franceses, los portugueses y los italianos. Para ser más preciso, una solución sería hablar acerca de los latinos mexicanoamericanos, los latinos puertorriqueños o los latinos cubanoamericanos entre otros. En este libro la palabra "latino" se usa para referirse a los hispanoparlantes que residen en los Estados Unidos reconociendo que ellos pertenecen a una cultura alternativa, ya sea mexicana, puertorriqueña, cubana u otra diferente. Abajo hay una breve historia de algunos de estos grupos que componen el mundo latino.

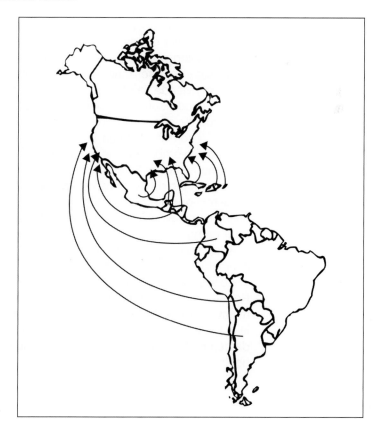

Los mexicanoamericanos

Los mexicanoamericanos son la minoría latina que está creciendo más rápidamente. Componen dos tercios de los hispanos de los Estados Unidos y se concentran principalmente en el suroeste del país. La historia de los mexicanoamericanos empezó en 1848 con el Tratado° de Guadalupe Hidalgo, que terminó la guerra entre los Estados Unidos y México. Según los términos del Tratado, los Estados Unidos recibieron Tejas, Nuevo México, Arizona y parte de California, Nevada y Colorado, regiones que antes de la guerra habían pertenecido a México. Los alrededor de 75.000 ciudadanos mexicanos que vivían en dicho territorio tuvieron que optar por volver a México o por quedarse y convertirse en ciudadanos norteamericanos. La mayoría aceptó esta última opción. En un principio, el Tratado les prometía libertad religiosa y cultural, además de garantizarles el derecho a la propiedad; sin embargo, sólo el derecho a la libertad religiosa fue reconocido. Había mucho desasosiego,° y la llegada del ferrocarril° produjo aun más problemas. Muchos angloamericanos llegaron a los territorios y, por consiguiente,° los mexicanoamericanos se convirtieron en minoría en una tierra que había sido suya.

Hubo una ola° de inmigración entre 1890 y 1900. Alrededor de 500.000 mexicanos cruzaron la frontera de los Estados Unidos para buscar trabajo en grandes compañías. Otros huyeron° a los Estados Unidos entre 1910 y 1917, época de la Revolución Mexicana. A todos ellos se les permitió la entrada sin restricciones hasta 1930.

La Segunda Guerra Mundial (1939-1945) propició un cambio de actitud en los mexicanoamericanos, pues muchos volvieron de la guerra sintiéndose orgullosos de ser de los Estados Unidos. Como los trabajos en el campo habían disminuido, muchos mexicanoamericanos se mudaron a las ciudades. Allí sus vidas llegaron a ser más estables ya que podían disfrutar de bienes sociales como la vivienda, la educación y la medicina.

El período entre la Segunda Guerra Mundial y los años sesenta es conocido como "la generación de los mexicanoamericanos," porque alcanzaron un progreso considerable en la educación que recibían y en su nivel de vida en general. Sin embargo, surgió mucha desilusión y desconfianza hacia el sistema de gobierno de los Estados Unidos. Los mexicanoamericanos empezaron a seguir el ejemplo de los afroamericanos, quienes protagonizaron el movimiento de los derechos civiles durante los años sesenta. Así nació el "chicanismo." Los chicanos se consideraban miembros de "La Raza", o sea, un pueblo con una historia común, que se sentía orgulloso de su cultura. Cabe destacar a César Chávez, quien fue un carismático líder chicano y organizador sindical. Los chicanos tuvieron mucho éxito en organizar sindicatos° para los trabajadores migratorios y en establecer programas de estudios chicanos en las universidades. Por su parte los estudiantes formaron organizaciones como MECHA (Movimiento Estudiantil Chicano de Aztlán) y exigieron que se enseñaran el idioma, la cultura y las contribuciones de la gente latina en las escuelas. Desafortunadamente, desde los años setenta, ha vuelto a surgir hostilidad hacia los que no hablan inglés bien, no trabajan legalmente o hacen trabajos manuales.

°**Tratado:** Treaty

°**desasosiego:** uneasiness
°**ferrocarril:** railroad
°**por consiguiente:** consequently
°**ola:** wave

°**huyeron:** fled

°**sindicatos:** unions

P.3 Comprensión

1. ¿Por qué no les mejoró la vida a los mexicanos el Tratado de Guadalupe Hidalgo?
2. ¿Cuál fue el resultado de la invención del ferrocarril?
3. ¿Cuáles fueron los efectos de la Segunda Guerra Mundial sobre los mexicanoamericanos?
4. ¿Qué cambios sociales consiguieron los chicanos?

P.4 Discusión

Se dice que la década de los setenta era "la generación de los mexicano-americanos." ¿Qué piensa Ud. de las condiciones de los mexicanoamericanos a finales del siglo XX y a principios del nuestro? ¿Siguen los mexicanoamericanos con los mismos conflictos? ¿Cuáles son? ¿Han disminuido los conflictos originales? ¿Hay problemas nuevos? Si hay mexicanoamericanos en el áerea donde Ud. vive, ¿qué tipo de dificultades tienen que atravesar sus vecinos cada día?

Los puertorriqueños

La mayor diferencia entre los puertorriqueños y otros inmigrantes que se han desplazado a los Estados Unidos es que realmente aquéllos no son inmigrantes sino ciudadanos estadounidenses. Muchos puertorriqueños viven en la isla pero salen hacia los Estados Unidos para mejorar su nivel de vida cuando las condiciones económicas en la isla son malas. Puesto que ya son ciudadanos estadounidenses, no tienen que preocuparse de cuotas migratorias ni del proceso de naturalización. La mayoría de los puertorriqueños se concentra en ciudades grandes como Nueva York, Boston, Chicago y Filadelfia.

La emigración de los puertorriqueños empezó después de la Segunda Guerra Mundial, en los años cincuenta. Hacia los años setenta, la mitad de la isla había emigrado a los Estados Unidos, pero su bajo nivel de estudios y preparación para entrar en el mercado laboral les dificultó encontrar trabajo. Además, su libertad de salir y entrar en el país cuando la economía es mala supone una desventaja. No sólo la vida familiar sufre sino que también el progreso escolar de los hijos se interrumpe al cambiar de un sistema educativo a otro. Además, los puertorriqueños se quejan de que son víctimas de la discriminación y de la brutalidad policial en los Estados Unidos.

°**don:** gift

El valor del don° de ciudadanía es dudoso para algunos puertorriqueños. Después de la Guerra de 1898 con los Estados Unidos, España perdió sus colonias en el hemisferio occidental y Puerto Rico se convirtió en un territorio de los Estados Unidos. Sin embargo, muchos puertorriqueños estaban descontentos porque la economía basada en las fincas de azúcar, café y tabaco había pasado a las manos de las grandes compañías americanas. Luego, en 1917 el

°**aprobó:** approved

gobierno de los Estados Unidos aprobó° el Jones Act, mediante el cual los puertorriqueños recibieron la ciudadanía estadounidense y su gobernador

°**asuntos:** affairs

consiguió más poder sobre los asuntos° administrativos de la isla. Algunos puertorriqueños siguieron protestando porque no habían pedido la ciudadanía. Además, la isla todavía era una colonia de los Estados Unidos, de hecho, su legislación dependía del Congreso estadounidense. En 1948 la isla se convirtió en un Estado Libre Asociado, lo que les dio a los puertorriqueños más control sobre su gobierno y el derecho a elegir a su gobernador. No obstante, sus privilegios y responsabilidades son diferentes de los de los otros ciudadanos estadounidenses. No pagan impuestos federales, por ejemplo, pero reciben los beneficios de muchos programas federales de educación y medicina; pueden

°**ejército:** army

servir en el ejército,° pero sólo se les permite votar en las elecciones presidenciales primarias; mandan delegados al Congreso, pero sin derecho a voto.

La cuestión de su gobernación sigue en Puerto Rico con algunos insistiendo en que la isla sea independiente, mientras que otros reconocen la dependencia económica de la isla con los Estados Unidos.

P.5 Comprensión

1. Según el texto, ¿qué ventajas tienen los puertorriqueños?
2. ¿Cómo afecta a los niños puertorriqueños el frecuente ir y salir de los Estados Unidos?
3. ¿Qué tipo de economía tiene la isla de Puerto Rico?
4. ¿Poseen los puertorriqueños la ciudadanía total?

P.6 Discusión

¿Cree Ud. que Puerto Rico debe convertirse en el estado 51 de los Estados Unidos o en una nación independiente? En un grupo pequeño, hagan una lista de las ventajas y desventajas de ambas opciones. Compare su lista con la de otro grupo. ¿Son las listas similares? ¿Cuál es la opción que presenta el mayor número de ventajas para la gente de Puerto Rico? ¿Creen Uds. que esta opción es mejor que ser un Estado Libre Asociado de los Estados Unidos? Expliquen.

Los cubanoamericanos

Los cubanoamericanos son el grupo de inmigrantes más pequeño pero también son el grupo que ha alcanzado el nivel educativo más alto, una economía más estable, y el que ocupa mejores puestos en el mercado laboral. Se les considera refugiados políticos del régimen de Fidel Castro. Por eso, pueden llegar a ser ciudadanos después de un año en los Estados Unidos. La mayoría de los

°**se jacta:** boasts

cubanoamericanos vive en Florida, especialmente en Miami, que se jacta° de ser una ciudad verdaderamente bilingüe.

La primera ola de inmigrantes empezó cuando Castro tomó el control del gobierno de Cuba en 1959. Su revolución prometió reformas en la educación, la agricultura y la estructura social, pero los cambios que el régimen empren-

°**emprendió:** began

dió° ocasionaron conflictos sociales y ausencia de libertades. Poco después, los Estados Unidos rompieron sus relaciones diplomáticas con Cuba y planearon, junto con algunos exiliados cubanos, la invasión de la Bahía de Cochinos. Dicha operación militar fue un desastre y, mientras las relaciones entre los dos gobiernos empeoraban, Cuba estableció una alianza con la Unión Soviética. Los cubanos que esperaban un gobierno democrático para Cuba se desilusionaban más cada día; por eso, muchos decidieron exiliarse a los Estados Unidos. En los años sesenta, 500.000 cubanos llegaron al país. Por su condición de refugiados políticos, el Congreso inició programas que les permitían una mejor preparación para encontrar trabajos. También les facilitó préstamos para ayudarles a establecer negocios, continuar sus estudios y comprar casas. En Cuba, esta ola de inmigrantes pertenecía a la clase media o a la clase alta, y muchos ya sabían hablar inglés.

°**cárceles:** jails

En los años ochenta, otro grupo de refugiados cubanos llegó a los Estados Unidos, pero era bastante diferente del primero y no recibió una acogida tan generosa. Este grupo de inmigrantes estaba compuesto principalmente por jóvenes, muchos de ascendencia africana, con menos estudios y experiencia profesional. Durante esta época, Castro también permitió que 125 000 personas salieran de los hospitales psiquiátricos y de las cárceles° para emigrar a los Estados Unidos. Ellos recibieron el nombre de "marielitos" porque salieron del puerto Mariel. Al principio el gobierno arrestó a un gran número de los recién llegados pero por fin soltaron a los que habían cometido crímenes políticos. Los otros fueron encarcelados en Louisana y Atlanta. En 1987 los Estados Unidos y Cuba llegaron a un acuerdo. El gobierno estadounidense aceptaría 20,000 inmigrantes cubanos cada año si Cuba recibiera a los cubanos en las cárceles estadounidenses.

°**se derrumbaría:** would collapse

La mayoría de los cubanoamericanos llegó a los Estados Unidos con la esperanza de que algún día el régimen de dictadura de Castro se derrumbaría° y entonces ellos podrían regresar a una Cuba democrática. Por eso, mantienen su lengua y su cultura mientras viven en una Florida bicultural.

P.7 Comprensión

1. ¿Por qué recibieron los cubanos un tratamiento diferente de los otros grupos de inmigrantes?
2. Para los cubanos, ¿qué implicó la alianza con la Unión Soviética?
3. ¿Por qué no recibió una acogida tan generosa el segundo grupo de inmigrantes cubanos?
4. ¿Piensan los cubanos ser residentes permanentes de los Estados Unidos? ¿Por qué?

P.8 Discusión

Algunos cubanoamericanos están esperando el día en que Fidel Castro ya no sea el líder de Cuba. Cuando esto ocurra, ¿piensa Ud. que habrá un éxodo grande de Miami? ¿Por qué razones volvería una familia cubanoamericana a la isla? Si esto ocurriera, ¿en qué cambiaría Miami?

Otros grupos latinos

De los grupos de inmigrantes que llegaron en las últimas décadas del siglo XX, algunos no vinieron para recoger beneficios materiales, sino para escaparse del peligro resultante de las guerras civiles ocurridas en sus respectivos países y el desorden social que las siguió. Entre ellos destacan los nicaragüenses, que empezaron a llegar después del terremoto que sacudió Managua en 1972 y que causó muchos daños. Los nicaragüenses se rebelaron cuando la familia Somoza, que había gobernado por 40 años, robó millones de dólares que las agencias internacionales habían destinado como ayuda humanitaria a las víctimas del terremoto. Los sandinistas, seguidores del mítico líder guerrillero Augusto Sandino (1893-1934), tomaron el poder en 1972 y trataron de acabar con la pobreza y la desesperanza de la gente poniendo fin a la corrupción del gobierno dictatorial de los Somoza. Al principio trataron de conseguir asistencia financiera de los Estados Unidos, pero finalmente establecieron alianzas con la Unión Soviética y Cuba. Otra razón por la emigración fue la inquietud política resultando de la dictadura de la familia Samoza por más de 40 años. En 1961, surgió la organización FSLN (Frente Sandinista de Liberación Nacional) cuyo modelo fue la fuerza guerrillera del General Augusto César Sandino. En los años veinte Sandino y sus tropas, llamadas sandinistas, habían luchado contra la presencia militar de los Estados Unidos en Nicaragua. Al principio el FSLN pidió la ayuda de los Estados Unidos y el Oeste pero después estableció relaciones diplomáticas con la Unión Soviética y Cuba. Los oponentes de FSLN, los contrarevolucionarios o los Contras, fueron apoyados por los Estados Unidos. Para combatir los Contras, el FSLN tuvo que abandonar sus fondos destinados a programas de educación y salud y mantener un ejército. El país sufrió mucho con una tasa alta de desempleo e inflación. En 1990 el presidente sandinista Daniel Ortega Saavedra fue vencido cuando Violeta Barrios Chamorro ganó la elección. Sin embargo el FSLN continuó como el partido más popular. Estos años de conflicto causaron un caos económico y represión. Por eso, muchos nicaragüenses emigraron a los Estados Unidos y recibieron la acogida del Servicio de Inmigración y Naturalización.

°**renegó:** refused

En contraste a este tratamiento, a los guatemaltecos y a los salvadoreños se les renegó° el estado de refugiados y muchos fueron interceptados e internados en centros de detencion en los Estados Unidos cuando solicitaron el asilo político y no tenian documentación apropiada. Otros entraron en el país ilegalmente y bajo el temor constante de ser arrestados. Buscaron trabajo como jardineros, cocineros o niñeras, por ejemplo. Esto fue preferible a dar con los escuadrones de muerte o los guerrilleros en su país. Los salvadoreños poblaron comunidades de Los Ángeles, Washington, Houston, y los suburbios de Long Island o Maryland. Al no haber alcanzado niveles de estudios avanzados, trabajaron en hoteles y restaurantes, llegando a ser una parte significativa del ámbito laboral. Tanto los guatemaltecos como los salvadoreños entraron a los Estados Unidos con documentación legal o llegaron por México como extranjeros sin documentación. Muchos tenían miedo de ser deportados y trataban de asimilarse en ciudades grandes. Los guatemaltecos se ubicaron° en Los

°**se ubicaron:** were located

Ángeles, el noroeste de Chicago y el área metropolitana de Houston. Aquellos procedentes de las serranías de su país, prefirieron la vida más rural y se instalaron en pueblos de California, Florida y Carolina del Norte.

En los años noventa, los dominicanos se convirtieron en el segundo grupo de inmigrantes más grande de Nueva Inglaterra. Ellos empezaron a emigrar en los años sesenta, después de la rebelión popular que trató de restaurar el poder del presidente Juan Bosch, quien fue elegido en 1962 mediante elecciones democráticas. Pero éste fue depuesto después de un año. Las tropas americanas llegaron para aplastar la rebelión y en 1966 los dominicanos eligieron como presidente a Joaquín Balaguer. Sin embargo, éste gobernó con un espiritu autoritanio y había mucha represión política contra los discípulos de Blanco.

El conflicto político y social continuó durante 30 años. De hecho, más de 3.000 personas murieron asesinadas entre 1966 y 1974. Otros fueron encarcelados y torturados. A pesar de esto, el gobierno de los Estados Unidos no consideró a los dominicanos como refugiados políticos y por eso no recibieron ninguna ayuda federal. Los dominicanos siguieron tratando de huir a los Estados Unidos hasta 1980, cuando la época de terror en su país había terminado, aunque continuaba la depresión económica. En general, los dominicanos han alcanzado un nivel de estudios alto, son más urbanos y bastante activos en la política. También muchos son buenos comerciantes y han abierto supermercados, bodegas, tiendas de lencería,° agencias de viajes y compañías de taxis en la ciudad de Nueva York.

°**tiendas de lencería:** linen stores

Desde 1965 el gobierno de los Estados Unidos impuso una cuota sobre la inmigración, y algunos viven aquí ilegalmente; al principio llegan con una visa de turista y después se quedan. Estos colombianos no huyeron de peligros políticos en su país, ni siquiera eran obreros o trabajadores emigrantes. Sin embargo, muchos han llegado por los peligros que conllevan el tráfico de drogas y el terrorismo de los guerrilleros. Aunque muchos eran profesionales de la clase media y blancos, han tenido que luchar contra la creencia generalizada de que todos los colombianos son narcotraficantes que causan violencia en los Estados Unidos.

P.9 Comprensión

1. ¿Por qué emigraron los guatemaltecos y los salvadoreños a los Estados Unidos?

2. ¿Por qué se mudaron algunos guatemaltecos a las áreas más rurales?

3. ¿Por qué no recibieron los dominicanos ninguna asistencia federal?

4. ¿Por qué son diferentes los dominicanos de los puertorriqueños y los mexicanoamericanos?

5. ¿De qué manera algunos colombianos se quedan en los Estados Unidos?

P.10 Discusión

¿Deben los Estados Unidos aceptar cualquier grupo de inmigrantes que huye de un país donde están en peligro de ser asesinados o sufren persecución política? Algunos dicen que los Estados Unidos no pueden mantener a tanta gente porque no hay bastante trabajo ni recursos naturales para los que ya viven aquí. Otros creen que la vida humana vale más, que tenemos muchos recursos aquí y que debemos compartirlos. ¿Qué piensan Uds.? ¿Les aplicarían Uds. cuotas a ciertos grupos de inmigrantes? Explique si los siguientes factores tendrían importancia: seguridad del individuo, acceso a una educación, puesto de trabajo, libertad religiosa y derechos civiles. ¿Cómo contribuirían los grupos de personas mencionados anteriormente en la vida estadounidense desde el punto de vista cultural y profesional?

P.11 A explorar

La música latina es tan variada como la gente que la escucha. Cada grupo de inmigrantes latinos trae consigo la riqueza musical de su país de origen. Por la influencia de los mexicanoamericanos se escuchan las rancheras y las norteñas; los puertorriqueños han aportado la música bomba y plena; los cubanoamericanos trajeron la rumba, la conga y el mambo; y los dominicanos, el merengue.

Es interesante que la salsa, música muy popular ahora, se originara en la ciudad de Nueva York durante los años setenta. En sus comienzos, la salsa era un estilo de música básicamente cubana con una mezcla de jazz; ahora se le han agregado otros elementos, como por ejemplo el rock.

1. Escoja uno de los ritmos latinoamericanos mencionados arriba y busque información al respecto en la biblioteca o en Internet. Si lo desea, puede escuchar y bajar ejemplos de esta música en Internet. Escriba un informe acerca del origen de la música, una descripción de su estilo y los músicos que lo han hecho famoso. Finalmente, indique si le gusta la música y por qué. Si es posible, traiga a la clase un ejemplo del estilo musical que ha elegido para su informe.

2. Escoja un conjunto o cantante latino famoso y busque información acerca de ellos en una revista o en Internet. Algunos cantantes y conjuntos musicales conocidos que tienen páginas web son: Marc Anthony, Rubén Blades, Elvis Crespo, Enrique Iglesias, Juanes, Shakira, Thalía, Buena Vista Social Club y Los Super Seven. Escriba un informe acerca de la biografía del artista o artistas que escogió y sobre su estilo musical. Mencione alguna influencia de la música de su país de origen. Describa una canción famosa que recuerde y diga si a Ud. le gusta o no le gusta. Si tiene un disco compacto de dicha canción o de su cantante, tráigalo a la clase para que los otros estudiantes lo escuchen y expresen sus opiniones al respecto.

3. Muchos de los artistas mencionados anteriormente han hecho discos con una mezcla de canciones en inglés y en español. ¿Cree Ud. que esto es algo bueno o malo para la música latina? Además de vender más discos por tener acceso a un mercado más grande, ¿qué otras

ventajas hay? ¿Cree Ud. que estos artistas deben ser más fieles a sus raíces? ¿Hay alguna ventaja en cantar solamente en español? Escriba su opinión en la forma de un editorial de periódico.

Estructuras

Los adjetivos

Adjectives in Spanish must agree in gender and number with the nouns they modify.

There are basically three types of descriptive adjectives in Spanish:

- Adjectives that end in -o in their masculine singular forms (these include many adjectives of nationality)

  sincero, sincera, sinceros, sinceras

  italiano, italiana, italianos, italianas

- Adjectives that end in -e or a consonant, or -ista in their singular forms; these adjectives have only a singular and plural form, and do not change for gender

  interesante, interesantes

  materialista, materialistas

  cruel, crueles

- Adjectives ending in a stressed consonant (-dor, -ol, -dón, -és); these include many adjectives of nationality such as español, francés, inglés, etc. They add an "a" in their feminine singular forms; end in -es in their masculine plural, and -as in their feminine plural.

  trabajador, trabajadora, trabajadores, trabajadoras

  francés, francesa, franceses, francesas

Práctica

Adjetivos del vocabulario activo: religioso, independiente, materialista, perezoso, cariñoso, competitivo, cooperativo, abrupto, directo, tímido, diplomático, filosófico, sentimental, ambicioso, expresivo, sociable, pesimista, optimista.

P.12 Describirse a sí mismo y a otras personas

Conocimiento de sí mismo
¿Quién soy? ¿Cómo soy?

¿Cómo es Ud.?
Preséntese a la clase. Dígales a sus compañeros de dónde es y cómo es Ud.

MODELO: Yo soy Mónica. Soy de Santa Bárbara, California. Yo soy cooperativa, sentimental, ambiciosa y estudiosa; pero no soy materialista.

G **P.13** **Entrevista y presentación de dos compañeros de clase.
- ¿Cómo somos?**

- Primero, entreviste Ud. a dos compañeros de clase.
Somos compañeros de clase.

    ¿Quién eres tú? ¿De dónde eres? ¿Cómo eres? ¿Y tú?

- Ahora: preséntaselos a la clase.

    MODELO: Éstos son mis compañeros, Ana y Jonathan. Ana es de
    Miami. Es sociable e inteligente. Jonathan es de Nueva
    York. Jonathan es algo tímido y materialista.

To make unequal comparisons with adjectives, use *más* or *menos*
... que.

For example: Muchos dicen que los latinos son *más* pesimistas *que*
los angloamericanos y los afroamericanos.

Muchos dicen que los latinos son *menos* abruptos *que* los angloamericanos y los afroamericanos.

To make equal comparisons with adjectives, use *tan ... como.*

For example: Muchos dicen que los latinos no son *tan* materialistas *como* los angloamericanos y los afroamericanos.

Pienso que los latinos son *tan* ambiciosos *como* los angloamericanos
y los afroamericanos.

2 **P.14** **Hablar de los estereotipos**

1. Con un compañero de clase, háganse las siguientes preguntas
¿Cómo son ...?

    Los latinos

    El hombre latino / La mujer latina

    Los angloamericanos y los afroamericanos

    Para hablar de los hombres y mujeres latinos, se puede usar el
    sustantivo singular (latino / latina) o el plural (latinos / latinas),
    precedidos del artículo correspondiente (el, la, los, las).

    MODELOS: Muchos dicen que la latina es menos independiente
    que la angloamericana.

    O

    Muchos dicen que las latinas son menos independientes que las
    angloamericanas.

    Muchos dicen que los latinos _____

    Muchos dicen que las latinas _____

    Muchos dicen que la latina _____

    Muchos dicen que el latino _____

    Muchos dicen que los angloamericanos _____

    Muchos dicen que los afroamericanos _____

G 2. Ahora comparen con otra pareja de la clase las generalizaciones estereotipadas que Uds. tienen escritas.

> **Consideren:**　¿Cuáles son algunos estereotipos positivos y negativos de los latinos en los Estados Unidos?
>
> ¿Hay más estereotipos positivos que negativos?
>
> ¿Piensan Uds. que es común hacer generalizaciones estereotipadas? ¿Por qué?
>
> ¿Piensan Uds. que es justo hacer generalizaciones estereotipadas? ¿Por qué?

Las preguntas

Asking questions in Spanish and question words (*qué, cuál, cómo, dónde, cuándo, cuánto y por qué*)

Yes/No questions do not use question words and are generally marked by subject/verb inversion, that is reversing the order of the subject and verb. In speaking, yes/no questions are always marked by rising inflection at the end.

Statement:　Los puertorriqueños son ciudadanos estadounidenses.

Question:　¿Son ciudadanos estadounidenses los puertorriqueños?

"End questions". Another very common way to ask a yes/no question in Spanish is to follow a statement with short questions like *¿sí? ¿verdad? ¿no? ¿no es así?*

Los puertorriqueños son ciudadanos, ¿verdad?

Puerto Ricans are citizens, right?

When a question seeks specific information rather than a simple yes or no, question words or interrogatives are generally used: *qué, cuál, dónde, cuándo, por qué, cómo, cuánto* and *quién*.

- What = *qué* or *cuál*

The interrogative "what" is usually expressed in Spanish by *qué*

¿Qué estás haciendo? - What are you doing?

¿Qué tienes en la mano? - What do you have in your hand?

¿Qué clase te gusta más? - What class do you like best?

¿Qué es esto? - What is this (unknown thing)?

It's important to remember, however, that when followed by "es" or "son" we must use cuál or cuáles in Spanish if the question is not asking for an explanation of the unknown, a definition (or, in the case of a person, nationality, profession or religion), but is rather an issue of choice.

¿Cuáles son tus libros preferidos? - What are your favorite books?

¿Cuál es tu nombre? - What is your name?

but

¿Qué es tu padre? —Es médico

¿Qué son tus abuelos? —Son españoles. **or** (depending on the context of the conversation) *—Son católicos., —Son republicanos.*

- Cuánto/a/os/as (how much or how many) must agree in number and gender with the noun it modifies or stands for.

  ¿Cuántas clases tienes este semestre?

- Quién (who/whom). Unlike English, "who" in Spanish can be singular or plural.

  ¿Quién está hablando? Who is speaking? (I hear one voice)

  ¿Quiénes están hablando? Who is speaking? (I hear more than one voice)

  ¿A quiénes invitaste? Whom did you invite (I know you had a party, and figure you invited more than one person)

P.15 Entrevista con Alberto. ¿Cuáles son las preguntas?

Alberto, su nuevo compañero de cuarto, es de Puerto Rico. Él está hablando por teléfono con uno de sus compañeros de la clase de español. Su compañero de clase está entrevistándole, pero Ud. puede oír sólo lo que está diciendo Alberto. ¿Qué estará diciendo su compañero de clase?

COMPAÑERO:

ALBERTO: Me llamo Alberto Jiménez y soy de San Juan, Puerto Rico.

COMPAÑERO:

ALBERTO: Yo nací en Puerto Rico pero hace muchos años que vivo en Nueva York.

COMPAÑERO:

ALBERTO: Nos mudamos a Nueva York en 1994.

COMPAÑERO:

ALBERTO: Tenía dos años cuando vinimos a Nueva York.

COMPAÑERO:

ALBERTO: Hablamos español e inglés en casa.

COMPAÑERO:

ALBERTO: Sí, generalmente vamos durante las Navidades para visitar a mis abuelos que viven en San Juan.

COMPAÑERO:

ALBERTO: Sí, todos los puertorriqueños somos ciudadanos de los Estados Unidos.

COMPAÑERO:

ALBERTO: Mi papá trabaja en el hospital. Es médico.

COMPAÑERO:

ALBERTO: Sí, tengo un hermano menor; se llama Raúl.

COMPAÑERO:

ALBERTO: Raúl es muy sociable e inteligente; es muy cómico y algo perezoso.

COMPAÑERO: Muchas gracias por hablar conmigo, Alberto.

ALBERTO: De nada. Te veo mañana en la clase de física.

2 P.16 ¿En qué le puedo ayudar?

¿Cómo podemos conocer y ayudar a la gente latina de nuestra comunidad?   Un/a alumno/a de su universidad trabaja en una clínica del hospital. Una persona latina que no habla inglés muy bien solicita empleo en el hospital y le pide al/a la alumno/a que le ayude a rellenar el siguiente formulario con sus datos personales.

Dramatización con un/a compañero/a de clase:

- primero, Ud. es el/la alumno/a y su compañero/a es el/la latino/a
- a continuación, inviertan sus papeles
- finalmente, presenten su dramatización a la clase.

MODELO:

LATINO/A: ¿Qué escribo acá?

ALUMNO/A: ¿De dónde es Ud.? O ¿Cuál es su nacionalidad?

LATINO/A: Soy de Guadalajara. Soy mexicano. ¿Cómo se escribe?

ALUMNO/A: Decimos *Mexican*: se escribe M-E-X-I-C-A-N.

Application for Employment

University of North Carolina (an Equal-Opportunity Employer)

Full Name _____
            (last name)   (first)
Local Address: _____
            (Street)   (City)   (State)   (Zip)
Tel.: _____ / _____   Age: _____
        (Home)   (Office)
Nationality: _____ Current Occupation: _____ Marital status: _____
Name of spouse _____ Spouse's place of employment: _____
Number of dependant children ____   Names & ages of children _____
Personal interests: _____

Cultura

P.17   Estrategia de leer: Los cognados

Una lectura puede ser más fácil de lo que pensamos al principio. Algunas palabras de una lengua "extranjera" son muy parecidas a las de su propia lengua. Dichas palabras se llaman cognados.

Subraye las siguientes palabras en la lectura que sigue y trate de adivinar su significado pensando en aquellas palabras en inglés que sean parecidas.

fusión editado ciberespacio filólogo dialecto adaptaciones híbridas equivalentes incorporado heterogénea bilingüe lingüístico modalidades

Ahora, busque las palabras en un diccionario para verificar su traducción.

Una universidad de Massachusetts crea la primera cátedra mundial de *spanglish*

JAVIER VALENZUELA
El País - 3 DE SEPTIEMBRE DEL 2000

°**cuenta ... con:** is counting on
°**titular:** holder of the title
°**se han inscrito:** have enrolled

Internet ha extendido a todo el mundo hispano el *spanglish*, esa fusión de inglés y español nacida en las comunidades hispanas de los Estados Unidos y que desde la próxima semana cuenta, en el Amherst College de Massachusetts, con° su primera cátedra universitaria. Ilan Stavans, nacido en México hace 38 años, es su titular°. Setenta alumnos se han inscrito° en la materia. Stavans es

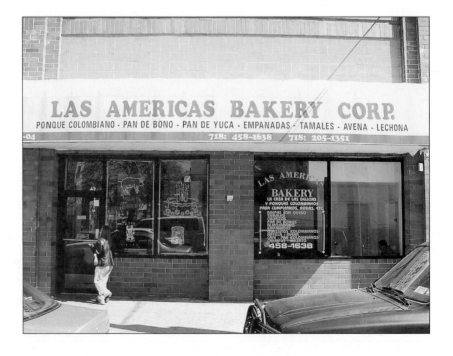

también el autor del primer diccionario de *spanglish*, *THE SOUNDS OF SPANGLISH: AN ILLUSTRATED LEXICON*, que, editado por la neoyorquina Basic Books, saldrá a la venta° a comienzos del próximo año.

°**a la venta:** on sale

Millones de cibernautas° comparten en el ciberespacio una jerga que el filólogo Ilan Stavans llama *ciberspanglish*. En la red *chatean* (conversan) o *forwardean* (reenvían) *emilios* o *imails* (mensajes electrónicos). "La cátedra", dice Stavans a *EL PAÍS*, "es la primera en todo el mundo que enfoca el *spanglish* como un dialecto en formación, un dialecto nacido del encuentro desde el siglo XIX de las culturas hispánica y anglosajona° en los EE.UU. y extendido universalmente gracias a la televisión, los grupos musicales de rap y salsa y, últimamente, Internet". [...]

°**cibernautas:** persons who access the Internet often

°**anglosajona:** Anglo Saxon

[Las palabras del *spanglish* son] adaptaciones literales, disparatadas° y divertidas del inglés, como *comprar groserías* (comprar comestibles), *vacunar la carpeta* (pasar la aspiradora por la alfombra), *llamar para atrás* (devolver una llamada), *aplicar* (rellenar un formulario) o *janguiar* (vagabundear).

°**disparatadas:** absurd

Un 10% de las 6.000 palabras híbridas del diccionario de Stavans pertenece° al "ciberspanglish". En la mayoría de los casos, esas palabras tienen perfectos equivalentes en castellano°. Pero millones de usuarios españoles, latinoamericanos e hispanos de los Estados Unidos llaman *maus* al ratón, prefieren *chatear* a charlar y *downlodear* a descargar, optan por *taipear* en vez de escribir a máquina, *printean* sus documentos en vez de imprimirlos o *resetean* sus computadoras en lugar de volverlas a encender [...]

°**pertenece:** belongs

°**castellano:** Spanish as it is spoken in Castilla, Spain

"Ninguna lengua", dice [Stavans], "se mantiene pura si quiere mantenerse viva. Nuestro español es producto de muchos siglos de evolución desde el latín, con grandes aportaciones° árabes, de las lenguas precolombinas de América, francesas y otras". "Al inglés", añade, "también le pasa lo mismo". En su contacto con el español, la lengua de Shakespeare ha incorporado como propias en los EE.UU. palabras como nachos, tortilla, guerrilla, aficionado, plaza, patio y cientos de otras. "Es probable que en 200 o 300 años la gente se comunique en un idioma que no sea ni el español ni el inglés de la actualidad, sino una mezcla de los dos".

°**aportaciones:** contributions

"El *spanglish*, subraya Stavans, "es una prueba del vigor del español en los EE.UU. Mientras que el alemán, el francés, el polaco, el ruso, el italiano o el yídish terminaron desapareciendo a partir de la segunda generación de inmigrantes, el castellano mantiene el tipo desde el Tratado de Guadalupe Hidalgo de 1848".

"Los hispanos de los EE.UU.", dice Stavans, "son una minoría amplia, polifacética° y heterogénea que se resiste a abrazar el inglés como su única lengua, que procura mantenerse bilingüe, que mantiene su propia identidad, que constituye un país dentro de otro país, y eso es lo que genera el fenómeno del *spanglish*. Este dialecto en formación es el precio de la supervivencia° del español en los EE.UU.

°**polifacética:** many faceted

°**supervivencia:** survival

El autor de *The sounds of spanglish* cita a Juan Luis Cebrián como uno de los miembros de la Real Academia Española más interesados en este fenómeno. "Cebrián", dice, "defiende que el castellano no es patrimonio exclusivo de los españoles, sino de todos los que lo hablan [...]"

La cátedra de Stavans en el Amherst College se presenta como "un estudio lingüístico y cultural de la población latina de los EE.UU. a través de su lenguaje". El estudio abarca° casi 500 años, desde la llegada de los primeros

°**abarca:** takes in

exploradores españoles a Florida hasta el habla utilizada ahora por grupos de rap como Chicano 2 y Cypress Hill, y poetisas puertorriqueñas como Gianina Braschi y Analía Vega. Comparará las modalidades de *spanglish* habladas con grupos hispanos de los EE.UU., como los *nuyorriqueños* (puertorriqueños de Nueva York), los chicanos (mexicanos del sur) o los cubanoamericanos de Florida. Y también establecerá paralelismos con otras jergas minoritarias de los EE.UU., como el judío yídish o el *ebonics* o inglés de los afroamericanos.

P.18 Comprensión

1. Según Stavans, ¿cuál es la definición de *spanglish*?
2. ¿Qué factores han promovido el uso del *spanglish*?
3. ¿Hay palabras en castellano para el vocabulario de las computadoras?
4. ¿En qué se diferencia el español de las otras lenguas de los inmigrantes?
5. ¿Qué aspectos del *spanglish* estudiará Ilan Stavans en su nuevo puesto?

G P.19 Discusión

1. Los latinos, como otros emigrantes que llegan a los Estados Unidos, han hecho un esfuerzo por aprender inglés. Sin embargo, muchos terminan hablando *spanglish* al adoptar el español a las palabras y la gramática del inglés. El periódico *The New York Times* lo llama la tercera lengua de Nueva York. Hay varias teorías sobre la presencia de este fenómeno lingüístico. Algunos estudiosos piensan que la gente habla *spanglish* porque quiere acercarse más a los angloamericanos y trata de adaptarse a la cultura en que vive. Otros creen que es el resultado de hablar español en casa e inglés en otros sitios. También se menciona la influencia del vocabulario especializado de Internet. El profesor Stavans cree que se debe enseñar *spanglish* en las escuelas. ¿Qué piensa Ud.? ¿Cree también que se debe enseñar *ebonics*, la lengua de algunos afroamericanos? ¿Cuáles serían las ventajas y desventajas de enseñar estas lenguas? Para apoyar su opinión sobre este tema, busque información en Internet escribiendo las palabras *spanglish* y *ebonics* en su buscador *(search engine)*. Tome apuntes de lo que encuentre ya que después, con sus compañeros de clase, simulará una entrevista en la calle para expresar su punto de vista.

2. Un artículo del periódico argentino, *Clarín*, presenta a una señora de Nueva York imaginaria quejándose: "En este *bilding* nada trabaja... La *boila* se rompió, y ahora, encima, el *rufo*." Se *realizó* del problema mientras pasaba el *mapo* por el *floor*. Le dejó un mensaje al *súper*, pero éste nunca la *llamó para atrás*. Ahora, ya no se anima a *vacunar la carpeta*, total todo queda siempre sucio. "Este bloque es un desastre", pensó. "Hay que tirar todo al *dompe*."

¿Puede Ud. entender lo que la señora está diciendo? Examine las palabras en *spanglish* que aparecen en el texto con la ayuda de un diccionario y vuelva a escribir el párrafo en español. ¿Qué párrafo prefiere

Ud.? ¿Cuál se puede entender más fácilmente? Según algunos críticos, el *spanglish* excluye de la comprensión al hispano que no entiende inglés y el anglohablante que no entiende español. ¿Pudo Ud. traducir el párrafo perfectamente? ¿Por qué? Cuándo estaba buscando palabras en el diccionario, ¿se fijó en el hecho de que algunas palabras en *spanglish* tienen significados totalmente diferentes en español? Si en su ciudad hay un periódico escrito en español, busque ejemplos de *spanglish* y tráigalos a la clase.

Lectura

ANA CASTILLO

Ana Castillo es una poetisa famosa, quien también ha colaborado en diversos proyectos editoriales como redactora. Castillo nació en Chicago y cursó estudios universitarios en Chicago City College y la Universidad de Northwestern Illinois. En esta última universidad obtuvo su licenciatura en Bellas Artes en 1975. Castillo dice que el arte fue su primer gran amor; sin embargo, cuando tomaba clases de arte en la universidad, los profesores le hicieron dudar de su talento. Según Castillo, en la universidad había sexismo, racismo y discriminación hacia la gente con pocos recursos económicos . Mientras tanto escribía cuentos y poemas, pero nunca tomó lecciones de escritura. Creía que no podía escribir bien ni en inglés ni en español, y no quería que nadie se lo confirmara. Aprendió a escribir leyendo libros de autores como Gabriel García Márquez, cuyas obras admiraba mucho. Al principio escribía en secreto, hasta que un día se convenció de que alguien publicaría sus obras. En la actualidad, vive en Chicago con su hijo.

Aunque ha escrito en inglés y español, tomó la decisión de escribir en inglés porque las personas para las que escribe, como ella, aprendieron a leer y a escribir en inglés. Sus obras reflejan el idealismo de los años setenta y el ascenso del movimiento chicano. También examinan el papel de la mujer chicana en la sociedad. Por su propia herencia mexicana y por haber nacido en una familia de clase obrera, Castillo piensa que vive al margen de la sociedad dominante. Se identifica con la gente chicana y escribe acerca de ellos.

Castillo recibió su máster en Estudios Latinoamericanos y Caribeños, y posteriormente su doctorado en Estudios Americanos, en la Universidad de Bremen, Alemania. Aunque Castillo terminó un doctorado, dice que se identifica más con los chicanos de la clase obrera. ¿Con qué clase social se identifica Ud.? ¿Podría Ud. escribir con credibilidad acerca de una clase social diferente a la suya? Si es así, ¿qué haría para documentarse?

P.20 **Antes de leer**

En sus propias palabras, Castillo se describe como una escritora de poesía chicana de protesta. ¿Cuáles podrían ser algunos de los temas sobre los que protesta Castillo en su poesía? Prepare una lista de los posibles problemas que afectan a la comunidad chicana. Después, lea el poema que sigue y compruebe si los problemas de su lista coinciden con los que plantea Ana Castillo.

Nos gustaría que sepan

Ana Castillo
Traductora del inglés: Johanna Vega

Nos gustaría que sepan
que no todos somos
dóciles
ni revolucionarios
sino que somos todos sobrevivientes°.

No todos llevamos
pistolas o revólveres
ni robamos carros.
Sí sabemos cómo
defendernos.

No todos tenemos
el pelo grasado° hacia atrás
ni mal gusto en la ropa
ni zapatos sin brillo
aunque la economía
no permita que todo el mundo tenga
una tarjeta de crédito en Macy's.

No todos recogemos
la lechuga ni trabajamos
en líneas de montaje° ni limpiamos
las mesas de los restaurantes, aunque
alguien deba hacerlo.

No todos nos escabullimos°
bajo alambres de púas° ni
vadeamos° el Río Grande.
He aquí los hechos°.

°**sobrevivientes:** survivors

°**grasado:** greased

°**líneas de montaje:** assembly lines

°**escabullimos:** escape
°**alambres de púas:** barbed wire
°**vadeamos:** we wade
°**hechos:** facts

Nos gustaría que sepan
que no todos somos morenos.
La historia genética nos ha dado

°**cualquier:** any

ojos azules como cualquier° otro
inmigrante alemán
y negros como el de un descendiente
de esclavo africano.

°**pretendimos:** we pretended

Nunca pretendimos°
ser una raza homogénea.

°**fieles:** faithful

No todos somos víctimas
ni todos fieles° a una causa,
ni todos perfectos, es un
dilema psicológico que
nadie ha resuelto.

Nos gustaría dar
mil excusas
de por qué todos nos
encontramos en una situación difícil

°**poder:** power

residentes de un poder°
controversial
de cómo fuimos encontrados
con nuestros pantalones en el piso
y de cómo el petróleo iba
a cambiar todo pero
ya han oído eso antes y

°**guiño:** wink

con un guiño° y una risa sarcástica
nos dejaron con una cháchara
entre nosotros.

Nos gustaría que sepan
que ni la culpa ni las apologías
resucitarán a los muertos
ni van a repartir las tierras
y los recursos naturales.
Sólo nos queda
una resolución final
y nuestro propio modo predestinado,
seguir adelante.

°**retroceder:** turn back

No se puede retroceder°.

P.21 Comprensión

1. Según la primera estrofa (stanza), ¿son agresivos o cobardes los latinos? Razone su respuesta.
2. ¿Cómo aparecen representados los latinos en las descripciones del poema? Según la poetisa, ¿cuáles son algunos de los trabajos que hacen los latinos?
3. ¿Se parecen los latinos de diferentes grupos entre sí? Explique por qué.

4. ¿Qué razones explicarían la falta de dinero de los latinos?

5. Según la última estrofa, ¿son víctimas de su mala suerte? ¿Cuál es su actitud ante la vida?

P.22 **Discusión**

1. La primera parte de este poema presenta un retrato estereotipado de los latinos. ¿Piensa Ud. que los latinos recién llegados tengan ideas estereotipadas de los angloamericanos también? Conteste las preguntas anteriores desde la perspectiva de un latino. Si ambos grupos se conciben entre sí de forma estereotipada, ¿cuál es el resultado? ¿Cómo se pueden cambiar las ideas estereotipadas? Haga una lista de actividades que los angloamericanos y los latinos pueden hacer para mejorar las relaciones en la comunidad. Después ponga en orden de importancia sus ideas. Compare su lista con la de otro(a) estudiante para ver si son similares. ¿Cuál es la idea más importante?

2. En la universidad, la población de estudiantes se divide según sus intereses, creencias y actividades. A continuación hay una lista de algunos grupos de estudiantes universitarios. Si se le ocurre algún grupo más, añádalo a la lista. Rellene los espacios en blanco desde una perspectiva estereotipada.

Grupos	Ropa	Creencias	Actividades
Atletas			
Miembros de una fraternidad			
Góticos			
Artistas			
???			

¿Es Ud. miembro de uno de estos grupos? ¿Conoce a alguien que pertenezca a uno de ellos? ¿Considera que su descripción estereotipada de estos grupos es válida? ¿Son los miembros de los grupos anteriores aceptados igualmente por la comunidad universitaria o, por el contrario, hay algunos que tienen más prestigio que otros? En general, ¿respeta la comunidad universitaria a los grupos anteriores por igual o, por el contrario, algunos están mejor vistos que otros? ¿Por qué ocurre esto? ¿Cree Ud. que los miembros de un grupo particular son más o menos homogéneos? ¿Hasta qué punto se puede ser diferente? ¿Cuáles son las ventajas o desventajas de ser miembro de cierto grupo?

 P.23 **Composición**

1. Ana Castillo ha escrito un poema en que presenta cómo son los latinos según la perspectiva de los que no son latinos y luego explica cómo son realmente. Escriba una lista de oraciones que describan cómo no son los latinos y una segunda lista que describa cómo son.

2. Ahora, piense en la organización social a la que usted pertenece. Escriba dos lista de oraciones; en una describa lo que Uds. no son y

en la otra incluya las características más representativas del grupo. Utilizando la información de las dos listas, escriba un poema siguiendo el estilo de la poeta Ana Castillo. Empiece diciendo: "Nos gustaría que sepan"; incluya en su poema la oración: "Solo nos queda una resolución final" y termine completando la siguiente oración: "No se puede_____."

Hacer una entrevista

Para conseguir información de primera mano sobre cualquier aspecto que nos interese, debemos consultar directamente la fuente de donde procede dicha información. En este caso, deberíamos conversar con los miembros de la comunidad latina. Por muchos años los antropólogos han utilizado la técnica de la entrevista etnográfica para aprender acerca de una cultura. Mediante este tipo de entrevista, tratan de hacer aquellas preguntas que les darán la mayor información posible acerca de las creencias y experiencias de la gente de determinada cultura. Los antropólogos empiezan su entrevista con una pregunta abierta y, al oír la respuesta, continúan haciendo otras que siguen el hilo de la conversación para conseguir una perspectiva rica y profunda sobre el tema que estudian.

A continuación, pueden encontrar una lista de sugerencias para entrevistar a algunas personas latinas de su comunidad.

- Prepare una lista de preguntas antes de empezar la entrevista. Al final de este capítulo, encontrará algunos temas que le servirán de guía. Para la mayoría de las preguntas, sería recomendable que preparara otras preguntas de seguimiento (*follow-up*). Así puede conseguir información más detallada sobre cada tema.

- Salude al individuo y dele las gracias por aceptar hablar con Ud.

- Si la persona que va a entrevistar le da permiso, grabe la entrevista por si necesita clarificar algo más tarde.

- Hágale preguntas acerca de su experiencia personal: de dónde es, cuánto tiempo hace que vive en los Estados Unidos, por qué vino, etc.

- Pregúntele acerca de su familia: cuántas personas hay, quiénes son, cómo son, dónde viven, etc.

- Hágale las preguntas que Ud. ha preparado según los temas sugeridos al final de cada capítulo.

- Si el individuo responde en términos demasiado generales, hágale preguntas más específicas. Por ejemplo, podría preguntarle por qué hizo determinada cosa.

- Si Ud. no está seguro(a) de lo que ha oído, pregúntele algo similar a "¿Ud. está diciendo que...?"

- Si Ud. no entiende alguna palabra, pregúntele por su significado. Si le cuesta seguir el hilo de lo que dice, pídale que hable más despacio.

- Al final de la entrevista, pregúntele al individuo si podría ponerse en contacto con él/ella en caso de que algo no quedara claro.

- Despídase del individuo y dele las gracias.

2 P.24 Práctica

En parejas, prepárense para hacer una entrevista fingida. Preparen primero una lista de preguntas y después entrevístense.

1. Basándose en los siguientes temas, haga una lista de por lo menos cinco preguntas.

   > MODELO: ¿Cuál es su especialidad?
   >
   > Su especialidad
   >
   > Su clase de español
   >
   > Lo que hace para divertirse
   >
   > La persona más importante de su vida
   >
   > Sus planes para el futuro

2. Luego, haga por lo menos dos preguntas de seguimiento para cada una de las preguntas que haya formulado anteriormente.

   > MODELO: ¿Por qué escogió esa especialidad?
   >
   > ¿Qué cursos especiales tiene que tomar?
   >
   > ¿Qué trabajo quiere conseguir cuando termine la universidad?
   >
   > ¿Cuánto tiempo lleva estudiando español?
   >
   > ¿Por qué cree que es importante estudiar otro idioma?
   >
   > ¿Piensa que hablar español le será útil en su futura carrera?

3. Use su lista de preguntas como guía para entrevistar a su compañero/a de clase.

4. Finalmente, escriba un texto biográfico describiendo a su compañero/a de clase.

- Debe escribir el texto en primera persona para dar la impresión de que su compañero/a de clase lo escribió.

- Puede empezar su texto con una descripción de cómo es su compañero/a de clase como estudiante.

  Ejemplo:

  Mi nombre es _____. Soy estudiante de _____. Decidí estudiar _____ porque _____...

- En los párrafos siguientes de la composición incluya detalles de la vida de su compañero/a. Ud. examine los apuntes que tomó durante la entrevista y escoja los aspectos que le resulten más interesantes. Seleccione también aquellos detalles que proveen suficiente información como para desarrollar un párrafo completo. En esta composición debe incluir por lo menos dos de los temas; cada párrafo debe tratar uno de los temas.

- Puede concluir el texto con una descripción de los planes que su compañero/a tiene para el futuro.

 La entrevista virtual – una alternativa a la entrevista

A través de las entrevistas virtuales, Ud. puede "conocer" a algunas personas latinas. Las entrevistas virtuales se hallan en el CD-ROM. En cada capítulo hay una entrevista virtual de unos ocho o diez minutos donde los entrevistados hablan sobre el tema tratado en dicho capítulo. Mayormente hablan de sus vidas. Por ejemplo, en el primer capítulo, la entrevistada es una profesora puertorriqueña; y en el segundo capítulo, la entrevistada es una abuela cubanoamericana.

Para que la entrevista virtual parezca tan auténtica como una entrevista cara a cara, los entrevistados hablan espontáneamente. No están leyendo un guión escrito de antemano. A veces, empiezan a hablar y se paran abruptamente sin terminar la oración; entonces vuelven a empezar. Ud. tiene que observar atenta y pacientemente como si fuera un encuentro auténtico. Afortunadamente la mayor ventaja de la entrevista virtual es que Ud. puede verla más de una vez. De hecho, es mejor que vea y escuche el video una o dos veces antes de tomar apuntes.

 Hay actividades para todas las entrevistas virtuales en el capítulo correspondiente del cuaderno de actividades.

P.25 **Guía general - una aproximación a las entrevistas virtuales**

- Antes de ver la entrevista, fíjese en el tema del capítulo. ¿Quién será el/la entrevistado/a? Por ejemplo, ¿será joven o viejo? ¿Cuántos años tendrá? ¿Cómo será?

- La primera vez sólo mire con atención. Observe la cara de la persona entrevistada, sus gestos, sus manos y el ambiente. ¿Cómo se siente esa persona? ¿Parece estar preocupado/a, contento/a, nervioso/a? ¿Cómo cree que es? ¿Parece tímido/a, extrovertido/a, astuto/a?

- La segunda vez, mire y escuche. Escriba sólo los datos biográficos básicos: nombre, edad y país de origen. Además, después de ver la entrevista, escriba una descripción breve de la persona incorporando sus características más destacadas. Por ejemplo: "es un joven moreno, bien alto, de unos catorce años; parece algo tímido; habla despacio," etc.

- Antes de ver la entrevista por tercera vez, trate de acordarse de los temas sobre los cuales está hablando el/la entrevistado/a. Haga una lista de tres o cuatro temas destacados de su discurso. Por ejemplo, ¿habla mucho de su familia, su ciudad, su trabajo, su país de origen, su niñez, su llegada a los Estados Unidos, sus planes para el futuro? Escriba cada uno de los temas principales.

- Al ver la entrevista por tercera vez, trate de agregar detalles a cada uno de los temas principales. Por ejemplo, si habla de su familia, ¿de quiénes habla? ¿Qué dice de cada uno de ellos?

- Si es necesario, vuelva a ver la entrevista para agregar aun más detalles, como por ejemplo los nombres. Antes de volver a verla, repase sus apuntes para averiguar qué detalles está buscando.

- Por último, ordene sus apuntes y escriba una narración biográfica sobre el/la entrevistado/a. Escriba un párrafo introductorio con los datos básicos y la descripción de la persona sobre la que tomó notas. A continuación, escriba un párrafo para cada uno de los temas. Para finalizar, escriba un párrafo de conclusión.

Capítulo 1
Los académicos

CULTURA

Latinos en el entorno académico estadounidense

Latinos y el sistema de educación

COMUNICACIÓN

Expresar lo que nos gusta y lo que no nos gusta

Hablar de la familia

Entrevistar a otras personas sobre sus preferencias y su vida diaria

ESTRUCTURAS

Repaso de los pronombres personales: pronombres de objeto directo e indirecto

Repaso de los verbos con construcción como "gustar"

Encuentros

°**estudios:** studies, education
°**preparatoria (México):** high school
°**realicé:** carried out

°**prepa:** shortened form of preparatoria

°**proveniente de:** from

Primer encuentro: Alejandro Mendoza Calderón

Alejandro es estudiante posgraduado en la Universidad de Arkansas. Vive en Fayetteville con su esposa, que es asistente en el Departamento de Lenguas Extranjeras.

Me llamo Alejandro Mendoza Calderón. Desde hace dos años vivo en Fayetteville, Arkansas, donde estudio una maestría en Ingeniería Industrial en la Universidad de Arkansas. Originalmente soy de México. Nací hace 27 años en un pueblo muy pequeño llamado Tenancingo. Tenancingo se encuentra a unos 90 kilómetros al suroeste de la Ciudad de México, en el Estado de México. Crecí siendo el menor de una gran familia compuesta por 3 hermanos, 6 hermanas, mis padres, mi abuela materna y yo. Todos mis estudios°, desde la escuela primaria hasta que terminé la preparatoria°, los realicé° en mi pueblo. Durante ese tiempo tuve algunos problemas académicos, quizás por la presión de tratar de seguir los pasos de mis hermanos mayores, todos ellos con títulos universitarios y excelentes calificaciones. Afortunadamente, al terminar la prepa°, tuve la oportunidad de asistir a una de las mejores universidades privadas de todo México, La Universidad de las Américas (UDLA) en la ciudad de Puebla. Ahí terminé la licenciatura en Ingeniería en Electrónica y Comunicaciones.

La universidad me dio la oportunidad de crecer tanto en lo académico como en lo personal. En lo académico, me ofreció un nivel de estudios comparable al de cualquier otra institución de primer nivel en el mundo. Y en lo personal, me dio algo que para mí siempre ha sido muy interesante: la oportunidad de conocer a diferentes tipos de gente. Tuve la ocasión de conocer a gente proveniente de° diferentes culturas y grupos étnicos, con diferentes hábitos y creencias, y de observar nuestras similitudes y tratar de aceptar las diferencias que hubiera, algo que por cierto hace de este mundo un lugar más interesante. E incluso cuando las diferencias entre todos los estudiantes dentro de la misma universidad eran mínimas, éstas ya representaban un cambio grande con respecto al ambiente que se vivía en mi pequeño pueblo. Esas diferencias, afortunadamente para mí, fueron aun mayores y más interesantes cuando, en dos ocasiones, por medio de la universidad, tuve la oportunidad de viajar al extranjero y estudiar en los Estados Unidos. Fui estudiante de intercambio en universidades de Arkansas y Oklahoma por un año. Una de las grandes ventajas que te da el asistir a universidades en los Estados Unidos es precisamente eso, la diversidad que encuentras en los diferentes campus universitarios, algo que es muy difícil de encontrar en mi país, y que hace la vida universitaria aun más interesante.

El formar parte del programa de intercambios estudiantiles fue un gran logro personal. Parecía imposible pensar que algún día podría vivir en este país y asistir a una de sus universidades, dada mi dificultad para aprender y comunicarme en el idioma inglés. Cuando estaba en el tercer año de la carrera en la UDLA, tomaba clases de inglés, materia obligatoria en casi todas las escuelas de México. Era tan mal estudiante que mi profesor me forzó a participar en un programa piloto de investigación. El programa era parte del Departamento de Psicología, y la investigación giraba en torno a la habilidad o inhabilidad de algunas personas para aprender otro idioma. La encargada de dirigir dicho pro-

°**conviviendo:** living together

grama de investigación era una psicóloga estadounidense, profesora del Departamento de Psicología de la UDLA. Esta doctora llevaba más de 7 años viviendo en México y su español era bastante malo. La doctora, por más esfuerzo que hacía estudiando y conviviendo° con hispanoparlantes, no había podido lograr mejorar su nivel de español. Precisamente por esta razón, ella empezó un programa de investigación acerca del porqué algunas personas pueden aprender otra lengua fácilmente y otras no. Al final del experimento, mis resultados fueron que en mi cerebro el "camino de salida" estaba aparentemente bloqueado. La infomación era captada y guardada en alguna parte de la memoria, pero tenía problemas para acceder a ella y comunicarla. La doctora me dijo en inglés que tal vez la forma en que se podría abrir ese "camino" era exponiéndome a una situación en la que no tuviera otra opción que comunicarme en inglés. Así fue como decidí venirme a los Estados Unidos como estudiante de intercambio, para forzarme a encontrar ese tipo de situaciones. Lo más irónico, creo yo, es que funcionó y nunca estuve completamente seguro de si hice lo que la doctora realmente me dijo, pues ¡ella no hablaba español y yo no entendía inglés!

°**es originaria (de):** comes from

En mi último semestre de la licenciatura, conocí a Heather, una estudiante estadounidense que estaba de intercambio en la UDLA. Heather y yo nos casamos hace dos años, nada más terminar la carrera, y decidimos venirnos a vivir a este país. Los dos queríamos continuar nuestros estudios de maestría, así que decidimos asistir a la escuela de graduados en Arkansas, estado de donde ella es originaria°. El vivir en los Estados Unidos nos ofrece muchas oportunidades que quizás no tendríamos en mi país. Vivo feliz aquí, aunque extraño a mi familia, mis amigos, mi país y su comida.

1.1 Comprensión

1. ¿Qué influencia tenían los hermanos de Alejandro sobre sus estudios?
2. Además de ganar el título, ¿qué oportunidad le dio la universidad a Alejandro?
3. ¿Por qué participó en un programa piloto de investigación?
4. ¿Por qué volvió a los Estados Unidos a estudiar para su maestría?
5. ¿Por qué decidieron Alejandro y Heather vivir en los Estados Unidos?

1.2 Discusión

1. Alejandro dice que fue estudiante de intercambio en Arkansas y Oklahoma. ¿Conoce Ud. los programas de intercambio que ofrece su universidad? ¿A qué países viajan los estudiantes? ¿Cuáles son algunas ventajas de ser estudiante de intercambio a nivel personal? ¿Y a nivel académico o profesional?

2. Alejandro también menciona que los Estados Unidos le ofrecen más oportunidades que su propio país. ¿Cuáles pueden ser estas oportunidades? ¿A Ud. le gustaría vivir o trabajar en otro país? ¿Dónde? ¿Qué oportunidades esperaría encontrar allí?

1.3 Composición

Alejandro dice que le resultaba muy difícil aprender inglés. Según la investigación del Departamento de Psicología de la UDLA, Alejandro necesitaba otro estilo de aprendizaje. ¿Alguna vez ha tenido Ud. dificultad con un curso o área de estudios específica? De ser así, especifique cuál y por qué piensa que le resultó difícil aprender el material. ¿Es su estilo de aprendizaje visual, auditivo, quinestético (*kinesthetic*) o una combinación de todos? ¿Cómo sería esta clase si pudiera planearla de acuerdo con su estilo de aprendizaje? Escriba una composición describiendo la clase que le ha resultado más difícil. Mencione qué tipo de dificultades ha tenido y los esfuerzos que ha hecho para aprender el material. ¿Siempre asistía a la clase? ¿Hacía la tarea? ¿Le pidió al profesor(a) que le ayudara? ¿Consiguió un tutor? ¿Qué manera de enseñar sería compatible con su propio estilo de aprendizaje? ¿Cómo sería esta clase si puediera planearla de acuerdo con su estilo de aprendizaje? ¿Qué actividades se harían en la clase? ¿Qué tipo de persona sería el/la profesor/a ideal?

Vocabulario esencial

La universidad

Lugares

la biblioteca	*library*
el centro estudiantil	*student center*
la librería	*bookstore*
la residencia de estudiantes	*dormitory, residence hall*
el salón	*classroom*

Personas

el/la alumno/a	*student*
el/la compañero/a de cuarto	*roommate*
el/la joven (los jóvenes)	*young person (young persons)*
el/la secretario/a general	*registrar*
el/la tutor/a	*tutor*

Actividades

aprobar (no aprobar)	*to pass (not pass)*
calificar	*to grade*
cambiar (de opinión)	*to change (one's mind)*
dar (presentar) los exámenes	*to take exams*
dar (tomar) un curso	*to take a course*
dar clase	*to teach*
elegir materias	*to choose subjects*
escoger una carrera	*to choose a major (career)*
estudiar para abogado/médico	*to study to be a lawyer/doctor*
estudiar una carrera	*to study a major*
inscribirse	*to register, enroll*
platicar, charlar	*to chat*

repasar (revisar)	*to review*
sacar buenas (malas) notas	*to get good (bad) grades*
tomar notas (apuntes)	*to take notes*
tomar una decisión	*to make a decision*

La educación

la aprobación	*passing grade*
las calificaciones	*grades*
el campo	*field of study*
los cursos obligatorios	*required courses*
los cursos opcionales	*elective courses*
el doctorado	*doctoral degree*
la especialización (especialidad)	*major*
el libro de texto	*textbook*
la licenciatura	*bachelor's degree*
la maestría	*master's degree*
la materia	*subject*
la matriculación	*registration, enrollment*
las notas	*grades*
el repaso (reviso)	*review*
el título	*degree*

Las finanzas

la beca	*scholarship, grant*
el cajero automático	*ATM machine*
el costo	*cost*
costar	*to cost*
los derechos de matrícula	*registration fees*
pagar en efectivo	*to pay cash*
el préstamo	*loan*
sacar dinero	*to take out money*
el salario, sueldo	*salary*
la tarjeta de crédito	*credit card*

Campos de estudio

la administración de empresas	*business administration*
las bellas artes	*liberal arts*
las ciencias políticas	*political science*
las ciencias	*science*
el comercio	*business*
el derecho	*law*
la educación, la pedagogía	*education, pedagogy*
la enfermería	*nursing*
la filosofía	*philosophy*
la informática (la computación)	*computer science*
la ingeniería	*engineering*
las matemáticas	*mathematics*
la psicología	*psychology*
la veterinaria	*veterinary medicine*

1.4 Práctica

Hoy Ana tiene una entrevista con el Sr. García, un oficial de la universidad donde quiere estudiar. Rellene los espacios en blanco de la entrevista con una palabra de la siguiente lista. Si la palabra es un verbo, conjúguelo adecuadamente. Si es un sustantivo, elija el artículo que lo precede.

beca	derecho de matrícula	libro(s) de texto
calificaciones	elegir	maestría
costo	estudiar	medicina
cursos obligatorios	filosofía	préstamo
cursos opcionales	ingeniería	repasar

Sr. García:

¿Cuáles son tus planes para el futuro?

Ana: Después de graduarme de la universidad, voy a estudiar para el/la (1)_____ y luego para el doctorado.

Sr. García: ¿Qué carrera te interesa más?

Ana: Bueno, me gusta mucho pensar en cómo funcionan las cosas. Creo que me gustaría estudiar (2)_____. ¿Cuáles son los/las (3)_____ que necesito tomar para cumplir con los requisitos de esa carrera?

Sr. García: Pues esa carrera requiere varios cursos en ciencias y matemáticas, pero todo depende del campo que (4)_____. ¿Cómo son tus notas en esas materias?

Ana: Bueno, siempre (5)_____ mucho y tengo muy buenas calificaciones. Espero poder obtener un/una (6)_____ para pagar mis estudios.

Sr. García: ¿Ah, sí? Te puedo dar los papeles que necesitas rellenar. Hay muchos fondos para ayudar a los estudiantes con el/la (7)_____ de la universidad. Te puede ayudar a pagar los/las (8)_____ y los/las (9)_____. Y si no te lo paga todo, puedes pedir un/una (10)_____.

1.5 *Rellene la tabla siguiente con los requisitos de cada título*

Título:	licenciatura	maestría	doctorado
Requisitos:	años	dos	
Tesis:			
Examen de fin de carrera:	no		
Lengua extranjera:			

G 1.6

¿Qué habilidades o caracterísitas personales debe tener una persona cuya especialización es: la literatura, la informática, la ingeniería, el periodismo y el derecho. En grupos de 3 ó 4 estudiantes, hagan una lista y comparen sus ideas con las del resto de la clase.

2 1.7

En parejas, discutan lo que hace un/a estudiante que quiere tener éxito en la universidad. Tomen apuntes durante su conversación. Luego, comparen sus listas con otra pareja y organicen sus apuntes según el orden de importancia.

Por ejemplo: Los estudiantes que quieren tener éxito...

1. escogen los cursos obligatorios antes que los opcionales.
2. pagan los derechos de matrícula a tiempo.

Cultura

1.8 *Estrategia de leer: Adivinar el siginificado de una palabra a partir del contexto de la oración*

Se dice que un buen lector es el que puede adivinar bien. Cuando una persona lee algo en su lengua materna, encontrará palabras desconocidas, pero antes de buscarlas en el diccionario, el lector generalmente tratará de adivinar su significado mediante las claves encontradas en la oración misma.

- Muchas veces es fácil reconocer claves semánticas como los cognados (véase el Capítulo preliminar, p. 16.)

  Ejemplo: ¿Por qué decidiste estudiar **filosofía**?

- Las familias de palabras (es decir, las palabras que tienen la misma raíz, como por ejemplo: estudiar, estudiante, estudiantil y estudioso) también pueden indicar el significado de una palabra desconocida.

  Ejemplo: En una universidad, el centro **estudiantil** tiene sitios para comer, charlar con amigos y divertirse.

- Las palabras contiguas a una palabra desconocida pueden ofrecer información sobre el sentido de esta palabra y ayudarnos a adivinar lo que significa.

  Ejemplo: La profesora García **está calificando** los exámenes.

- También hay claves gramaticales. En español, la terminación de un verbo indica la persona a quien se le habla y el tiempo cuando ocurrió la acción.

  Ejemplo: En la clase de química, la profesora Delgado nos **demostró** en un experimento que unos gases son más ligeros que otros.

- Se puede identificar un sustantivo por un artículo (el, la, los, las o un, una, unos, unas) o por su terminación (-o, -a, -dad, -ero/a, -ión, etc.)

  Ejemplo: El **consejero** me dijo que necesito dos clases más para mi especialización.

- Un adverbio terminará en -mente.

  Ejemplo: El profesor habló **lentamente** para que nosotros pudiéramos escribir apuntes.

A continuación hay 5 oraciones encontradas en la lectura cultural de este capítulo. Utilizando el esquema como un guía, rellene los espacios y adivine el significado de cada palabra subrayada. Para cada palabra Ud. debe identificar qué parte de la oración es (sustantivo, pronombre, adjetivo, verbo, adverbio, preposición o conjunción), mencionar si es cognado o no, y anotar otras palabras o "claves" que pueden indicar el significado. Después de examinar los datos escriba los significados posibles.

Palabra	parte de la oración (*part of speech*)	¿cognado? (sí o no)	claves del contexto	significado(s) posible(s)
crecimiento				
brecha				
conformado				
propenso				
estándares				

1. Los latinos son el mayor grupo minoritario en el estado de California, pero su avance educativo no es paralelo a su <u>crecimiento</u> demográfico.

2. Este problema persiste abriendo cada vez más la <u>brecha</u> educativa que los separa de los angloamericanos e incluso de los afroamericanos.

3. Además, el grupo que más tiende a no acabar la preparatoria es el <u>conformado</u> por latinos de entre 16 y 24 años de edad, según el Centro Nacional de Estadísticas de Educación.

4. Este grupo es dos veces más <u>propenso</u> a dejar la preparatoria que los afroamericanos y hasta cuatro veces más que los angloamericanos, agrega el estudio.

5. Esto ocurre cuando las universidades están empezando a utilizar requisitos de admisión más estrictos, cuando los <u>estándares</u> académicos de las preparatorias se están elevando, y cuando el estado ha comenzado a implementar exámenes que los estudiantes deben aprobar para graduarse de la preparatoria.

Un reto para los latinos

La Opinión Digital
Mary Ballesteros-Coronel

En California los latinos constituyen el mayor grupo étnico minoritario, pero esta realidad no se refleja en sus universidades.

°**goteros:** droppers (for counting or measuring drops)

Como si la educación se les estuviera dando con goteros°, son pocos los latinos que terminan la preparatoria. Mucho menor es el número de ellos que se inscribe en la universidad. Y menor aún el de aquellos que obtienen un título universitario (un poco más del 6%).

Los latinos son el mayor grupo minoritario en el estado de California, pero su avance educativo no va paralelo a su crecimiento demográfico. Este problema persiste abriendo cada vez más la brecha educativa que los separa de los anglosajones e incluso de los afroamericanos.

Un 44.7% de los latinos en California no se ha graduado de la secundaria y sólo el 5.8% tenía una licenciatura, según datos del año pasado de la Oficina de Investigación de la Biblioteca Estatal de California.

°**agrega:** adds

Además, el grupo que más tiende a no acabar la preparatoria es el conformado por latinos entre 16 y 24 años de edad, según el Centro Nacional de Estadísticas de Educación. Este grupo es dos veces más propenso a dejar la preparatoria que los afroamericanos y hasta cuatro veces más que los anglosajones, agrega° el estudio.

Esto ocurre cuando las universidades están empezando a utilizar requisitos de admisión más estrictos, cuando los estándares académicos de las preparatorias se están elevando, y cuando el estado ha comenzado a implementar exámenes que los estudiantes deben aprobar para graduarse de la preparatoria.

Es decir, que si los estudiantes minoritarios no pueden lograr buenas calificaciones, o por lo menos igualar el nivel de sus compañeros anglosajones, la puertas de las universidades se les puede cerrar en sus propias narices.

Tras la eliminación de los programas de Acción Afirmativa, que entre otras cosas, garantizaban la admisión de un porcentaje predeterminado de estudiantes minoritarios a las universidades, el número de latinos en las universidades de California se ha reducido hasta en un 20%.

1.9 Comprensión

1. Según los datos, ¿cuál es el porcentaje de latinos que se ha graduado de la universidad?

2. ¿Cuál es el rasgo más sorprendente del grupo de latinos de entre 16 y 24 años?

3. ¿Cuáles son las razones por las cuales no se admite a los latinos en la universidad?

4. ¿Por qué están en una situación desventajosa con la eliminación de Acción Afirmativa?

5. ¿Por cuánto ha bajado el número de latinos que asiste a la universidad?

1.10 A explorar

1. El artículo dice que sólo un poco más de 6% de los latinos inscritos en la universidad reciben un título. Según algunos informes, los problemas son la preparación académica de los estudiantes, la falta de participación de los padres, la falta de enseñanza individualizada, consejería adecuada, y la cantidad de becas disponibles.

En un grupo de 3 ó 4 estudiantes, busque en Internet información que explique estos problemas y presente otros. Se puede escribir las palabras *deserción escolar hispana* en un motor de búsqueda y leer algunos sitios que provean más información, como la Organización de Estados Americanos o UNESCO. Uds. deben averiguar las razones por qué los estudiantes dejan de asistir a la escuela. ¿Es que los colegios a los que asisten los latinos no los preparan bien para el nivel académico de la universidad? ¿Es porque no hay maestros que les sirvan de modelos? ¿Es porque no hay consejeros latinos que conozcan sus problemas, o porque no hay organizaciones que les ofrezcan becas? ¿Es que la deserción escolar tiene que ver con problemas económicos de la familia o es una creencia de los estudiantes que no van a tener éxito en la universidad? ¿Hay otras razones? Luego junto con el resto de la clase, traten de pensar en un programa de acción que combata las dificultades. Uds. deben identificar un problema específico y escribir una lista de soluciones y recursos necesarios para realizarlo. Cada grupo presentará su plataforma a la clase y los estudiantes decidirán qué plataforma es su preferida.

2. Hay muchas personas que están a favor de la Acción Afirmativa y un número igual que está en contra de este tipo de política. Para inscribirse en la universidad hay varias medidas que se puede considerar: notas de la preparatoria, notas de exámenes como el SAT y el ACT, participación en ciertas actividades (participar en el gobierno estudiantil, actuar en una obra de teatro, jugar en un equipo de deportes, ser miembro del club de debate, etc.), cartas de recomendación y raza. En un grupo pequeño de 3 ó 4 estudiantes, imagínense que Uds. son miembros de un comité encargado de formar una política de inscripción a su universidad. Pongan en orden de importancia los criterios mencionados arriba y agreguen otros que se les ocurran. Prepárense para defender su política enfrente de los otros estudiantes de la clase.

A conocer

Las personas de este capítulo son miembros de la comunidad académica. Una es estudiante universitaria de Venezuela. Además, hay dos profesores: la que enseña en un *community college* es del Perú; el de la universidad es de Colombia.

G 1.11 A presentar

En un grupo pequeño, lean las citas siguientes y traten de decidir de quién es cada una. Al leer la oración, consideren el sexo de la persona, su edad posible, su origen y lo que se puede inferir acerca de su vida.

Rosa Chávez

María Doyle

Luis Fernando Restrepo

Comparen las respuestas de su grupo con las de los otros grupos. ¿Qué cita les sorprende más? ¿Por qué?

1. « En casa somos ocho en total. Tenemos tres hijos: dos chicas que están en la escuela secundaria y un chico que está en la escuela primaria.»

2. «Durante mi tiempo libre, me gusta usar computadoras.»

3. «Me defendía y animaba un tío jesuita … lo mataron los narco-traficantes.»

Rosa Chávez

Rosa ha vivido en muchas partes de los Estados Unidos: Georgia, Kansas, Arkansas y ahora Tejas. Enseña en un "community college" de Fort Worth y le encanta dar clases. Sus estudiantes piensan que ella es maravillosa.

Me encanta enseñar y me siento muy contenta cuando estoy frente a mis estudiantes. Siempre he sentido el deseo de comunicarme con las personas, y desde muy pequeña soñaba con° ser profesora. Me gustaba hablar y escuchar, y creía que me gustaría enseñar y corregir papeles.

He hecho toda mi carrera profesional en Lima. Estudié Educación y Psicología en la Universidad Federico Villareal. Me inicié en la docencia° bilingüe porque me encantaban los idiomas. Me especialicé en la enseñanza superior (post–secundaria). Me gusta enseñar en la universidad pues los jóvenes me animan° con su vitalidad. Enseño español e inglés como segundo idioma.

Vine a los Estados Unidos de Norteamérica hace siete años para trabajar como profesora universitaria. Me fascina enseñar y me gustaría continuar en la docencia universitaria por muchos años. Es muy gratificante a nivel personal y profesional ver el progreso y el éxito° de cada uno de mis estudiantes.

A mi familia y a mí nos agrada° mucho salir a pasear, visitar diferentes lugares, por eso hacemos pequeños viajes espontáneos°. A veces a media semana decidimos pasar ese fin de semana fuera, y como a mi esposo y a mí nos gusta manejar, empacamos y salimos muy de madrugada°. Generalmente vamos

°**soñaba con:** dreamed about

°**docencia:** teaching

°**animan:** inspire, encourage

°**éxito:** success
°**agrada:** please
°**espontáneos:** sudden
°**muy de madrugada:** very early

°**camioneta:** van
°**quedara:** remain
°**cuidados:** care
°**lazo:** tie

°**acogedora:** cozy, secure
°**disfrutar:** to enjoy

°**ambos:** both
°**tiempo completo:** full time
°**compartimos:** we share
°**cotidianas:** daily

°**fomentar:** to foster
°**prójimo:** neighbor
°**confianza:** trust

a visitar algún lugar que está a una distancia de cuatro a seis horas. Estos pequeños viajes nos unen más ya que tenemos muchas horas para conversar, contar anécdotas y comunicar nuestros planes futuros. Tenemos una camioneta° que justo tiene siete asientos y acomoda muy bien a nuestra "gran" familia.

En casa somos ocho en total. Tenemos tres hijos: dos chicas que están en la escuela secundaria y un chico que está en la escuela primaria. Mi *mamamá*, como llamo a mi madre, vive con nosotros también. Cuando su hermana mayor vino a visitarnos, decidimos invitarla a que se quedara° a vivir con nosotros porque sería una muy buena compañía para mi madre. Además pensamos que sería bueno para mi tía, puesto que nosotros somos casi su única familia cercana y ella también necesita de cuidados° por ser bastante mayor de edad. Esto ha funcionado muy bien pues ambas se hacen compañía y hacen que nuestros niños mantengan el lazo° familiar, lo cual es bastante importante para nosotros. Finalmente, el octavo miembro de nuestra familia es un bello perro cobrador llamado Nikki.

Afortunadamente tenemos una casa grande. Para nosotros, es una casa bonita y muy acogedora°. En nuestro hogar disfrutamos° muchísimo haciendo diversos proyectos en común, como arreglar el jardín y decorar rejas. Me gustan mucho las plantas, aunque desgraciadamente no dispongo de mucho tiempo para cuidarlas. Al final del día nos relajamos con un refrescante baño en nuestra piscina.

Mi esposo es programador de computadoras. Como ambos° trabajamos a tiempo completo° fuera de casa, en el hogar compartimos° las tareas cotidianas° y hacemos muchísimas actividades con la participación de toda la familia. Mi esposo y yo nos sentimos muy tranquilos mientras estamos trabajando, porque sabemos que en casa nuestros niños siempre están acompañados por *mamamá* y tía. Esto nos da una tranquilidad espiritual invalorable.

Lo más importante para nosotros es fomentar° la unión familiar, el respeto al prójimo° y la solidaridad en un ambiente de amistad, confianza° y entusiasmo.

1.12 Comprensión

1. Cuando era niña, ¿por qué quería Rosa ser profesora?

2. Además de ver el paisaje y conocer a la gente, ¿cuáles son otras de las ventajas de sus "pequeños viajes"?

3. ¿Por qué es bueno que su mamá y su tía vivan con su familia?

4. ¿Cuáles son los valores que Rosa quiere cultivar en su familia?

1.13 Discusión

1. Según Rosa, la unión familiar es muy importante y su familia comparte diferentes actividades. Cuando Ud. era joven, ¿qué actividades hacían juntos los miembros de su familia? ¿Se divertía Ud. con su familia o prefería estar con amigos de su propia edad? Y sus amigos, ¿pasaban mucho tiempo con sus familias? ¿Cree Ud. que los jóvenes de hoy pasen más o menos tiempo con sus familias que antes? ¿Por qué?

2. En los últimos cincuenta años, la sociedad ha cambiado mucho y hemos visto la apariencia de mucha tecnología nueva. ¿Cree Ud. que

tenemos más tiempo libre? ¿Qué hace Ud. en su tiempo libre? Rosa dice que le gusta arreglar el jardín, decorar rejas y relajarse en la piscina. Piense Ud. en alguien que trabaje a tiempo completo y pregúntele el número de horas que trabaja y el número de horas que tiene libres. También hágale las mismas preguntas a uno de sus abuelos o alguien de esa generación. Con respeto a la cantidad de ratos libres que tiene una determinada persona, ¿hay una diferencia entre la vida de hoy día y la del pasado?

3. Rosa dice que su esposo la ayuda mucho con las tareas cotidianas de la casa. ¿Cree Ud. que esto es típico en un hombre estadounidense o un hombre latino? Si los dos esposos trabajan, ¿deben dividir las tareas? ¿Hay algunas tareas que son "típicas" de las mujeres? ¿Cree Ud. que la mujer debe trabajar fuera de la casa si la pareja tiene hijos muy pequeños?

°**título de bachiller:** high school diploma
°**culminar:** to end, to conclude

°**nos mudamos:** we moved

°**ubicado:** located

°**tejas:** tiles

María Doyle

María es una estudiante de la universidad de Carolina del Norte. Tiene 27 años y está casada.

Mi nombre es María Alejandra Doyle. Vivo en Durham, Carolina del Norte, y soy alumna de la Universidad de Carolina del Norte, en Chapel Hill. Nací en Caracas, Venezuela, el 19 de junio de 1970. Mi familia vive en Venezuela, a excepción de mi tía y mi hermano, quienes viven en Miami, Florida. Realicé mis estudios primarios en Caracas y en Miami, donde pasé aproximadamente tres años. Luego volví a Caracas, donde obtuve mi título de bachiller°. Tras culminar° el bachillerato, comencé a trabajar. En mi último lugar de trabajo conocí a Bill, mi esposo. Volví con él a los Estados Unidos, donde nos casamos inmediatamente.

Primero residimos en Dallas, Texas, por seis meses y finalmente nos mudamos° a Carolina del Norte. El proceso de adaptarme nuevamente a la cultura norteamericana no fue del todo fácil. Ni mi familia ni mis amigos viven en la ciudad donde yo vivo. Sin embargo, desde mi llegada a los Estados Unidos he tenido la suerte de conocer gente muy simpática que ha hecho que me adapte con mayor facilidad a la sociedad estadounidense.

Recuerdo el primer día de clases en UNC. Al contrario de lo que suele ocurrir en Venezuela, cada salón de clases estaba ubicado° en diferentes edificios. Al principio me resultó algo extraño, pero luego me acostumbré.

En cuanto a mi personalidad, me considero una persona tímida pero accesible. Me gusta montar en bicicleta e ir al gimnasio. Además, me encanta hablar con mis amigos por teléfono. Debido a mi afición a las computadoras, en UNC me especialicé en informática. Durante mi tiempo libre, me gusta utilizar computadoras. Otro de mis *hobbies* es viajar. Mi esposo y yo viajamos por los Estados Unidos con frecuencia. En los últimos años he conocido muchos lugares, la mayoría en los Estados Unidos. El año pasado fuimos a Phoenix, Arizona, y estuvimos allí tres o cuatro días. Me encantó el desierto; de hecho, me gustaría poder mudarme a Phoenix algún día. Las casas tienen tejas° rojas y tienen mucha influencia española.

Mi aspiración es trabajar en Cisco Systems, empresa donde trabaja mi esposo. En Cisco, me gustaría ser programadora.

1.14 Comprensión

1. La familia de María no vive con ella. Sin embargo, ¿quiénes la ayudaron a adaptarse a los Estados Unidos?
2. ¿Cuál es una diferencia entre los salones de clase de los Estados Unidos y los de Venezuela?
3. ¿Qué piensa María de la ciudad de Phoenix?
4. ¿Cuáles son sus aspiraciones profesionales en el campo de la informática?"

1.15 Discusión

1. A María le encanta la informática y trabaja con la computadora en su tiempo libre. ¿A Ud. le gusta navegar en Internet? ¿Cuáles son sus páginas web favoritas? En Internet, ¿lee algún periódico o escucha música? ¿Entra en los canales de charla de la Red? ¿Usa el correo electrónico? ¿Hace compras en línea? En un día típico, ¿por cuánto tiempo utiliza Ud. la computadora para divertirse?

2. Puesto que tanta gente se divierte en Internet, ¿cree Ud. que esto influye en nuestras relaciones personales? Considere el efecto de los canales de charla y del correo electrónico en este sentido. ¿Escribe Ud. cartas a personas a las que no ha visto? ¿Ha hecho Ud. nuevos amigos? ¿Mantiene mediante Internet el contacto con personas que viven en otras partes del país? ¿Cree que Internet aporta más ventajas o desventajas a las relaciones personales?

3. Aunque no hay tanta controversia sobre la libertad de prensa, hay muchas discusiones sobre la libertad de los sitios web. En su opinión, ¿deben haber leyes que controlen lo que podemos mirar en la Red? ¿Hasta qué punto debe el gobierno tener influencia sobre Internet?

Luis Fernando Restrepo Montoya

Aunque pensaba en otras carreras antes, Luis Fernando es profesor de español y estudios latinoamericanos en la Universidad de Arkansas. Es un profesor muy entregado a sus estudiantes y también un padre a quien le encanta pasar el máximo tiempo posible con su hija de dos años.

Mis padres, Álvaro y Beatriz, se casaron muy jóvenes y luego se fueron a Washington, D.C. ya que mi padre comenzó a estudiar en la Universidad Católica. Allí nacimos Jorge Alberto y yo, los dos hermanos mayores de los cinco que somos en total. Al poco tiempo regresamos a Medellín, Colombia, donde nacieron Adriana, Juan Carlos y Claudia. Todos estudiamos en un colegio bilingüe, el Colombo Británico.

Cuando mi hermano mayor terminó la secundaria (allá se llama el bachillerato), se fue a Washington a estudiar a la Católica. Yo me fui con él a terminar la secundaria en el Emerson Preparatory School, donde tuve dos de los mejores maestros de mi vida: un profesor de humanidades, muy loco pero con una fe° inmensa en sus estudiantes locos, y un profesor de física pakistaní, muy lúcido y humano. Tras graduarme regresé a Medellín con la intención de estudiar

°**fe:** faith

°**me metí:** I became involved

filosofía. Mis padres me convencieron de que no había mucho futuro (querían decir "dinero") en esa carrera y me animaron a que estudiara otra cosa. Entonces me metí° a hacer derecho.

De la carrera, me gustaron mucho las clases de derecho romano y derecho constitucional, entre otras cosas. A pesar de que no me iba mal en cuanto a calificaciones, no estaba completamente satisfecho con lo que hacía porque no me apasionaba. Al año, y sin consultarlo con mis padres, me fui a hablar con un hermano de mi abuelo que era entonces rector de la Universidad Pontificia Bolivariana. Le pedí que me ayudara a entrar en la Facultad de Filosofía y Letras. Pasé las entrevistas, hice todos los trámites° y al final hablé con mi papá. Al principio, no aceptó mi decisión. Sin embargo, me pagó la carrera y con el tiempo fue entendiendo que eso era lo que yo quería hacer, pasara lo que pasara, aunque me muriera de hambre.

°**trámites:** procedures

°**a la vista:** apparently
°**oveja descarriada:** sheep that has gone astray
°**sigue vigente:** remains in effect
°**a pesar de:** in spite of
°**rentable:** producing income

Mientras tanto, mis hermanos estudiaban medicina, administración de empresas e ingeniería. A la vista° yo era la oveja descarriada° de la familia. Me defendía y me animaba un tío jesuita cuya voracidad intelectual ha sido para mí una fuente de inspiración que sigue vigente° hoy día, a pesar de que° a él lo mataron los narcotraficantes.

°**dejé:** I left behind
°**Intenté:** I tried

Tras la carrera decidí realizar estudios de posgrado en los Estados Unidos, aunque estuve contemplando seriamente estudiar algo rentable°, es decir, una carrera que me garantizara un salario lo suficientemente bueno como para vivir sin preocupaciones económicas, sobre todo porque en Medellín dejé° una novia esperando un par de años, hasta que nos casamos. Intenté° periodismo al principio porque creía que podía escribir cosas interesantes: artículos de periodismo de investigación, ensayos críticos o algo así. Pero muy pronto me di cuenta de que en esta carrera se enfocan° mucho en cómo escribir, no en qué escribir. Sabía que necesitaba aprender mucho más de la cultura e historia latinoamericanas, si es que en verdad quería decir algo valedero°. Por esta razón, me metí en el programa de Literatura Latinoamericana de la Universidad de Maryland, donde hice mi maestría y doctorado. Siento que crecí mucho en esos años, tanto intelectual como personalmente; además, en las fiestas de los compañeros latinoamericanos aprendí a bailar la salsa. En Maryland nació nuestra hija, Camila, justo el día en que tenía que defender la propuesta° de la tesis. "Esto es signo° de que la familia es primero," me dijo Catalina, mi esposa.

°**se enfocan:** focus

°**valedero:** of value

°**propuesta:** proposal, prospectus
°**signo:** sign
°**actualmente:** presently

Después de Maryland vine a Fayetteville, Arkansas, donde actualmente° soy profesor de cultura y literatura latinoamericanas. A mi familia y a mí nos gusta la ciudad, aunque es muy pequeña y hay pocas actividades culturales. Algo que considero que merece la pena de esta zona son las montañas Ozark. Tienen mucho encanto y, por otro lado, me hacen recordar aquellas imponentes montañas de los Andes que aún sigo extrañando. Pienso que soy y seguiré siendo colombiano, aunque tenga doble ciudadanía, viva aquí o viva allá.

1.16 Comprensión

1. ¿Qué cualidades demuestran los dos profesores de Luis Fernando de Emerson Preparatory School?
2. Desde niño, ¿tenía una idea clara de la carrera que quería estudiar Luis Fernando? ¿Para qué estudió primero en la universidad?
3. ¿Quiénes lo ayudaron a cambiar de carrera?
4. ¿Por qué dejó de estudiar la carrera de periodismo?

1.17 Discusión

1. En la escuela secundaria, Luis Fernando conoció a dos grandes maestros. ¿Cómo eran sus grandes maestros de la secundaria? Describa a su maestro/a favorito/a. ¿Qué rasgo le impresionó más a Ud.? ¿Influyó en algún aspecto de su vida, como en sus estudios? ¿Cómo? ¿Todavía mantiene Ud. el contacto con él/ella? Si pudiera decirle algo ahora, ¿qué le diría?

2. Luis Fernando dice que al principio quería estudiar filosofía, pero después cambió de carrera y empezó derecho; más tarde inició periodismo, y finalmente se decidió por literatura latinoamericana.

Para los estudiantes ¿cuál es lo más importante a tener en cuenta cuando se escoge una carrera universitaria que definirá nuestro futuro profesional? Ponga en orden de importancia los siguientes factores:

_____ un salario bueno

_____ una rutina variada

_____ trabajo que presenta retos

_____ la cantidad de tiempo libre

_____ el prestigio o buena reputación social

_____ ¿otros factores?

Compare su respuesta con las de los estudiantes de clase y decidan cuál es lo más importante para Uds.

3. Según los periódicos, ¿cuáles son las carreras más solicitadas por los estudiantes? En su universidad ¿cuáles son las especialidades más populares? ¿Proporcionan éstas una buena preparación para los puestos de trabajo disponibles?

4. Catalina, la esposa de Luis Fernando, dice que "la familia viene primero." ¿Cuáles pueden ser las consecuencias de esta manera de pensar al considerar una carrera? Si un profesor como Luis Fernando tiene una familia, ¿qué factores podrían ocasionar un cambio en su carrera profesional? ¿Y si la persona buscando un puesto es una mujer casada? En este sentido, ¿son diferentes los factores importantes para mujeres y hombres o son los mismos?

A repasar

1.18 Discusión

1. Piense en los valores de la familia. Repase los textos anteriores en *A conocer* y escriba 9 oraciones que muestren cómo ha tenido influencia el concepto de familia en la vida de Rosa, María y Luis Fernando. Y su propia familia, ¿tiene mucha influencia en su vida? ¿En qué aspectos? ¿En qué es diferente o parecido a lo que se dice aquí?

G **2.** Aunque las personas de este capítulo parecen estar contentas en los Estados Unidos, extrañan algunas cosas de sus países. ¿Cuáles son?

Si Ud. estuviera en otro país como estudiante de intercambio, ¿qué extrañaría más: a su familia, a sus amigos o los equipos de deporte de la universidad? Haga una lista de lo que más extrañaría y otra lista de lo que menos extrañaría. Luego, en un grupo pequeño, comparen las listas que cada uno ha preparado.

3. Rosa y María dicen que uno de sus pasatiempos es viajar, y con sus esposos han viajado por muchas partes de los Estados Unidos. A María le encantó Phoenix por su influencia española. Si Ud. consulta un mapa de los Estados Unidos, verá que muchas ciudades tienen nombres españoles, como San Diego, Santa Fe, Los Ángeles, San Antonio y Las Vegas. Muchas ciudades del estado de Florida tienen influencia española, especialmente San Augustín. Busque el sitio web de esta ciudad en el enlace de Internet (www.visitoldcity.com/espanol) o si lo prefiere, el de una de las otras ciudades. Haga una lista de las influencias españolas que observe. A continuación, prepare un anuncio comercial dirigido a personas a quienes les gusta la influencia española. Ud. puede mencionar el clima, puntos de interés, restaurantes que sirvan comida hispana, hoteles u otras atracciones. Después, lea el anuncio a la clase.

Estructuras

Los pronombres

Indirect objects: (me, te, le, nos, os, les)

1. The indirect object expresses the recipient of the action or condition expressed by the verb, often the person who benefits from or suffers the consequences. In other words, the person(s) *for whom* something is done or the person(s) *to whom* something is easy, difficult, pleasing, or objectionable.

Te escribieron una carta.	They wrote a letter *to you* . (They wrote a letter, and you were the one *to whom* they wrote it).
Mis padres **me** pagaron la enseñanza.	My parents paid the tuition *for me.* (My parents paid the tuition, and I was the one *for whom* they paid it, the one who benefited)
Nos es difícil hablar tan rápido.	It's hard *for us* to speak so fast. (It's hard to speak so fast, and we are the ones *for whom* it's hard, the ones who suffer the consequences)

2. An indirect object pronoun *must* be used in every Spanish clause with an indirect object; it cannot be omitted even if the indirect object is also expressed by a noun:

Le dieron el premio **a Juan**	They gave the prize to Juan. (Literally: To him they gave the prize to Juan)

3. For emphasis or clarity it is quite common in Spanish to add an extra *a + object of the preposition* (a mí, a ti, a él, a ella, etc):

A mí me da igual.	I (really) don't care.
Te toca **a ti**	It's *your* turn.

4. *Gustar* with an indirect object is the construction most commonly used to express "like" in Spanish. Only the third person forms of *gustar (gusta, gustan)* are generally used: *gusta* for actions and singular nouns, and *gustan* for plural nouns. The "person who likes" appears in the Spanish sentence as the indirect object of the verb.

¿Te **gusta la comida** mexicana?	Do you like Mexican food (does it please you?)
Les **gusta hablar** con sus amigos.	They like talking to their friends.
No me **gustan** nada **esos programas**	I don't like those shows at all.

There are several other verbs in this chapter that work with an indirect object pronoun in the same way as *gustar.* They include: *encantar, interesar, fascinar, and agradar.*

Alejandro Mendoza

Rosa Chávez

María Doyle

Luis Fernando Restrepo

Práctica

1.19

¿Quién está hablando? Vuelva a leer los textos autobiográficos anteriores e identifique quién está hablando. En su respuesta, use el pronombre de complemento indirecto adecuado siguiendo el modelo:

MODELO: A mi familia y a mí nos agrada mucho salir a pasear.
—Rosa está hablando; a su familia y a ella les agrada mucho salir a pasear.

1. Me fascina enseñar en un *community college*
2. Me gustó la ciudad de Phoenix, Arizona.
3. Nos gusta mucho hacer pequeños viajes súbitos.
4. Mi padre me pagó la carrera.
5. Asistir a la universidad me dio la oportunidad de viajar.
6. El vivir en los Estados Unidos nos ofrece muchas oportunidades.
7. Es muy gratificante ver el éxito de mis estudiantes.

2 1.20 ¿Cómo les va la vida universitaria?

1. ¿Les va bien o les va mal la vida universitaria? Antes de hacer esta actividad con su compañero/a de clase, repasen el vocabulario esencial del capítulo. Luego, entreviste a un/a compañero/a de clase sobre su vida universitaria.

Por ejemplo:

Pregúntele a su compañero/a si le gustan sus clases y si hay alguna que le gusta más.

—Amy, ¿te gustan tus clases? ¿qué clase te gusta más ?
—Sí, me gustan mucho. Me gusta más la clase de español.

Primero pregúntele ...

... si le gusta la vida universitaria

... si recibe buenas o malas calificaciones

... si le dan satisfacción sus éxitos

... qué aspecto de la vida universitaria le gusta menos

... si le agradan sus estudios

... qué materia le interesa menos

... qué actividades le fascinan

... qué aspecto de la universidad le parece más aburrido

... quién le paga la carrera

2. Ahora, su compañero/a le va a entrevistar a Ud. Esta vez, traten de variar un poco las preguntas en cuanto a la estructura y el vocabulario.

Por ejemplo:

—Nikki, ¿te agradan tus clases?

¿qué clase te interesa más?

3. Finalmente, comparen sus respuestas y escriban 5 oraciones contrastando sus gustos y preferencias en cuanto a la vida universitaria.

Por ejemplo:

—A mí me gusta la vida universitaria pero a mi compañera no le gusta nada.

—A mi compañera y a mí nos gusta la vida universitaria.

Reflexive pronouns and their uses

1. The reflexive pronouns (me, te, se, nos, os, se) are those used for the object of the verb when the object and the subject of the verb are the same person. The literal reflexive means that people are doing something to themselves, or to each other.

Me vestí	I got dressed (or dressed myself)
Te vas a bañar	You're going to take a bath (or bathe yourself)
Se abrazaban mucho	They used to hug a lot (or embrace each other)

2. Reflexive pronouns must also be used with a number of intransitive (that cannot take an object) verbs in Spanish. It is often but not always easy to see the sense of this, as with the English intransitive verb "to sit down" which is expressed in Spanish as *sentarse* (literally to seat one's self).

Luis Fernando se fue a estudiar	Luis Fernando went away to study
Se acostaba temprano	He used to go to bed early
Sus padres se enfadaron	His parents got angry

3. The reflexive pronoun is also commonly used in Spanish to express what "is done" when we are not concerned with who did it. For example: *Se dice que* - it's said that, and *¿Cómo se dice?* - How is it said or how does one say? This use of the reflexive is often referred to as the "passive *se*," since its translation (e.g. it is said) is called the passive voice in English.

No se puede hacer	It cannot be done
Se habla español en Nueva York	Spanish is spoken in NY

1.21   Habla el padre de Luis Fernando

Vuelva Ud. a escribir el texto autobiográfico de Luis Fernando Restrepo como si fuera su padre. A usted le toca ayudarlo con los pronombres reflexivos. Rellene los huecos con el pronombre reflexivo apropiado.

Mi esposa, Beatriz y yo (1)_____ casamos jóvenes y(2)_____ mudamos a Washington cuando yo(3)_____ fui a estudiar a la Universidad Católica. Allí nacieron nuestros hijos, Jorge Alberto y Luis Fernando. Al poco tiempo, (4)_____ mudamos a Medellín, donde nacieron el resto de nuestros hijos. Cuando Jorge Alberto (5)_____ graduó de la secundaria, Luis Fernando y él (6)_____ fueron a estudiar a los Estados Unidos. Al regresar a Medellín, Luis Fernando quería especializar(7)_____ en filosofía, pero nosotros lo animamos a que (8)_____ metiera a derecho porque así le sería más fácil ganar(9)_____ la vida. Luego Luis Fernando estudió periodismo en los Estados Unidos, en ese período (10)_____ dio cuenta de que necesitaba aprender más sobre la cultura e historia latinoamericanas; por eso, solicitó estudiar en el programa de Literatura Latinoamericana de la Universidad de Maryland.

There are several other sets of personal pronouns that you probably already know well such as subject pronouns (*yo, tú, él, ella* , etc.), direct object pronouns (*me, te, lo, la,* etc.), and those used as the object of a preposition (*mí, ti, él, ella,* etc.). The final exercise below is intended to check your mastery of all Spanish pronouns. If you need them, you will find a chart of Spanish personal pronouns, complete notes and additional exercises on all pronouns in chapter 1 of your workbook.

1.22

Ya conocemos a Rosa Chávez, a quien le gusta mucho la enseñanza de idiomas. Aquí nos va a hablar más de su entusiasmo. Rellene los huecos con los pronombres apropiados.

A mí (1)_____ gusta enseñar en la universidad pues los jóvenes (2)_____ animan (a mí) con su vitalidad. Dialogo con (3)_____; (4)_____ cuento anécdotas (a ellos), y (a mí) (5)_____ gusta escuchar (6)_____ (a ellos) y animar (7)_____ a que practiquen el idioma. Asimismo, pienso que mi especialidad como psicóloga (8)_____ ayuda (a mí) a comprender (9)_____ (a ellos) mejor. A mí (10)_____ agrada trabajar en un *community college* porque está enfocado en la comunidad y (11)_____ ayuda a satisfacer sus necesidades. (12)_____ (a mí) encanta enseñar al gran número de estudiantes que toman el curso de español o ESL solamente porque (13)_____ atrae (a ellos) el idioma. Cuando estoy dictando mi clase, toda mi atención (14)_____ concentra en mis alumnos.

Destrezas

A escribir

1.23 *Complete la tabla con apuntes sobre sus propios datos personales y los de las personas de la Sección IV:* **A conocer,** *siguiendo los modelos.*

Nombre	Campo de estudios	Datos personales	Pasatiempos
Rosa	pedagogía		
Alejandro			
María			montar en bicicleta
Luis Fernando		casado	
Yo			
Compañero/a de clase			

1.24 *Ahora escriba 6 oraciones completas usando algunos de los datos que ha apuntado en la tabla para hacer comparaciones. Siga los modelos:*

Yo estoy soltera y mi compañera de clase está soltera también.

Alejandro se especializa en ingeniería pero yo me especializo en psicología.

1.25 *Finalmente, repase los datos que tiene apuntados y escoja a la persona con quien tiene más cosas en común. Escriba un párrafo de unas 8 oraciones comparándose con ella. No se olvide de utilizar los pronombres apropiados.*

Estrategía de escribir: Conectando ideas

Ciertas palabras y frases sirven como puentes que conectan las partes de una composión. Ayudan a establecer conexiones claras entre las ideas y hacen que las oraciones y párrafos fluyan mejor.

- Para indicar orden o secuencia:

    Primero, segundo, en primer lugar, después, al mismo tiempo, mientras, finalmente y por último

    En primer lugar, la biblioteca nunca tiene los libros que necesitamos.

- Para dar ejemplos o añadir:

    además, es más, por ejemplo, es decir, también, incluso

    Además, los libros que tienen nunca están en su lugar apropiado.

- Para comparar y contrastar:

    al contrario, en cambio, por otro lado, pero, sino, sin embargo, no obstante

    Mi compañera de cuarto nunca estudia. Sin embargo, siempre saca buenas notas.

- Para expresar causa y resultado:

    puesto que, debido a, a causa de, por lo tanto, por consiguiente

    Debido a la tormenta de nieve, cancelaron las clases hoy.

- Para resumir o concluir:

    En resumen, en pocas palabras, para resumir, en conclusión, para concluir, en general

    En conclusión, los estudiantes atletas no deben recibir privilegios especiales.

MODELO: Yo tengo algo en común con todas las personas que hemos conocido en este capítulo. Todos vivimos en los Estados Unidos y todos _____; pero, yo tengo más en común con _____. Nosotros/as _____. _____. Por lo tanto, _____.
Además, …

¿Qué haría Ud.?

Estudiantes de todo el mundo vienen de intercambio a los Estados Unidos. Muchas veces los que quieren mejorar su inglés pasan su primer semestre en clases de *ESL* antes de entrar a clases con los otros estudiantes de la universidad. De estos estudiantes, muchos se quedan en este país para terminar su educación universitaria. Algunos incluso terminan una maestría o un doctorado. Obviamente, el hecho de que las clases que toman se impartan en otro idioma, tiene un gran valor.

G **1.** Piense Ud. en el primer semestre que pasó en la universidad. ¿Recuerda algunas dudas o preguntas que tenía al llegar a la universidad? ¿Fue difícil adaptarse a la vida universitaria? ¿Por qué sí o por qué no? ¿Alguna vez se perdió en el campus? ¿Se sintió perdido? ¿Extrañó a su familia y amigos? En un grupo pequeño, discutan algunas de sus primeras experiencias e impresiones de la universidad.

2 **3.** Pensando en su propia experiencia, haga una lista de preguntas que Ud. cree que tendría un/una estudiante recién llegado/a a la universidad. Puede añadir preguntas también que se aplican solamente a la situación de un estudiante de intercambio. Luego, con un compañero de clase, interpreten los siguientes papeles.

e1: Ud. es un estudiante de *ESL* que acaba de llegar a este país. Sólo sabe de la universidad lo que leyó en Internet. Ud. acaba de conocer a un/una estudiante de la universidad. Hágale todas las preguntas que tiene.

e2: Ud. conoce a un/a estudiante de intercambio recién llegado a la universidad. Debe darle toda la información que pueda sobre la vida universitaria incluyendo: las clases, los libros, las residencias estudiantiles, transportación, la comida, los deportes, las fiestas, etc.

MODELO: e1: ¿Qué hacen por aquí los fines de semana?

e2: Mucha gente va a visitar a sus familias. Otros se quedan aquí y van a fiestas.

e1: ¿Dónde hay computadora que pueda usar?

e2: Hay muchas en la biblioteca. Todas las residencias estudiantiles tienen computadoras también.

Comprensión auditiva

En la oficina de la profesora

G **1.27** **Antes de ver...**

Formen grupos de tres o cuatro y pregúntenles a otros grupos de la clase sobre los profesores de la universidad y sus oficinas.

1. ¿Tiene tu profesor/a de _____ (español, informática, inglés, historia, etc.) una oficina?
2. ¿Sabes dónde está la oficina de tu profesor/a de _____?
3. ¿Fuiste alguna vez a la oficina del profesor?
4. ¿Cómo son las oficinas de tus profesores?
5. ¿Qué muebles hay?
6. ¿Qué otras cosas tienen tus profesores en sus oficinas?

Si no conoce las oficinas, use su imaginación. Por ejemplo: "Pues no conozco la oficina de mi profesor de química pero probablemente no tiene muchos muebles. Probablemente tiene dos computadoras,

Julia Cardona-Mack, una profesora puertorriqueña, está en su oficina de la universidad.

un sillón cómodo, fotos de (1)_____, libros de (2)_____,
(3)_____ (4)_____ (5)_____."
El profesor de español probablemente tiene un cuadro de Picasso en su oficina.

1.28 **Primera Proyección - Comprensión**

Después de ver el video por primera vez, conteste Ud. las siguientes preguntas escogiendo la mejor respuesta:

1. La profesora Cardona-Mack tiene en su oficina ...

   a. un mapa de Puerto Rico.
   b. libros puertorriqueños.
   c. una bandera puertorriqueña.

2. En su oficina, la profesora tiene fotos de ...

   a. su marido y sus hijos.
   b. sus abuelos y bisabuelos.
   c. sus suegros.

3. El marido de la profesora ...

   a. sabe hablar español.
   b. no sabe hablar español.
   c. no sabe hablar ni español ni inglés.

4. ¿Cómo recibió la profesora el reloj de pájaros?

   a. Se lo regaló su marido.
   b. La profesora lo compró en Wal-Mart.
   c. Se lo regaló su suegra.

5. Cuando oyen el búho, los alumnos de la profesora …

   a. se ríen.
   b. se despiertan.
   c. se animan.

6. La suegra de la profesora está …

   a. en California.
   b. muerta.
   c. enferma.

 1.29 Segunda Proyección - Comprensión

Después de ver el video por segunda vez, conteste Ud. las siguientes preguntas

1. ¿Cuándo está desordenada la oficina de la profesora?
2. ¿Cuántos hijos tiene la profesora? ¿Cómo se llaman? ¿Quién es la menor? ¿Hablan español? ¿Quién es el menos tímido? ¿Por qué María Mercedes no habla español tan bien como sus hermanos mayores?
3. ¿Cuándo enseña la profesora generalmente, por la mañana o por la tarde? ¿Cuándo vienen los alumnos a la oficina de la profesora? ¿Para qué vienen los alumnos?
4. ¿Le gustó a la profesora el reloj de pájaros cuando lo vio por primera vez? ¿Por qué trajo el reloj a la oficina? Ahora, ¿le gusta más o menos que le gustaba antes? ¿Por qué?

1.30 Consideraciones - ¿Qué cosas tenemos? ¿Cómo somos? ¿Qué nos gusta hacer?

¿Podemos conocer a una persona por las cosas que tiene en su cuarto, en su casa o en su oficina? ¿Podemos intuir cómo es y qué le gusta?

¿Qué tiene la profesora Mack en su oficina? ¿Cómo es ella? ¿Qué le gusta?

1. Primero, complete Ud. las siguientes oraciones sobre lo que vimos en la oficina de la profesora Mack:

Por ejemplo:

La profesora Mack tiene una bandera puertorriqueña en su oficina; podemos intuir que es de Puerto Rico y se siente orgullosa de su país.

La profesora Mack tiene fotos de sus hijos en su oficina; podemos intuir que _____.

En su oficina también hay una foto de su esposo; podemos intuir que

_____.

En su oficina hay muebles cómodos para sus estudiantes; podemos intuir que _____.

2. **¿Qué tiene Ud. en su cuarto?** Ahora, haga una lista de dos o tres cosas que Ud. tiene en su cuarto y de las cuales podemos intuir algo de cómo es y qué le gusta hacer.

MODELO: En mi cuarto tengo

  1. una raqueta de tenis;

  2. un álbum de Shakira; y,

  3. una foto del Presidente Bush.

  3. Luego, entreviste Ud. a dos o tres compañeros de clase: primero, pregúnteles qué cosas tienen en sus cuartos; a continuación, haga una conjetura sobre cómo son o qué les gusta; y finalmente, pregúnteles si Ud. tiene o no razón.

MODELO: e1: ¿Qué cosas tienes en tu cuarto?

            e2: Tengo un álbum de Shakira y un póster de John F. Kennedy.

            e1: Puedo intuir que te gusta la música latina y eres demócrata, ¿tengo razón?

            e2: Sí, tienes razón. Me gusta la música latina y soy demócrata.

Lectura

°**Bien águila:** sharp as a tack

BIEN ÁGUILA°

S ANDRA C ISNEROS

Sandra Cisneros vive en San Antonio, pero nació en Chicago en 1954. De niña, su familia se mudaba mucho y por eso era una niña tímida e introvertida. Pasaba mucho tiempo observando a la gente y escapándose del mundo que la rodeaba a través de los libros. Cuando tenía 12 años, su familia compró una casa en un barrio puertorriqueño en el norte de Chicago. Esta experiencia le sirvió más tarde de inspiración para escribir *La casa en Mango Street.* En la escuela secundaria una maestra le animó a escribir; por eso, decidió estudiar la carrera de inglés en Loyola University, donde tomó cursos de escritura. Desde entonces ha escrito numerosos libros y recibido muchos premios y honores. Sus libros han sido publicados en 10 idiomas. Cisneros ha trabajado como maestra de escuela secundaria, consejera, administradora de arte y profesora de escritura.

"La casa en Mango Street" es una colección de 44 cuentos unidos por el punto de vista de la narradora, Esperanza Cordero. Cisneros dice que escribió la obra en un estilo "anti–académico," como una rebelión contra los escritores famosos que ella estudiaba en la escuela de graduados. Aunque el libro empezó como las memorias de Cisneros, llegó a ser una historia de personas de su pasado y presente.

Se dice que Cisneros nunca se olvida de sus raíces. Cuando lee para niños en una escuela o en una biblioteca, les muestra sus notas del quinto grado, las cuales no eran buenas, para demostrarles que las notas no siempre pueden predecir el futuro de un individuo.

1.31 Antes de leer

  1. Cisneros describe a su mamá con las palabras "bien águila." ¿Qué expresiones usamos en inglés para expresar este mismo concepto?

2 **2.** Con un(a) compañero(a), anoten algunas características que se asocian con una persona "bien águila." Luego escriban su propia definición. Para ser bien águila, ¿es necesario que una persona se haya graduado de la escuela o de la universidad?

3. ¿Hay personas que sean famosas pero a quienes les falte haber alcanzado un nivel alto de estudios según el sentido del cuento? ¿Qué es lo que les hizo famosos? ¿Es la educación un requisito para tener éxito, para estar contento? De estas personas, ¿quiénes coinciden con su definición de bien águila?

BIEN ÁGUILA

SANDRA CISNEROS

°**suspira:** sighs

°**dibujaba:** used to sketch
°**hilo:** thread
°**aguja:** needle
°**botones de rosa:** rosebuds
°**tulipanes:** tulips
°**aterciopelados:** velvety
°**poderosos:** powerful
°**glorias azules:** morning glories
°**cuece:** cooks
°**avena:** oatmeal
°**señala:** points (it) out
°**cuchara de palo:** wooden spoon
°**macizo:** hard
°**menea:** stirs
°**fíjate en:** look at
°**se largó:** left
°**solita:** all by yourself

Yo pude haber sido alguien, ¿sabes?, dice mi madre y suspira°. Toda su vida ha vivido en esta ciudad. Sabe dos idiomas. Puede cantar una ópera. Sabe reparar la tele. Pero no sabe qué metro tomar para ir al centro. La tomo muy fuerte de la mano mientras esperamos a que llegue el tren.

Cuando tenía tiempo dibujaba°. Ahora dibuja con hilo° y aguja° pequeños botones de rosa°, tulipanes° de hilo de seda. Algún día le gustaría ir al ballet. Algún día también, ver una obra de teatro. Pide discos de ópera en la biblioteca pública y canta con pulmones aterciopelados° y poderosos° como glorias azules°

Hoy, mientras cuece° la avena°, es Madame Butterfly hasta que suspira y me señala° con la cuchara de palo°. Yo pude haber sido alguien, ¿sabes? Ve a la escuela, Esperanza. Estudia macizo°. Esa Madame Butterfly era una tonta. Menea° la avena. Fíjate en° mis comadres. Se refiere a Izaura, cuyo marido se largó°, y a Yolanda, cuyo marido está muerto. Tienes que cuidarte solita°, dice moviendo la cabeza.

Y luego, nada más porque sí:

La vergüenza es mala cosa, ¿sabes? No te deja levantarte. ¿Sabes por qué dejé la escuela? Porque no tenía ropa bonita. Ropa no, pero cerebro sí. ¡Ufa!, dice disgustada, meneando de nuevo. Yo entonces era bien águila.

1.32 Comprensión

1. Según la hija, ¿cuáles son los talentos de su mamá?

2. ¿Qué actividades le interesan a la madre?

3. ¿Por qué dejó la escuela la madre?

1.33 Discusión

1. En los Estados Unidos, ¿cuáles son las ventajas de asistir a la universidad?

G **2.** En un grupo de 3 ó 4 estudiantes, discuta la cuestión siguiente: ¿Cuál es superior: la inteligencia innata (natural), o sea lo que tenía la madre de Cisneros, o la adquirida mediante una educación formal? Luego, compare su opinión con la de los otros grupos.

3. La madre le dice a su hija "tienes que cuidarte solita". ¿Qué significa esto? ¿Cuáles son algunos ejemplos de lo que sería cuidarse a sí mismo/a? ¿Es este consejo apropiado sólo para las hijas latinas, para todas las mujeres o para ninguna de ellas?

1.34 Composición

1. Después de pensar en sus propias experiencias universitarias, imagine que habla con un/a estudiante nuevo/a en la universidad. Haga una lista de lo que debe o no debe hacer.

MODELO: Debes asistir a todas las clases, especialmente las que son los viernes a las 8:00 de la mañana o a las 3:00 de la tarde.

Algunas expresiones útiles pueden ser:

Es importante + infinitivo; Hay que + infinitivo; Tienes que + infinitivo; y, Lo más importante es + infinitivo ...

2. Haga otra lista que muestre lo que no se debe olvidar.

MODELO: No olvides apuntar la fecha del examen.

Algunas expresiones útiles pueden ser:

Acuérdate de + infinitivo; y, No dejes de + infinitivo

3. Después de hacer las listas, escriba las razones por las cuales estas sugerencias son importantes.

MODELO: Si no asistes a las clases, vas a salir suspenso/a

Algunas expresiones útiles pueden ser:

Si no lo haces ...; Esto es importante porque ...; Digo eso porque ...; y, Sabes que ...

5. Ahora, imagínese que un/a hermano/a o un/a amigo/a menor está por mudarse a otra ciudad para asistir a la universidad. Después de repasar las listas de arriba, escríbale una carta con algunos consejos sobre lo que debe o no debe hacer, recordar o no olvidar.

Ahora cambie su composición con la de otro/a estudiante de la clase. Lea la composición y responda como si Ud. fuera la persona que recibió la carta. Debe mencionar que Ud. está siguiendo las reglas. También dígale al/a la escritor/a que alguna de las sugerencias le parece bastante difícil. Pídale consejo sobre un problema nuevo. Agradézcaselo a su consejo.

Entrevista

Entreviste a un/a estudiante o profesor/a latino/a en su universidad siguiendo las sugerencias del capítulo preliminar. (Si necesita ayuda puede repasar las sugerencias del capítulo preliminar en páginas 23–25.) Debe incluir en su entrevista los siguientes temas. Acuérdese que para cada tema debe hacer una(s) pregunta(s) y una(s) pregunta(s) de seguimiento (*follow-up*).

Para los estudiantes

por qué escogió la universidad donde estudia

qué aspecto de la vida universitaria le gusta más/menos

qué materia le interesa más/menos

qué quiere o planea hacer cuando se gradúe

¿otra pregunta?

¿otra pregunta más?

Para profesores

a qué universidad asistió y qué estudió

por qué decidió ser profesor

qué materias le gusta enseñar más/menos

en qué se diferencia su vida hoy de cuando era estudiante

¿otra pregunta?

¿otra pregunta?

Después de la entrevista, escriba un texto biográfico al estilo de los que se encuentran en este capítulo, en la sección de *A conocer*.

Si Ud. no puede hallar a una persona latina en su propio campus, use el video **"Entrevista virtual: Julia Cardona-Mack."** Luego, escriba un texto biográfico basado en la información del video.

Capítulo 2

Los de la tercera edad

COMUNICACIÓN

Hablar del pasado

Conversar sobre la juventud

Pedir información sobre el pasado

CULTURA

Latinos de la tercera edad en los Estados Unidos

Veteranos latinos

ESTRUCTURAS

Repaso de los usos del pretérito e imperfecto

Encuentros

°**rescatar:** to rescue
°**gallina:** chicken
°**enredada:** entangled
°**soga:** rope
°**mata:** shrub, vegetation
°**lencería:** linen goods
°**encajes:** lace
°**fumaba:** smoked

°**granado:** pomegranate tree

°**escondite:** hide and seek
°**Mambrú:** Mambrú is a children's song, often sung in rounds with children acting out the meaning of the lyrics with hand motions and gestures.
°**rayuela:** hopscotch

Primer encuentro: Rosa Ramos

Rosa vive en Brooklyn y una vez al año regresa al lugar donde nació, la República Dominicana. Ella echa de menos a su familia porque todos están allí. Más que nada extraña el clima cálido, porque en Nueva York hace mucho frío.

Nací en la República Dominicana. Cuando tenía 25 años, vine a este país de vacaciones. Sin embargo, mientras vivía en Puerto Rico, empecé un negocio con una amiga puertorriqueña y me quedé allí, pues me gustó mucho. Luego volé a Nueva York y me gustó aun más. Al principio fue difícil ya que no podía entender a las personas, ni ellas a mí; pero, poco a poco, yendo al cine y tratando de leer el periódico y una que otra revista, terminé adaptándome.

De mi vida en la República Dominicana, recuerdo más a mis abuelas; sobre todo a la materna porque fue a la que mas traté. Aunque todavía era muy niña, su muerte me impresionó mucho, porque sucedió debido a su humanidad. Murió al caer de un árbol tratando de rescatar° una gallina° que había quedado enredada° con su propia soga° en una mata°. Lo que más recuerdo de mi abuela era su vanidad. Le gustaba vestirse bien. Iba a menudo a Puerto Príncipe, Haití, para comprarse lencería° y saber cuáles eran las últimas tendencias de la moda francesa. Le gustaban mucho los encajes°. También tenía algo peculiar: fumaba° cigarros. Eso no lo hacían las mayores de su época. Ella en ese aspecto era especial, y también porque vivió más de cien años.

Recuerdo bien mi casa. Era grande porque éramos ocho hermanos. En el patio había árboles frutales como cocos, ciruelos, plátanos, un granado°, un limonero y un naranjo. Los niños pasábamos casi todo el día en el patio cuando no estábamos en el colegio. Yo compartía mi dormitorio con mi hermana, Josefa, pero casi nunca estábamos allí. Vivíamos en la típica casa de estilo sevillano con patio interior y los dormitorios distribuidos a su alrededor.

De niña, mi preferencia era jugar con otros niños a juegos como el escondite°, Mambrú° se fue a la guerra y la rayuela°. También me gustaban los libros. Tenía mi propia colección que escondía debajo de la cama porque casi todas eran novelitas románticas y me avergonzaba que las vieran mis hermanos.

Cuando me hice un poco mayor, mi preocupación más grande era la dictadura. Llevaban a la gente al cuartel y muchos desaparecían de allí. Nos obligaban a votar por Trujillo, aun cuando no queríamos. Otra de mis preocupaciones era no tener trabajo. Pero en realidad, aunque la gente tuviera trabajo no ganaba casi nada y no se podía comprar casas, carros y otras cosas básicas. Tampoco había protección del trabajador.

Si todavía estuviera allí, en la República Dominicana, tendría más vida social durante mi tercera edad. La relación familiar es más importante allí que en los Estados Unidos. Las familias se visitan más. A veces viven juntas varias generaciones y se organizan más celebraciones familiares. La gente sale más y los parientes se ayudan. En los Estados Unidos los ancianos están más separados de las familias y la sociedad no los toma muy en cuenta. El clima aquí tampoco ayuda a tener vida social. En Nueva York hace mucho frío y, para mí, también falta un poco el calor humano al que estaba acostumbrada en la República Dominicana.

En la República Dominicana, los mayores consiguen buenas atenciones dependiendo de su situación económica, pues ahora es bastante más caro que

°**prestaciones sociales:**
public services

antes. Tampoco hay buenas prestaciones sociales° de salud y de transporte, como en los Estados Unidos. Aunque fui feliz en la República Dominicana, y lo sigo siendo aquí, no cambiaría gran cosa mi vida.

2.1 Comprensión

1. ¿Dónde vivía la Sra. Ramos cuando voló a Nueva York? ¿Qué problemas tuvo la Sra. Ramos al llegar a este país? ¿Cómo los solucionó?
2. ¿Por qué recuerda tantas cosas de su abuela materna? ¿Cómo era su abuela? ¿Qué le pasó?
3. Cuándo la Sra. Ramos era niña, ¿cómo pasaba el tiempo?
4. ¿Cuáles eran sus preocupaciones al crecer y convertirse en adulta?
5. Según la Sra. Ramos, vivir en los Estados Unidos tiene ciertas ventajas para una persona de la tercera edad. ¿Cuáles son?
6. ¿Qué extraña ella de la República Dominicana?

2.2 Discusión

1. La Sra. Ramos dice que en los Estados Unidos los ancianos están más separados de sus familias. ¿Qué factores resultan en esta diferencia entre los dominicanos y los estadounidenses? Ella también admite que las prestaciones sociales de salud y de transporte, etc. son mejores en los Estados Unidos. ¿Es esto el resultado de los mismos factores o es algo diferente?

2. La abuela materna de la Sra. Ramos es una figura bastante interesante. ¿Qué se puede decir acerca de su personalidad? ¿En qué sentido es ella una excéntrica?

3. A la señora Ramos le gustaba leer cuando era niña. ¿A Ud. le gustaba leer también? ¿Cuáles eran sus libros favoritos? ¿Leía libros clásicos como *La ciudadela de los Robinson (Swiss Family Robinson)*? ¿Había una serie que le gustara, como *La casa de la pradera (Little House on the Prairie)*? La señora Ramos dice que escondía unos libros románticos debajo de su cama. ¿Por qué hacía eso? Cuando Ud. tenía unos 10 ó 12 años, ¿había libros que sus padres le prohibían leer? ¿Obedecía a sus padres?

 ### 2.3 Composición

La Sra. Ramos pinta un vívido retrato de su abuela con sus palabras descriptivas y nos ayuda a crear una imagen mental de esta mujer. En su descripción ella cuenta incidentes específicos que demuestran su humanidad y su vanidad. También menciona su manera de vestir y lo que le gustaba. La siguiente tabla tiene algunas características de la abuela de la Sra. Ramos. Complete la tabla con la información que apoya la característica citada.

Característica	Información que la apoya
humanidad	
vanidad	
gustos	
peculiaridad	

Ahora, piense en su propio/a abuelo/a. En la tabla vacía que sigue, haga una lista de cuatro características de su propio/a abuelo/a y luego escriba una frase que demuestre cada una.

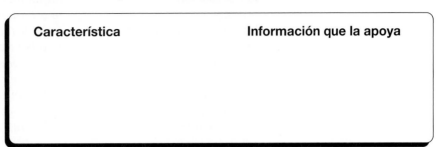

Característica	Información que la apoya

Rosa pinta un retrato de su abuela con sus palabras y nos ayuda a imaginar a esta mujer. Con mucho cariño, Rosa describe su humanidad, su vanidad, su manera de vestirse, lo que le gustaba, su gozo de fumar y la edad que tenía cuando se murió. Ahora, siguiendo como modelo la descripción que Rosa hace de su abuela, escriba una composición sobre una de sus abuelas. Para ello, utilice la información de la segunda tabla.

Vocabulario esencial

Las necesidades (físicas y espirituales)

la amistad	*friendship*
la compasión	*compassion*
la libertad	*liberty*
los medicamentos	*medicines*
la seguridad	*safety, security*

Los problemas y las dificultades

chocar	*to surprise, to shock*
choque	*shock*
deprimir	*to depress*
la discriminación	*discrimination*
la guerra	*war*
la persecución	*persecution*

La política y los gobiernos

capitalista	*capitalist, capitalistic*
el/la ciudadano/a	*citizen*
comunista	*communist*
democrático	*democratic*
el dictador, la dictadura	*dictator, dictatorship*
militar	*military*
la ley	*law*
la mayoría	*majority*
la minoría	*minority*
la patria	*homeland*
la política	*politics; policy*
represivo	*repressive*

En el nuevo país

aceptar/rechazar	*to accept/to reject*
la adaptación	*adjustment*
adaptarse	*to adapt or adjust*
buscar (trabajo, amistad)	*to look (search) for (a job, friendship)*
desear (volver)	*to wish (to return)*
extrañar	*to feel lonely for; to miss*
justo	*just (fair, righteous)*
lograr (el éxito, la adaptación)	*to achieve* (success, adaptation)
monolingüe/bilingüe	*monolingual/bilingual*
(no) tener éxito	*to be (not to be) successful*

2.4 Práctica

Encuentre en la lista de vocabulario un antónimo (palabra que tiene un significado opuesto) para cada una de las siguientes palabras.

1. la minoría
2. la paz
3. las restricciones
4. rechazar
5. la tolerancia

2.5 Complete el párrafo con palabras de la lista de vocabulario. Si la palabra es un verbo, conjúguelo adecuadamente. Si es un sustantivo, elija el artículo que lo precede.

aceptar	choque(s)	mayoría
adaptación	ciudadano/a	patria
bilingüe	dictador	política
capitalista	lograr	seguridad

Cuando yo llegué a este país pensé que iba a tener grandes problemas. Pensaba que no iba a poder (1)_____ todos mis sueños. También pensaba que tal vez la gente no me iba a (2)_____ porque venía de otro país y con otra cultura. Pero, realmente el/la (3)_____ a las costumbres de este país me fue más o menos fácil. Y aunque experimenté algunos/as (4)_____, en general me acostumbré rápidamente a la cultura de los Estados Unidos.

   Ya he pasado muchos años en este país y ahora soy (5)_____ de los Estados Unidos y hasta puedo votar en las elecciones. Eso me hace muy feliz porque me interesa mucho el/la (6)_____. De hecho, dejé mi (7)_____ porque era gobernado/a

por un/a (8)_____ y pensaba que en una democracia tendría más oportunidades.

2.6 *Conteste las siguientes preguntas utilizando el vocabulario nuevo.*

1. ¿Qué necesitan las personas para vivir y ser felices? ¿Qué otras cosas necesitan, además de las que aparecen en la lista de vocabulario esencial? Ponga estas cosas en orden de importancia para Ud.

2. Todo el mundo considera los Estados Unidos como un país de inmigrantes. ¿Por qué cree Ud. que tanta gente quiere venir a vivir a los Estados Unidos?

3. Explique lo que es para Ud. la diferencia entre *país* y *patria*?

Cultura

Estrategia de leer: Utilizando los conocimientos previos

2.7 *Cuando una persona lee algo, utiliza información que ya reside en su propio cerebro para comprender el texto. Esta información viene de lo que el/la lector/a ha visto, leído, escuchado o experimentado. Esta información sirve para hacer conexiones con la información nueva y darle sentido a la lectura. Después de leer el título de la siguiente lectura, se puede intuir que tendrá que ver con veteranos o soldados y la guerra. Rellene el mapa semántico con las palabras relacionadas.*

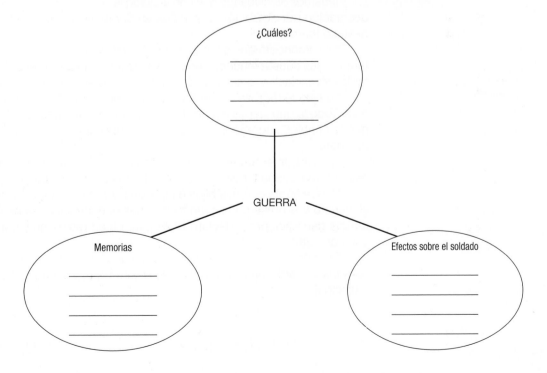

Ahora mientras que Ud. lee el texto que viene a continuación, trate de anticipar lo que el autor le dirá.

Veteranos latinos llamados a contar su vivencia para la historia

VÍCTOR MARTÍN
EFE, NUEVA YORK,
7 JUNIO 2002

Recuperar el testimonio de los soldados y oficiales hispanos que sirvieron en las Fuerzas Armadas de los EE.UU. en pasadas guerras es uno de los objetivos del Proyecto Veteranos en la Historia, impulsado por la Biblioteca del Congreso.

Con esto se busca preservar para futuras generaciones el recuerdo vivo de millones de veteranos y civiles que participaron en las dos Guerras Mundiales y en las de Corea, Vietnam y el Golfo Pérsico, y valorar mejor la importante contribución que realizaron.

"Ayudará a conocer mejor la historia del veterano hispano, a que se sepa todo lo que hemos contribuido por este país y que hemos estado en todas las guerras, desde la guerra civil hasta Afgánistan", declaró a EFE, Francisco Ibarra. Ibarra, quien pasó trece meses en Vietnam y es Comandante Nacional del American GI Forum, señaló que se ha superado mucho la discriminación que sufría el veterano hispano después de la Segunda Guerra Mundial.

Agregó que ahora cuentan con organizaciones y programas de ayuda, y se valora más su contribución a la defensa de este país.

"Tenemos 39 hispanos que han recibido la Medalla de Honor, la más alta condecoración por actuación destacada en combate que concede el Congreso", destacó Ibarra.

Pero reconoció que a los ex-soldados hispanos, como a muchos otros veteranos, les cuesta mucho, y en ocasiones les resulta demasiado penoso, contar las vivencias° acumuladas durante meses o años de conflicto.

°**vivencias:** personal experiences

"Yo estuve más de veinte años sin decirles a mis hijos que estuve en Vietnam. Todo lo que viví allí es muy duro y terrible, y son cosas de las que no todos pueden hablar", agregó Ibarra, de raíces mexicanas y quien resultó herido en combate.

Algo similar le ocurrió a Charlie Mendoza, teniente coronel retirado de raíces puertorriqueñas, quien pasó más de dos años en Vietnam.

"Nunca hablé con mis hijos e hijas de los más de veinte años que pasé en el Ejército y si no se conservan todas esas experiencias, se perderán para las futuras generaciones", declaró Mendoza, quien reside en Georgia y tiene 68 años de edad.

"Cuando el país ha necesitado ayuda, los latinos siempre han estado preparados", añadió Mendoza, quien se desempeña a tiempo parcial como juez municipal.

Para confirmar lo anterior, dijo que en un reciente viaje por el estado de Texas se sorprendió al ver en muchos pueblos la cantidad de nombres hispanos que aparecían en placas de homenaje a veteranos de la Segunda Guerra Mundial.

Mendoza comentó que con el Proyecto Veteranos en la Historia se pueden complementar períodos importantes de la Historia de este país a partir del testimonio y los objetos aportados° por muchos militares y civiles anónimos, pero que tuvieron un papel importante en ellos. También ayudará a entender cómo las guerras cambian a los individuos y a las sociedades afectadas por ellas, así como la manera en que algunos pudieron encontrar un camino después de tanto sufrimiento.

°**aportados:** contributed

"Aprecio mi vida más, a mi familia, a mis amigos. Siempre agradezco a Dios la oportunidad que me dio de seguir viviendo, de mejorarme y hacer más cosas por mi comunidad", explicó Ibarra.

Se estima que residen en la actualidad 19 millones de veteranos en EE.UU., pero alrededor de 1.500 mueren a diario, según el Departamento de Asuntos de los Veteranos.

°**recopilar:** to compile, collect

Los promotores del proyecto, que forma parte de las actividades del Centro para la Vida Cultural Norteamericana dependiente de la Biblioteca del Congreso, consideran urgente y necesario recopilar° el mayor número posible de testimonios y de objetos personales, para que formen parte de la Historia de los latinos en los EE.UU.

2.8 Comprensión

1. ¿Cuál es el objetivo del Proyecto Veteranos en la Historia?

2. Según Ibarra, ¿por qué no quieren hablar de sus experiences los veteranos?

3. ¿Cuál es el trabajo actual de Mendoza?

4. ¿Cómo le ha afectado la guerra a Mendoza?

5. ¿Por qué es importante continuar con el Proyecto?

2.9 A explorar

Ya que los veteranos de la Segunda Guerra Mundial y la Guerra de Corea están envejeciendo, muchos historiadores han empezado proyectos para preservar las memorias de la guerra en que lucharon estos individuos. En Internet hay ejemplos de estos proyectos. Se puede escribir las palabras *veteranos hispanos* en el buscador y habrá bastantes sitios disponibles. Además hay información acerca de los veteranos en periódicos, revistas y libros.

Utilizando estas fuentes de información, busque datos acerca de los veteranos que lucharon en la Segunda Guerra Mundial, la Guerra de Corea, la de Vietnam o la del Golfo. En una dramatización, Ud. hará el papel de un soldado de una de estas guerras y charlará, con los otros miembros de la clase, en una recepción honrando a los soldados veteranos. Puede hablar acerca de sus experiencias en la guerra y mencionar las batallas, lo que recuerda de sus compañeros, las dificultades que encontró y lo que aprendió de esta experiencia.

A conocer

°**jubilados:** retired

Los individuos de este capítulo forman un grupo bastante diverso. Vienen de varios lugares: Uruguay, Puerto Rico y Cuba. Además, trabajaban en áreas como la medicina, los servicios sociales y la educación. Están jubilados° ahora, o sea, no trabajan tanto como antes y están en esa parte de la vida que se llama la tercera edad.

G 2.10 A presentar

En un grupo pequeño, lean las oraciones siguientes y traten de decidir a cuál de los individuos corresponde. Al leer la oración, consideren el sexo de la persona, su edad posible, su origen y lo que se puede inferir acerca de su vida. Comparen las respuestas de su grupo con las de los otros grupos. ¿Qué oración les sorprende más? ¿Por qué?

a. Participó en la Segunda Guerra Mundial. Sirvió en el ejército de Inglaterra.

b. Enseñó en Boston durante la época de la segregación racial.

c. Aunque se quedaba en su país de origen, mandó a sus hijos a los Estados Unidos para que tuvieran una vida mejor.

José Miguel de Varona

Eileen Phinney

Amalia Carrasquillo Gerrish

°**finca:** farm
°**varón:** male
°**involucrados:** involved
°**apoyamos:** we support

°**trámites:** procedure

°**El Proyecto Pedro Pan:** En los años sesenta, 14.000 niños cubanos llegaron a los Estados Unidos mientras que sus padres se quedaron en Cuba. Estas familias esperaban que sus hijos tuvieran así una mejor vida lejos del dictador Castro.

°**no me meto:** I do not get involved in

José Miguel de Varona

El hijo más pequeño de su familia se ha convertido en un hombre valiente que huyó de su país de origen y empezó una nueva vida. Además, le gusta dedicar parte de su tiempo a los menos afortunados.

Yo nací en una finca° en las afueras de Camagüey, Cuba en 1923. Era el varón° más pequeño de una familia de doce hermanos. Como se puede imaginar, todos mis hermanos mayores (los siete) hicieron todo para hacerme la vida imposible. Pero cuando yo tenía 10 años me tocó a mí hacer lo mismo con mis dos hermanitas pequeñas. Yo les hacía reír y llorar. La vida en la finca era muy tranquila y la familia estaba muy unida en esa época. Siempre comíamos juntos por la tarde e íbamos a la iglesia todos los domingos. Yo me fui a la capital para ir a la universidad, a la famosa Escuela de Medicina de la Universidad de La Habana.

En la universidad conocí a mi esposa, Angelina. Los dos estábamos muy involucrados° en la política del momento y apoyamos° la Revolución, como casi todos los cubanos en esa época, pero nos desilusionamos casi inmediatamente. Después de enero de 1959, mi esposa y yo decidimos que ya no podíamos vivir en un país donde no existía la libertad política ni personal. Yo renuncié a mi puesto en el gobierno cubano y empecé los trámites° para salir del país. Esta época fue muy difícil porque el gobierno no quería dejarme salir del país. Para proteger a nuestros hijos, mi esposa y yo confiamos en el proyecto Pedro Pan° y mandamos a nuestros hijos a los Estados Unidos solos. Afortunadamente, pudimos reunirnos todos otra vez en Nuevo México unos años después.

En mi tiempo libre me fascina hacer cosas con las manos. Construí la casa donde vivo ahora con mi esposa con la ayuda de mi hijo y mi yerno. Es una casa bien grande con cuatro plantas y nos costó tres años construirla. Aunque me gusta hacer cosas de carpintería, soy psiquiatra de profesión. Me retiré hace unos ocho años, pero todavía trabajo un día a la semana porque me gusta hablar con las personas que necesitan mi ayuda y compasión.

Creo que la política no se debe discutir dentro de la familia porque es un tema delicado, pero para una familia cubana la política ha formado parte de su vida diaria. Si no fuera por los problemas políticos de la isla, casi ninguna familia cubana estaría en los Estados Unidos. Hoy en día no me meto° en la política, no me interesa.

2.11 Comprensión

1. ¿Se llevaba bien con sus hermanos el Sr. Varona?

2. Según él, ¿qué le faltaba a su vida en Cuba?

3. ¿Por qué no fue a los Estados Unidos con sus hijos?

4. ¿Cuál es su pasatiempo?

5. ¿Trabaja como psiquiatra ahora? Explique.

2.12 Discusión

1. ¿Por qué creen muchos estadounidenses que no se debe discutir sobre religión, dinero y política excepto con miembros de su propia

familia? ¿Hay otros temas que sean delicados? ¿Cuáles son? El Sr. Varona también dice que no se debe discutir sobre política con la familia. ¿Por qué cree Ud. que dice eso?

2. Algunos psicólogos creen que el orden de nacimiento en la familia ejerce una influencia sobre la personalidad del individuo. El primer hijo es más responsable mientras que el último hijo puede ser bastante mimado y travieso. ¿Apoya esta creencia la niñez del Sr. Varona? Haga una lista de sus acciones mientras vivía en Cuba, por ejemplo: involucrarse en la política, desilusionarse, decidir salir del país, etc. Indique qué emoción sentía él en aquel momento. ¿Qué rasgos de personalidad caracterizan a alguien que, como el Sr. Varona, renuncia a un puesto de trabajo, se despide de sus hijos, sale de su tierra natal y empieza una nueva vida? ¿Cómo habrá influido la posición del Sr. Varona en su familia?

°**aficionada:** keen, fond

Eileen Phinney

Eileen vive en New Hampshire y trabaja como voluntaria en un programa que ella empezó junto con otra señora hace veintisiete años. El programa se llama Centro Latinoamericano y se dedica a ayudar a la comunidad hispana.

Soy de Montevideo, Uruguay. Nunca había salido de allí hasta que me fui a Europa cuando terminé la escuela. Estaba en Inglaterra durante el fin de la Segunda Guerra Mundial, y después me fui a Francia. Durante mi tiempo en Europa, conocí a un americano que había estado en el ejército y fue prisionero de guerra. Él tenía un perro muy lindo y yo soy muy aficionada° a los perros. Así que, aunque suena un poco raro, nos conocimos por un perro. Parece que fue mi destino porque nos enamoramos, nos casamos y vinimos a vivir a los Estados Unidos.

Desde muy joven aprendí cosas de la cultura americana. De niña, hacía ballet. Era mi pasatiempo favorito. En Uruguay, tomaba clases de ballet clásico con una americana y ella tenía muchas revistas americanas como *Saturday Evening Post* y otras más. Me encantaba leer sobre la vida de los Estados Unidos.

Ya cuando crecí, me fui a Inglaterra. Estuve en Inglaterra desde 1943 hasta 1945 porque quise unirme al *W.A.A.F. (Women's Auxillary Air Force)*. Yo era joven e idealista y pensaba que era una guerra de los buenos luchando contra los malos. A mí me hubiera gustado que me pusieran en un paracaídas° para meterme en todo. Estaba muy entusiasmada. Me entrenaron° y después trabajé para el ejército inglés. Entrenaron a las mujeres a hacer cosas para permitir a los hombres irse al frente. Así que hacíamos varias tareas. Algunas hacían cosas que tenían que ver con la electricidad. Otras trabajaban en periodismo. Yo trabajé un poco en una oficina de correos.

No experimenté ningún choque cultural al llegar a los Estados Unidos porque ya había vivido en Inglaterra. Pero en Inglaterra sí sufrí muchos cambios. Como estuve allí durante la guerra, tuve que vivir el racionamiento°. Teníamos boletos para comprar las cosas. Algunos alimentos, como las naranjas y las bananas, no se veían. Había muy poca carne y el chorizo que comprabas parecía hecho de aserrín°. La comida era distinta a la de Uruguay. Aprendí a comer hígado, por ejemplo, porque era de las cosas más fáciles de obtener. Mi padre

°**paracaídas:** parachute
°**entrenaron:** trained

°**racionamiento:** rationing

°**aserrín:** sawdust

°**escaseces:** scarcities, shortages

°**me acuerdo:** I remember

°**no se daban por vencidos:** did not give in

°**daban una vuelta:** passed by

me mandaba latas de mantequilla de Uruguay. Pero era horrible, muy salada. Lo interesante e importante de este tipo de experiencias es que cuando todo el mundo tiene las mismas escaseces°, se comparten momentos duros, pero también hay más unión entre la gente.

Yo no estuve allí durante la llamada Batalla de Inglaterra porque era demasiado joven. Llegué a Londres durante el período en que caían los *doodlebugs*, como llamaban los ingleses a los misiles alemanes. Entonces, me acuerdo° muy bien, si se oían los aviones, y después de un momento se cortaba el sonido del motor, se sabía que el avión era un bombardero. Yo a los ingleses los admiraré siempre por su actitud en ese período, porque no se daban por vencidos°. Cuando pasaban los aviones, seguían hablando y riendo mientras prestaban atención al sonido de los motores. A veces sí se paraban y se oía alguna explosión.

Me acuerdo claramente de cuando cayó París. En ese entonces, venían muchos artistas europeos a Uruguay; muchos más se fueron a Buenos Aires, pero siempre se daban una vuelta° por Montevideo. Había un cantante muy famoso de Francia, que se llamaba Jean Sablon. Él estaba en Montevideo el día en que los alemanes tomaron París. Como Uruguay en esa época estaba más a favor de Francia, la gente lloraba por la calle y todo el mundo se sentía horrible. Fue un día de tragedia total.

Cuando cayó Alemania, yo estaba en Inglaterra. Después de este momento, la gente sentía que podía respirar de nuevo. Ya se sabía que los alemanes no iban a invadir Inglaterra, que estaban retirándose. Era el comienzo de una etapa nueva.

2.13 Comprensión

1. ¿Dónde y cómo conoció la Sra. Phinney a su esposo?

2. ¿Cómo empezó a conocer la cultura americana?

3. ¿Por qué admira a los ingleses?

4. ¿Cómo contribuyeron muchas mujeres durante la Segunda Guerra Mundial?

5. ¿Por qué se acuerda tan claramente del día en que cayó París?

2.14 Discusión

1. La Sra. Phinney estaba en el W.A.A.F. durante la Segunda Guerra Mundial y trabajó en la oficina de correos. Dice que le habría gustado ser paracaidista. En la Guerra del Golfo, ¿qué trabajos hacían las mujeres? En Internet, escriba en su buscador las palabras *mujeres* y *Guerra del Golfo* o *mujeres* y *Guerra con Irak* para obtener más información. ¿Piensa Ud. que las mujeres deben luchar en la guerra lo mismo que los hombres o deben tener trabajos más seguros? ¿Por qué? ¿Qué piensan los otros miembros de la clase? Levántese y pregunte a otros estudiantes qué piensan sobre esto. Si tienen opiniones diferentes, traten de convencerse los unos a los otros.

2. La Sra. Phinney nos cuenta que conoció a su esposo por un perro. ¿Sabe Ud. cómo se conocieron sus padres o sus abuelos? ¿Cómo fue? ¿Dónde estaban? ¿Cómo eran? Si no tiene suficiente información sobre sus parientes, puede escribir sobre unos amigos o sobre cómo Ud. conoció a su pareja.

°**luterana:** Lutheran

Amalia Carrasquillo Gerrish

Amalia y su esposo pasan la mitad del año en Florida y la otra mitad en Nueva Inglaterra visitando a sus familias. Les gusta mucho viajar y también pasar tiempo en el gimnasio.

Mi primera visita a los Estados Unidos ocurrió cuando vine becada a Mills College of Education, una universidad de muchachas que hay en Nueva York. Estudié pedagogía mis dos primeros años en una universidad de Puerto Rico y luego vine a Nueva York. Me gustó muchísimo, y me dio la oportunidad de conocer la ciudad. Para mí, Nueva York siempre tuvo mucho encanto, especialmente por la gran cantidad de obras de teatro y la multiplicidad cultural que hay.

La multiplicidad cultural se veía mucho en Mills College también. En ese entonces, yo era la única hispana, pero había gente de muchos países. Conocí a una muchacha de Gran Bretaña e hice muy buena amistad con otra que nació en Sudáfrica. Incluso la bibliotecaria de la universidad era de otro país. Era alemana y ella me invitó a una iglesia luterana° cuando se enteró de que yo también era luterana.

°**judía:** Jewish

°**expuestos:** exposed

°**creencias:** beliefs

Además de la multiplicidad cultural, la multiplicidad religiosa de Mills College me impactó mucho. No era una universidad religiosa pero gran parte de las muchachas eran judías°. Es cierto que había muchachas de otras religiones, pero más del noventa por ciento de las jóvenes eran judías, blancas, rubias y bonitas. Creo que me impresionó tanto porque en Puerto Rico no estábamos expuestos° a estas diferencias. La mayoría de la gente era católica y también había algunos protestantes. Pero en Mills College, como yo estaba envuelta en un círculo judío, me pareció una característica generalizada de la cultura estadounidense.

En mi vida de estudiante, no me sentí marginada ni discriminada en ningún momento. Al contrario, siempre pude participar en las cosas que me interesaban. Algo que se me hizo diferente, fue estar en contacto con las costumbres judías. Tuve que aprender muchísimo de la religión y de la cultura de los judíos, porque yo no sabía nada. Me tenían fascinada sus creencias° y cómo celebraban sus días festivos. Éste fue uno de los aspectos de la cultura estadounidense que más me llamó la atención cuando vine.

Más tarde, en 1976, descubrí otro aspecto que me pareció muy distinto. Yo tuve un choque cultural a causa del racismo que observé en este país. Nunca lo sentí dirigido hacia mí, pero entre los niños, sí vi que existía. En Boston trabajé como maestra durante el período de la segregación de razas y la controversia de los autobuses. Yo nunca había experimentado eso en Puerto Rico.

No es que no haya discriminación racial en Puerto Rico, porque sí la hay, pero es más sutil que la que obsevé en Boston.

Por aquel entonces yo fui a trabajar con una maestra bilingüe a una escuela pública de Boston. El primer día de clase, cuando pasé lista, vi que había alumnos mexicanos, colombianos, costarricenses, dominicanos y puertorriqueños. Por el altoparlante°, me preguntaron desde la oficina del director, "¿Señora Carrasquillo, cuántos negros hay presentes, cuántos blancos y cuántos hispanos?" Al oir aquella pregunta, me dije para mis adentros: "Dios mío, pero los estamos separando; los niños son niños." Estábamos haciendo notar las diferencias que había entre ellos al minuto de entrar a la escuela. Aquello me chocó°. Me chocó lo tajante° de las diferencias raciales en los Estados Unidos porque nunca lo había vivido en Puerto Rico. Quizás es porque allí somos el producto de tres razas: la africana, la europea y la indígena. No sé. Creo que ahora en los Estados Unidos ha mejorado° la situación, pero todavía existe una línea divisoria, invisible pero que sí existe.

°**altoparlante:** loudspeaker

°**chocó:** surprised, shocked
°**tajante:** sharp, strong

°**ha mejorado:** has improved

2.15 Comprensión

1. ¿Por qué a la Sra. Gerrish le gustó Nueva York?

2. ¿Qué es lo qué más impresionó a la Sra. Gerrish cuando empezó a estudiar en Nueva York? ¿Qué aprendió como resultado de esto?

3. ¿Qué dice ella en cuanto a la variedad de religiones en Puerto Rico?

4. ¿Qué le impactó más a la Sra. Gerrish de su primer día de trabajo?

G 2.16 Discusión

1. Piense en un país con una cultura muy distinta a la de Ud. Escriba una lista de los choques culturales (ej. comida específica, ropa diferente, etc.) que probablemente experimentaría si viviera en ese país. Ahora en grupos de 3 ó 4, comparen sus listas.

2. La Sra. Gerrish dice que no sentía que la discriminación racial estuviera dirigida hacia ella, pero sí hacia los niños de la escuela donde trabajaba. En general, ¿cree Ud. que el racismo tiene más impacto en la vida de los niños o en la de los adultos? ¿Por qué?

3. Al final, la Sra. Gerrish comenta que cree que en los Estados Unidos la relación entre razas está mejor ahora, pero que todavía existen divisiones invisibles. ¿Qué opina Ud.? ¿Está de acuerdo o no? ¿Por qué?

A repasar

2.17 Discusión

1. Para todos nosotros, la casa es el lugar donde descansamos, comemos, charlamos con otros miembros de la familia y gozamos de nuestros pasatiempos favoritos. Además, es el sitio donde celebramos los cumpleaños y los días festivos. Una casa puede ser grande o pequeña, de uno o varios pisos y de varios estilos de arquitectura. El edificio simboliza el hogar; es decir, ese lugar en el que sentimos el amor, el cariño

y la seguridad. Vuelva a leer la entrevista de José e indique lo que dice acerca de la vivienda que recuerda. ¿Viven ellos en el mismo tipo de vivienda ahora? ¿Qué tipo de casa prefiere José? ¿Por qué?

Piense Ud. en el lugar donde vive. ¿Es una casa, un apartamento o un condominio? ¿Le gustaría vivir ahí para siempre? ¿Por qué? ¿Qué características busca Ud. en la vivienda perfecta? ¿Es importante que esté cerca de su familia, trabajo o lugar de recreo? ¿Ud. cree que es más importante el tipo de edificio o el lugar donde está situado? En su opinión, ¿cómo llega a ser un edificio su hogar?

Rosa Ramos describe con nostalgia la casa en que vivía su abuela. ¿Por qué le gustaba tanto esa casa? ¿A Ud. le gustaría vivir en esa casa? ¿Por qué? Ella vive ahora en un apartamento en Nueva York. ¿Cuáles son algunas razones por las cuales vivirá allí?

2. Amalia Gerrish nos habla acerca de la multiplicidad cultural. En su entrevista, busque las diferencias o ideas desconocidas que ella encontró en los Estados Unidos. ¿Cómo era su actitud hacia estas diferencias? ¿Qué pensaba ella de la cultura judía? ¿Creía que la segregación racial era un sistema bueno? ¿Cómo influyó el hecho de haber vivido en Puerto Rico en su tolerancia hacia otras razas?

Además de la segregación racial, hay otros tipos de discriminación en el mundo de hoy. ¿Cuáles son algunos grupos que sienten esta discriminación? En su comunidad, ¿hay algún grupo que esté separado del resto? ¿Cree que este tipo de separación puede apreciarse en la vivienda o en las escuelas? ¿Hay discriminación en los servicios sociales?

¿Piensa Ud. que hay discriminación contra la gente que viene de otros países? ¿Por qué la comunidad no los recibe siempre con una bienvenida? Haga una lista de algunas razones a favor y en contra de la idea de aceptar extranjeros en este país. ¿Hay más razones a favor o en contra?

3. Eileen Phinney sirvió en el W.A.A.F. en Inglaterra desde 1943-1945, cuando estaba ocurriendo la Segunda Guerra Mundial. Ella menciona la Batalla de Inglaterra, la caída de París y la derrota de Alemania. Visite el sitio siguiente de Internet: http://www.exordio.com/1939-1945/wwii.html (**Cronología de la Segunda Guerra Mundial**) y escriba lo que pasó en cada una de las fechas que siguen:

a. el 8 de enero de 1940
b. el 6 de junio de 1940
c. el 22 de junio de 1940
d. el 10 de julio de 1940
e. el 10 de agosto de 1940
f. el 25 de agosto de 1944
g. el 18 de abril de 1945
h. el 7 de mayo de 1945

Después de rellenar el ejercicio anterior, vuelva a leer la entrevista de la Sra. Phinney y empareje las citas siguientes con las fechas apropiadas:

1. Estuve allí durante el racionamiento.
2. Yo no estuve durante la llamada Batalla de Inglaterra.
3. Cuando llegué a Londres era el período en que caían los *doodlebugs,* como llamaban los ingleses a los misiles alemanes.
4. Me acuerdo claramente de cuando cayó París.
5. Yo estaba en Inglaterra cuando cayó Alemania.

Estructura

Pretérito / Imperfecto

Preterite: (hablaste, comieron, vi, fue, hizo, etc.)

1. The preterite is used to record something that happened.

Fue la primera vez que **vi** la nieve.	*I saw snow* (for the first time)
Mi padre **me preguntó** qué hacían los pájaros	*My father asked me* what the birds were doing
Empezó a nevar	*It started* to snow

Imperfect: (hablaba, comías, iban, era, etc.)

2. The imperfect is used as a past tense when the speaker is <u>not</u> recording something that happened but doing one of the following: a) describing people, things, weather, and emotional states; b) relating habitual actions, that is what used to happen or "would happen" regularly; c) talking about what was happening; d) telling age and time in the past; and, e) expressing "knew", "wanted" and any other past that does <u>not</u> record something that happened.

a.	Hacía mucho frío	It was very cold
	La nieve era muy linda	The snow was very pretty
	Estaba nervioso	He was nervous
b.	Mi padre siempre me visitaba en verano	My father would always visit me in summer (or used to visit)
c.	Los chicos entraban y salían	The kids were going in and out (of the house)
d.	Mi padre tenía más de 80 años	My father was over eighty
	Eran las tres	It was three o'clock
e.	No sabía qué hacer	He didn't know what to do

Preterite and Imperfect together

3. The two tenses are often used together, as when describing, telling age, time, or relating an ongoing action (imperfect) during which something happened (preterite). In other words, when telling a story the *imperfect* is for the background while the **preterite** is for the plot. Consider the following paragraph in which the italicized imperfects are setting the background, while the preterites in bold are carrying the plot, that is recording what happened.

Hacía mucho frío cuando mi padre **se asomó** por la ventana y **vio** la nieve. Ya que *estaba* muy emocionado, **comenzó** a gritar—¡Mira, mira! ¡*Era* eso de la una de la madrugada! Los niños *estaban* dormidos cuando **oyeron** el ruido. **Se levantaron** y **salieron**. Mi padre **salió** con los niños. Como *tenían* mucho frío pronto **entraron** en la casa.

2.18 **Práctica**

Hablan los niños de doña Isabel de Castillo, la hermana de José Miguel de Varona. En la actividad de comprensión auditiva de este capítulo, doña Isabel nos cuenta la historia de la primera vez que vio la nieve. Ahora Ud. la vuelve a contar desde el punto de vista de sus niños. Como los niños de doña Isabel han vivido muchos años en los Estados Unidos no saben distinguir bien entre el pretérito y el imperfecto y por eso le piden ayuda.

Mis hermanos y yo nos acordamos de la primera vez que (1)_____ (veíamos o vimos) la nieve. Nuestra familia (2)_____ (vivía o vivió) en Virginia cuando (3)_____ (éramos o fuimos) niños. (4)_____ (Hacía o Hizo) mucho frío aquel invierno. Nosotros (5)_____ (veíamos o vimos) un programa en la tele cuando nuestra mamá nos (6)_____ (decía o dijo) que (7)_____ (estaba o estuvo) nevando. Nosotros (8)_____ (nos levantábamos o nos levantamos) y (9)_____ (corríamos o corrimos) a la ventana. Todo el día (10)_____ (entrábamos o entramos) y (11)_____ (salíamos o salimos).

Nuestro abuelo que (12)_____ (vivía o vivió) en Miami generalmente nos (13)_____ (visitaba o visitó) en verano, pero aquel año nos _____ (visitaba o visitó) en invierno; él no había visto la nieve antes. Nuestro abuelo (14)_____ (tenía o tuvo) más de ochenta años cuando (15)_____ (veía o vio) la nieve por primera vez.

2.19 *¿Qué dijeron Eileen Phinney y Amalia Carrasquillo Gerrish? Complete las siguientes oraciones con los datos biográficos que leyó en la sección "A conocer" de este capítulo.*

Eileen Phinney dijo que…

1. Cuando salió de la escuela _____.
2. Su mamá tenía revistas norteamericanas y _____.
3. Cuando estaba en el W.A.A.F. _____.
4. Durante el racionamiento _____.

5. Admiraba a los ingleses porque _____.

Amalia Carrasquillo Gerrish dijo que…

6. Le ofrecieron una beca _____.
7. En Mills College of Education _____.
8. Su primera impresión _____.
9. El judaísmo _____.
10. Nueva York _____.

2.20 Yo recuerdo muy bien …

1. Escriba un párrafo titulado "Yo recuerdo muy bien" sobre la primera vez que Ud. experimentó algo. Por ejemplo, puede escribir sobre la primera vez que asistió a la escuela, esquió, nadó en el mar, fue a Europa, vio una película en español o se enamoró. Empiece a escribir así: "Yo recuerdo muy bien la primera vez que yo _____; yo tenía _____ años y _____".

2. Con un compañero, comparen sus párrafos y háganse preguntas para aclarar los detalles de sus historias; por ejemplo: ¿cuántos años tenías cuando esquiaste por primera vez? ¿Dónde vivías entonces?

Destrezas

A escribir

Muchas de las personas que conoció Ud. en este capítulo compartieron historias de su niñez. Ya leyó sobre la niñez del Sr. Varona y de la Sra. Ramos. A continuación, la Sra. Phinney y la Sra. Gerrish también nos cuentan algo de la época de su juventud.

Sra. Gerrish

Tenía muchas amigas. Como mis hermanas eran mayores que yo, siempre invitaba a mis amigas a casa para que jugaran conmigo. Jugábamos en frente de la casa al arroz con leche, a la cebollita y a matarile, mi juego favorito. En aquella época no había tantos juguetes como ahora. Pero poco a poco fueron llegando muchos juguetes bien bonitos a Puerto Rico. Recuerdo que tenía una muñeca que se llamaba "Shirley Temple." También tenía una cuna donde ponía a mi "bebé." Me gustaban las muñecas de trapo° que se movían. Para Navidad, mi mamá solía hacerles trajes a mis muñecas y luego me decía que los Reyes Magos me los habían traído. Cuando era pequeña, yo recibía juguetes de los Reyes, no de Santa Claus. La costumbre de Santa Claus vino después.

°**muñecas de trapo:** rag dolls

Sra. Phinney

Yo iba a la escuela en bicicleta. Era una escuela bilingüe. Teníamos inglés en la mañana y español en la tarde. Usábamos uniforme en la escuela. Era un pichi°, *que es como un vestido sin mangas*, de color verde oscuro y una blusa de color crema.

°**pichi:** jumper

Al regresar de la escuela, tenía muchas cosas que hacer. Mi madre quería que aprendiera a tocar el piano. Sin embargo, la maestra la convenció de que estaba perdiendo el dinero, porque yo nunca estudiaba. Me aburría. También hacía muchas otras cosas. Por ejemplo, jugaba con mis amigos a la rayuela y a un juego en el que cantábamos: "arroz con leche me quiero casar…" Cuando tenía tiempo libre, leía mucho.

2.21 *Ahora, repase lo que dijeron el Sr. Varona y la Sra. Ramos de su juventud. Luego, ponga una "X" debajo del nombre de la persona que corresponda a la información dada aquí. Si la información también le describe a Ud. cuando era joven, ponga una "X" debajo de* **Yo***.*

Yo	Sr. Varona	Sra. Phinney	Sra. Gerrish	Sra.Ramos
	1. Peleaba con sus hermanos.			
	2. Le gustaba leer.			
	3. Jugaba con muñecas.			
	4. Llevaba uniforme en la escuela.			
	5. Admiraba mucho a su abuela.			
	6. Jugaba a la rayuela.			
	7. No le gustaban sus lecciones de piano.			
	8. Tenía doce hermanos.			
	9. Jugaba juegos infantiles.			
	10. ¿…?			
	11. ¿…?			

2.22 *Compare lo que usted recuerda de su niñez y lo que ha leído en este capítulo. Para hacerlo, organice sus ideas en un diagrama de Venn. En el área que pertenece a los dos círculos escriba las experiencias de su juventud que son parecidas a las presentadas en las lecturas. Escriba las experiencias que no tienen en común en los círculos correspondientes.*

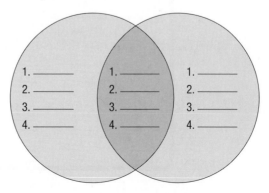

2.23 *Utilizando la información que Ud. organizó en las actividades previas, escriba dos o tres párrafos comparando su juventud con las descripciones que leyó en el capítulo. Su composición debe incluir hechos del pasado utilizando el pretérito y el imperfecto. Repase la sección "Estructura" si es necesario.*

Estrategia de escribir: Revisar el borrador

Al terminar su borrador debe revisarlo bien para mejorar su composición final.

- Vuelva a leerlo para asegurarse de que sus ideas tengan sentido y de que las oraciones estén bien relacionadas unas con otras.

- Subraye la frase principal en cada párrafo para luego verificar que las demás frases le sirven de apoyo.

- Antes de finalizar su ensayo, debe asegurarse de que los sustantivos y adjetivos tengan el número y género apropiados.

¿Qué haría Ud.?

Gente de muchos países inmigra a los Estados Unidos cada año por diversas razones. Algunos vienen buscando la libertad política y otros porque necesitan huir de situaciones difíciles que han vivido en sus países. Al llegar aquí, muchos encuentran nuevas oportunidades que tal vez no existían en sus patrias; pero también pueden encontrar dificultades que antes no tuvieron que enfrentar.

G   1. En grupos pequeños, piensen en las personas que han conocido en este capítulo. Si conocen a otros inmigrantes, piensen en ellos también. Luego, hagan una lista de las ventajas y desventajas que pueden existir para una persona que inmigra a este país.

Ventajas	Desventajas

2. **2.** A. Imagine que Ud. es un/a inmigrante de los Estados Unidos. Ud. va a crear su nueva identidad mientras rellena la siguiente tabla. Primero, responda en pocas palabras a las siguientes preguntas bajo la columna "Ud."

Ud.	Su compañero/a
	¿Dónde nació?
	¿Por qué vino a este país?
	¿Está casado/a o soltero/a?
	¿Es de familia grande o pequeña?
	¿Cuánto tiempo lleva en los Estados Unidos?
	¿Qué es lo que más le gusta de vivir en este país?
	¿Que es lo que menos le gusta de vivir en este país?
	¿Qué es lo que más extraña de su país de origen?
	¿…?
	¿…?

B. Después hágale preguntas a su compañero/a y tome nota de sus respuestas. Responda también a sus preguntas. Cuando esté respondiendo a las preguntas de su compañero/a no debe mirar sus apuntes. Los dos deben rellenar la tabla con pocas palabras y proporcionar más detalles a su conversación. ¿Tienen algunas cosas en común?

MODELO: e1: ¿Es Ud. de una familia grande?

e2: Sí, soy de una familia bastante grande. En mi casa éramos cuatro hermanos y cinco hermanas.

Comprensión auditiva

La primera vez que vimos la nieve

Doña Isabel María de Varona y Caballero, una abuela cubanoamericana, habla de la primera vez que vio la nieve; fue cuando ya vivía aquí en los Estados Unidos.

G 2.25 **Antes de proyectar el video …**

En grupos de tres o cuatro, hable Ud. con sus compañeros de clase, haciéndose las siguientes preguntas sobre el pasado.

¿Nevaba mucho donde vivías cuando eras niño/a?

¿Jugabas en la nieve frecuentemente? ¿Qué hacías cuando nevaba?

¿Te acuerdas de la primera vez que viste la nieve? ¿Hace cuántos años fue? ¿Cuántos años tenías cuando viste la nieve por primera vez?

¿Sacaste fotos de la nieve? ¿Te sacaron fotos tus padres mientras estabas jugando en la nieve?

¿Te acuerdas de la primera vez que experimentaste otro fenómeno natural, como por ejemplo: el granizo, el trueno, el relámpago, un terremoto o un huracán? ¿Cómo y cuándo fue?

 2.26 Primera proyección - Comprensión

Después de ver el video por primera vez, complete Ud. las siguientes oraciones escogiendo la mejor conclusión:

1. Doña Isabel sólo había visto la nieve antes en …
   a. las revistas
   b. la tele
   c. las películas

2. Al ver caer el primer copo de nieve, los hijos de doña Isabel …
   a. se volvieron locos
   b. gritaron
   c. se escondieron

3. El padre de doña Isabel vivía …
   a. en Nueva York
   b. en Miami
   c. en La Habana

4. Doña Isabel dice que la nieve fue como …
   a. un aguacero
   b. los helados de Ben & Jerry's
   c. la arena de Playa Varadero

5. El padre de doña Isabel visitaba generalmente a la familia …
   a. en la primavera
   b. en el verano
   c. en el otoño

6. El padre de doña Isabel vio la nieve por primera vez cuando ya tenía más de …
   a. 70 años
   b. 80 años
   c. 90 años

2.27 Segunda proyección - Comprensión

Después de ver el video por segunda vez, conteste Ud. las siguientes preguntas y compare sus respuestas con las de un(a) compañero/a de clase

1. ¿Qué hacían los hijos de doña Isabel el día en que vieron la nieve por primera vez?
2. ¿Cuál fue la primera reacción del padre de doña Isabel cuando vio la nieve?
3. ¿Cuánto tiempo duró aquella primera nevada?
4. ¿Qué le preguntó el padre de doña Isabel?
5. ¿Cuándo se puso triste el padre de doña Isabel?
6. ¿Qué hizo por fin el padre de doña Isabel? ¿Por qué?

2 2.28 Discusión

¿Cómo se describe un fenómeno desconocido? Imagine con un/a compañero/a de clase las siguientes situaciones:

1. Ud. conoce bien la nieve pero su compañero/a no la ha visto jamás; Ud. está intentando explicarle qué cosa es la nieve mientras él/ella le está haciendo preguntas.

2. Ahora Ud. es el que desconoce otro fenómeno natural (como un terremoto, un huracán, un relámpago, el granizo, etc.) y su compañero se lo está intentando describir.

3. Comparen sus descripciones de los fenómenos naturales con las de otra pareja de la clase; decidan cuáles son las mejores descripciones de dos fenómenos naturales; y después, escríbanlas en un papelito.

Lectura

Nochebuena Good Night

GUSTAVO PÉREZ FIRMAT

Gustavo Pérez Firmat nació en La Habana, Cuba, pero hoy reside en Nueva York. Llegó a este país a los once años, cuando su familia huyó de la revolución de Fidel Castro. Creció en Miami, Florida, y hoy es profesor de español en la Universidad de Columbia. Como poeta y autor, Pérez Firmat ha escrito unos quince libros y más de setenta ensayos.

El cuento que sigue viene de un capítulo de sus memorias, *El año que viene estamos en Cuba*. (Arte Público Press). Este libro también se publicó en inglés y fue nominado para el Premio Pulitzer de Ficción en 1995. En esta obra Pérez Firmat habla de su búsqueda de una identidad entre dos culturas, la cubana y la estadounidense. Nos presenta una perspectiva de la segunda generación exiliada, la gente que nació en Cuba pero se educó en los Estados Unidos. A esta generación Perez Firmat la ha llamado, la generación de 1,5 porque estas personas pueden moverse fácilmente entre la vieja cultura y la nueva. Dice que sus padres pertenecen a la primera generación exiliada. En unos años, sus padres habrán vivido más tiempo en los Estados Unidos que en Cuba. Sin embargo, ellos son tan cubanos hoy como lo eran aquel día de 1960, cuando bajaron del barco que los trajo aquí.

¿Cómo es posible vivir más de 40 años en los Estados Unidos y seguir siendo "cubano"? Si Ud. pasara tantos años exiliado en Cuba, ¿seguiría Ud. diciendo que es americano? ¿Por qué?

2.29 Antes de leer...

1. ¿ La Nochebuena es la noche anterior al día de Navidad. ¿En su familia, existen tradiciones para celebrar la Nochebuena u otros días festivos? ¿Cuáles son? ¿Cuántas generaciones están incluidas en sus celebraciones? Hay algunas tradiciones de su familia que hayan cambiado con los años? ¿Cuáles son y cómo han cambiado?

2. ¿Sabe Ud. algo de otras tradiciones culturales? Por ejemplo, ¿cómo se celebra el Chanukah, la Kwanza, el Ramadán, etc.? ¿Tienen estas tradiciones algo en común con la celebración de la Nochebuena y de la Navidad?

Nochebuena Good Night

Durante mi niñez en Cuba, la Nochebuena fue siempre la noche más importante del año. A diferencia de las Navidades estadounidenses, la Nochebuena es esencialmente una celebración para las personas mayores, ya que los niños cubanos solían° recibir sus regalos el día de los Reyes Magos, casi dos semanas después. Pero aún cuando íbamos a la misa del gallo°, nos teníamos que acostar inmediatamente después, ya que nuestro hogar era visitado también por Santa Claus—quien de hecho traía regalos más caros que los Reyes Magos—y si no estábamos todos dormidos "Santicló" no podía entrar. Sin embargo, con tanto ruido° en el patio era difícil conciliar el sueño°. La Nochebuena no era una noche de paz. Después de la cena tradicional, la música y el baile duraban hasta la madrugada°.

En casa la unión de día y noche ocurrió cuando los que éramos niños al llegar al exilio crecimos y empezamos a casarnos y tener familia propia. Esto sucedió° a partir de° los años setenta, con el resultado de que se estableció un equilibrio entre los extremos "cubanos" y "americanos" de la familia. Los mayores - mis tíos y mis padres—mantenían vigentes° las tradiciones de Nochebuena; los más jóvenes -sus nietos—celebraban Navidad. Yo oscilaba° entre las dos generaciones, a veces haciendo el papel° de hijo de mi padre, y otras veces el de padre de mi hijo. Durante esta época de armonía cultural y generacional,

°**solían:** were accustomed to
°**misa del gallo:** midnight Mass

°**ruido:** noise
°**conciliar el sueño:** to get to sleep
°**madrugada:** dawn

°**sucedió:** happened
°**a partir de:** starting from

°**vigentes:** in effect
°**oscilaba:** went back and forth
°**haciendo el papel:** taking (playing) the part

°**mesura:** moderation
°**estar de juerga:** to live it up

°**ayunar:** to fast
°**comulgar:** to take communion

°**híbridas:** hybrid

°**puente:** bridge
°**se desgasta:** breaks apart

°**coincidimos:** we happen to be together

°**se ha ido desmoronando:** falling apart gradually
°**paulatinamente:** little by little
°**año tras año:** year after year
°**se confunde:** gets confused
°**tantas:** wee hours
°**apagadas:** turned off
°**a medida que:** as
°**autónoma:** autonomous, for its own sake
°**deslizando:** slipping away
°**maneja:** handles
°**no resido:** I do not reside

la Nochebuena alegraba la Navidad, pero la anticipación de *Christmas Day* le daba cierta mesura° a la Nochebuena. Como los mayores tenían que levantar-se temprano para abrir los regalos con los niños, no se podía estar de juerga° toda la noche. Además, la casa era demasiado pequeña para que los niños pu-dieran dormir mientras que las personas mayores seguían divirtiéndose afuera. Ya que para entonces la Iglesia había eliminado los reglamentos sobre la ne-cesidad de ayunar° antes de comulgar°, casi siempre mi madre servía la comi-da antes de las doce. Para las dos o las tres de la mañana la fiesta había concluido.

A mí me encantaban estas fiestas híbridas°, mitad día y mitad noche, ya que parecían combinar lo mejor de los dos mundos. Sin embargo, el biculturalismo es un puente° que se desgasta° con el tiempo, y para la tercera década de exi-lio, nuestras Nochebuenas habían cambiado otra vez. Algunos de los "viejos"—Tío Pepe, Constantina, Abuela Martínez, Joseíto, Tío Mike—habían fallecido. Otros se pusieron muy ancianos o muy débiles para viajar o ir de fiesta. Ade-más, los más jóvenes (o los menos viejos) tenemos nuestras vidas y no siem-pre podemos pasar las Navidades en Miami. De vez en cuando, algunos de nosotros todavía coincidimos° en Miami para Nochebuena, pero sucede con menos y menos frecuencia.

Con la muerte de nuestros viejos, Cuba se nos está muriendo también. Es como mi padre con su almacén, que se le ha ido desmoronando° paulatina-mente°, año tras año°. Mientras más pasa el tiempo, más se confunde° nues-tra Nochebuena con la Navidad. Hace años que ningún amigo o pariente se aparece en casa de mis padres a las tantas° de la noche. Si alguien lo hiciera, encontraría las luces apagadas° y a la gente dormida. A medida que° la cele-bración se centra en los nietos, la Nochebuena se va convirtiendo en la víspe-ra de la Navidad, en *Christmas Eve* -más una anticipación del día siguiente que una fiesta autónoma°. Con la incorporación de americanos a la familia, hasta el lenguaje de la fiesta se ha ido deslizando° hacia el inglés, un idioma que mi madre maneja° con facilidad pero que a mi padre no le gusta hablar.

Aunque no resido° en Miami hace más de veinte años, he faltado sólo a una Nochebuena en casa de mis padres, y eso porque un año decidimos

°**dispuestos:** willing

celebrarla todos en Carolina del Norte, un experimento que no salió bien y no volverá a repetirse. Mientras Nena y Gustavo estén vivos y dispuestos°, yo seguiré celebrando Nochebuena en su casa, que es también mi casa.

2.30 Comprensión

1. ¿Cómo se celebra la Nochebuena según el autor? ¿Cómo es diferente la celebración de la Nochebuena de la típica Navidad estadounidense? ¿Por qué dice el autor que la Nochebuena es para "las personas mayores"?

2. ¿A quiénes se refiere con los términos "cubanos" y "americanos"? ¿En qué se diferenciaba la celebración de los "cubanos" de la de los "americanos"?

3. ¿Qué les pasó a los "viejos"? ¿Cómo afectó esto a la celebración de la Nochebuena?

4. Explique qué quiere decir el autor cuando escribe, "… la Nochebuena se va convirtiendo en la víspera de la Navidad…"

5. ¿El autor celebra la Nochebuena hoy día? ¿En qué se diferencia de la celebración de cuando el autor era niño?

2.31 Discusión

1. Según Pérez Firmat, el biculturalismo está desapareciendo puesto que las familias de los inmigrantes están adoptando tanto la cultura estadounidense. ¿Hay una Navidad típicamente estadounidense? ¿Cuáles son las características de la celebración de la Navidad en cuanto a la comida, las actividades, los invitados, etc.?

2. En el cuento, el autor dice que a veces las generaciones más jóvenes de su familia no pueden reunirse para celebrar. En general, las familias latinas son bastante unidas y a veces las estadounidenses no lo son. ¿Cree Ud. que las generaciones mayores de su familia se sentían más unidas que la generación de Ud.? ¿Prefiere Ud. pasar los días festivos con su familia o prefiere estar en otro lugar? ¿Por qué?

3. "Con la muerte de nuestros viejos, Cuba se nos está muriendo también." ¿Ud. está de acuerdo con esta cita? ¿Cree que es cierto en el caso de los cubanos? ¿Cuál es la actitud de los estadounidenses hacia la Cuba de hoy día? ¿Conoce a alguien que haya viajado recientemente a Cuba? ¿Cree Ud. que las relaciones entre los dos países llegarán a ser más amigables?

 ### 2.32 Composición

En esta selección el narrador, Gustavo Pérez Firmat, el hijo de la familia, revela que el paso del tiempo ha producido diferencias en la celebración de la Nochebuena. ¿Qué circunstancias han ocasionado los cambios? Además Firmat dice que se ha sustituido la celebración de *Christmas Eve* por la Nochebuena. ¿Cuáles son las diferencias entre las dos celebraciones? Para contestar esta pregunta, rellene el siguiente esquema sobre las dos celebraciones.

	Nochebuena	*Christmas Eve*
¿Quiénes la celebran?		
¿Qué se hace?		
¿Cuánto tiempo dura?		
¿Cuál es el propósito?		

Para la gente de la generación 1,5 (el narrador y sus contemporáneos), los cambios les parecerán casi inevitables. Sin embargo, para la gente de la generación de los padres de Gustavo (Gustavo y Nena) los cambios producirán otros sentimientos. Desde el punto de vista de los padres, Gustavo y Nena, escriba una historia explicando los cambios que han ocurrido en su celebración navideña y expresando sus sentimientos hacia los cambios. Debe empezar la historia con una descripción de cómo pasaron Uds. la última Nochebuena y cómo la pasaron hace muchos años. También debe incluir las razones por las cuales ocurrieron estos cambios.

Entrevista

Entreviste a una persona latina de la tercera edad en su comunidad, siguiendo las sugerencias del capítulo preliminar (página 23). Debe incluir en su entrevista los siguientes temas:

- su recuerdo favorito de la niñez
- las diferencias entre el mundo cuando era niño/a y el mundo de hoy
- lo que cambiaría de su vida si fuera posible
- cuáles serían sus consejos para los jóvenes de hoy.

Después de la entrevista, escriba un texto biográfico al estilo de los que se encuentran en este capítulo.

 Si Ud. no puede hallar a una persona latina en su propia comunidad, intente ponerse en contacto con un/a latino/a por un canal de chat en Internet. Si Ud. no puede hallar a una persona latina ni en su propia comunidad ni en Internet, use el video **"Entrevista virtual: Isabel de Varona y Caballero habla de sí misma."** Luego, escriba un texto biográfico basado en la información del video.

Capítulo 3
Los jóvenes

COMUNICACIÓN

Expresar opiniones y creencias

Hablar de días festivos y eventos especiales

Conversar sobre metas y planes

ESTRUCTURAS

Repaso de por y para

Repaso del futuro y del condicional

CULTURA

Jóvenes latinos en los Estados Unidos

Hacerse americano, mantenerse latino

Encuentros

Primer encuentro: Christopher Bell

Christopher Bell es un ejemplo del chico cuyos padres son de dos culturas diferentes. Su padre es de los Estados Unidos y su madre es de México.

Me llamo Christopher Bell. Tengo doce años y nací en South Bend, Indiana. Mi mamá es de México y viajamos allá cada verano. Hay muchas diferencias entre México y los Estados Unidos. Este país, por ejemplo, tiene más negocios y dinero que México. Por otra parte°, los niños de México me parecen más amigables que los de aquí.

Mi día típico es así: me levanto y voy a la escuela. Algunas veces los días son cortos y otros parecen muy largos. Llego a casa en el camión° de la escuela y después juego por un rato, ceno, hago mi tarea y me acuesto como a las diez. Algunos días voy a practicar básquetbol y otros voy a mis clases de coro y piano.

°**por otra parte:** on the other hand

°**camión:** bus (Mexico)

Si viviera en México, mi vida sería muy diferente. Tendría que trabajar más. No tendría tantos videos y tampoco miraría la televisión tanto. Estaría más cercano a la familia y haríamos muchas cosas juntos. También celebraría las festividades de forma diferente. Por ejemplo, en México tienen el Día de los Muertos en lugar de Halloween. También, otra diferencia es que la Navidad se celebra aquí el 25 y en México celebran más la Nochebuena. Tampoco hay tantos regalos ese día como aquí. La festividad que más me gusta es la Navidad. Nosotros celebramos con mi mamá la Nochebuena. Primero vamos a la iglesia y después cenamos comida tradicional mexicana. En los Estados Unidos celebramos el día 25 con la familia de mi papá, con una comida tradicional de aquí: pavo relleno, puré de papas, etc.

Mi escuela es de muy buena calidad. Me gusta la escuela porque no hay ningún problema y porque tengo amigos. La mayoría de ellos son de los Estados Unidos. Mi maestra favorita es mi maestra de ciencias. Ella es muy divertida. Como tiene un hijo en la escuela secundaria, entiende nuestros problemas.

Mis actividades favoritas son andar en patinete y pasar tiempo con mis amigos jugando con los videojuegos, viendo televisión o escuchando música. Mi programa favorito es el de Tom Green. Él es muy original en lo que ha hecho y ha creado todo un nuevo aspecto de la comedia. Él es brillante. Mi música favorita es la música alternativa. Me encanta "Rage Against the Machine" pero tengo muchos grupos favoritos. Pienso que los actuales cantantes latinos pertenecen a la cultura pop. A mí me gusta mucho Santana porque sé que él ha sacrificado mucho para llegar a donde está. Aunque él no era de la cultura pop antes, me parece que recientemente se está convirtiendo en uno de ellos. Mi cantante favorito es John Davis, del grupo Korn. Algún día me gustaría ser músico de rock porque me encanta la música.

3.1 Comprensión

1. ¿Cuáles son las actividades extracurriculares de Christopher?

2. ¿Cuál es la diferencia entre la celebración de la Nochebuena y *Christmas* en los Estados Unidos?

3. ¿Por qué le gusta su maestra de ciencias?

4. ¿Por qué es un fan de Tom Green?

5. ¿Le gustan a Christopher los cantantes latinos? ¿Por qué?

3.2 Discusión

1. Christopher dice que si viviera en México, su vida sería diferente. Según lo que ha dicho, ¿qué aspectos de su vida cambiarían? Hagan una lista de los posibles cambios y decidan si los resultados serían positivos o negativos.

2. Además de las costumbres de la Navidad, ¿piensan Uds. que hay otros ejemplos que ilustran los contrastes de una vida bicultural que Christopher no ha mencionado? ¿Cuáles serán?

3. Christopher ha dicho que "los cantantes latinos pertenecen a la cultura 'pop'." ¿Creen Uds. que los cantantes como Ricky Martin y Jennifer López se hayan alejado de sus raíces? ¿Hay otros que hayan continuado más fieles a sus raíces? ¿Cuáles prefieren Uds.? ¿Por qué?

3.3 Composición

1. ¿Qué estilo de música escuchaba cuando Ud. tenía la edad de Chris? ¿Escucha Ud. la misma música ahora? ¿Qué música escuchan sus padres u otros miembros de su familia? Rellene la siguiente tabla con la información pedida.

la música de sus padres
su música cuando tenía 12 ó 13 años
su música ahora

2. Ahora, escriba una composición acerca de la música que Ud. ha escuchado en su vida. Mencione la música que sus padres escuchaban cuando Ud. tenía 6 años y también la música que Ud. escuchaba en las otras épocas de su juventud. ¿Qué nombres de canciones recuerda Ud.? ¿Qué música escucha Ud. ahora? ¿Quién es su cantante favorito? ¿Qué piensan sus padres de la música que Ud. escucha ahora? ¿Les gusta o no? ¿Qué piensa Ud. de la música de ellos? ¿Piensa Ud. que escuchará el mismo estilo de música cuando tenga la edad de sus padres? ¿Por qué cree Ud. que la música popular de cada generación es tan distinta?

Vocabulario esencial

Las metas y los planes

alcanzar	*to reach, attain*
la ambición	*ambition, aspiration*
aprovecharse (de)	*to take advantage (of), to make the most (of)*
cambiar de opinión	*to change one's mind*
cumplirse	*to be fulfilled, to come true*
dedicarse (a)	*to devote oneself (to), to dedicate oneself (to)*
elegir	*to choose*
escoger	*to choose, select*
la habilidad	*skill*
lograr	*to achieve, attain*
mejorar	*to improve*
la meta	*goal*
pensar hacer (pienso estudiar)	*to plan to do (I plan to study)*
prepararse	*to prepare oneself, to get ready*
ser capaz de	*to be able to, to be capable of*
soñar con	*to dream about*
el sueño	*dream*
superarse	*to improve, better oneself*
el talento	*talent, gift*
tener habilidad para	*to be good at*
tener facilidad para	*to have a gift for*
tener una actitud (positiva/negativa) hacia	*to have a (positive/negative) attitude toward*
tomar decisiones	*to make decision*
valer para	*to be good at*

La diversión y los eventos

el baile	*dance*
la bebida	*drink*
la canción	*song*
las canicas	*marbles*
el(la) cantante	*singer*
la diversión	*entertainment*
divertirse	*to have fun*
los dulces	*candy*
el escondite	*hide and seek*
festejar	*to celebrate*
la gimnasia	*gymnastics*
hacer amigos	*to make friends*
hacer/organizar fiestas	*to throw parties*
los juegos de video	*video games*
los juguetes	*toys*
la lleva	*tag*
el patinete/monopatín	*scooter/skateboard*

quedarse	*to remain, to stay*
salir con amigos	*to go out with friends*
saltar a la cuerda	*to jump rope*
la torta, el pastel	*cake*

En el futuro

dentro de cinco años (una semana, etc.)	*in five years, in five years' time (one week)*
el fin de semana	*weekend*
el mes que viene	*next month*
el próximo año	*next year*
pasado mañana	*the day after tomorrow*

Los problemas y las dificultades

aburrirse	*to become bored*
burlarse de	*to make fun of*
discutir (con amigos, novios, padres, hermanos, etc.)	*to discuss, to argue (with friends, boy (girl) friends, parents, siblings, etc.)*
estar deprimido/a	*to be depressed*
fracasar	*to fail, to be unsuccessful*
la inseguridad	*insecurity*
pelear	*to fight, quarrel, argue*
rebelarse (contra)	*to rebel, revolt (against)*
regañar	*to scold*
la autoestima	*self-esteem, self-respect*

Otras palabras importantes

comportarse, portarse	*to behave*
criarse	*to grow up*
cuidar	*to look after, to care for*
la juventud	*youth*
mudarse	*to move*
pedir permiso	*to ask permission*
permitir	*to allow, let*
los quehaceres	*chores*
ser criado	*to be brought up*
el vecindario, el barrio	*neighborhood*
el(la) vecino(a)	*neighbor*

Práctica

3.4 *En la siguinte lista de vocabulario encuentre los sinónimos, es decir, aquellas palabras que tienen un significado parecido. Algunas de las palabras de la lista no tienen sinónimo.*

alcanzar	meta	quedarse	vecino
escoger	valer para	elegir	superarse
mejorar	juventud	talento	dedicarse
habilidad	ambición	lograr	tener habilidad para

3.5 *Escoja de la segunda lista la letra de la definición que corresponda a cada palabra de la primera lista. Tenga en cuenta que hay más definiciones que palabras.*

1. aburrirse
2. autoestima
3. decidir
4. divertirse
5. escondite
6. festejar
7. gimnasia
8. juventud
9. permitir
10. vecino

A. capacidad natural o adquirida para hacer ciertas cosas
B. conjunto de ejercicios que sirven para dar agilidad y flexibilidad al cuerpo
C. conjunto de vecinos de una población
D. conmemorar, celebrar (algo) con fiestas
E. darle a uno su consentimiento para que otros hagan una cosa
F. edad entre la niñez y el comienzo de la edad adulta
G. entretenerse, pasarlo bien
H. juego de muchachos en el que unos se esconden y otros los buscan
I. persona que habita con otros en un mismo pueblo, barrio o casa
K. sufrir un estado de ánimo producido por falta de diversiones o distracciones
L. tomar una decisión
M. valoración de uno mismo

G **3.6** *Vea la sección "Los problemas y las dificultades" de la lista de vocabulario esencial. En grupos pequeños, comparta cuáles de estas dificultades ha experimentado Ud. Acuérdese de incluir tantos detalles como sea posible. Si Ud. no ha experimentado ninguna de las dificultades de la lista, explíqueles a los demás como evitó el problema. Luego, todo el grupo debe ponerse de acuerdo en qué cosas de la lista representan los cinco problemas más difíciles o significativos para los jóvenes de hoy.*

Cultura

3.7 Estrategia de leer: Análisis de títulos para predecir contenidos

Con frecuencia un lector leerá el título de un texto y podrá predecir su contenido. El título del siguiente artículo presenta lo que parece ser una antítesis, o sea, un contraste entre dos ideas. El artículo habla de ser fiel a las raíces latinas mientras se hacen esfuerzos por adaptarse a la cultura estadounidense. Se supone que la periodista presentará unas circunstancias y las contrastará con otras. El tema del artículo es la fiesta de la quinceañera, una ceremonia de la cultura latinoamericana muy importante para las jóvenes que cumplen quince años. En algunos aspectos la quinceañera se parece a una boda religiosa, ya que se celebra con una ceremonia en la iglesia seguida de una recepción. Antes de leer el artículo, trate de predecir qué aspectos de esta ceremonia tan tradicional comparte la cultura estadounidense. Después, haga anotaciones acerca de las posibles diferencias y guárdelas hasta que haya terminado la lectura. Luego vuelva a leer lo que Ud. ha escrito y decida si adivinó correctamente.

Haciéndose americano, manteniéndose latino

KATHIE NEFF RAGSDALE
The Eagle-Tribune   18 DE AGOSTO DEL 2001

Mientras Juan A. Ortega giraba a su hija Shawna, por todos lados de la pista de baile° en la Sala de Recepción de Pat en Haverhill, lágrimas brotaron° en los ojos de muchos quienes observaban el baile habitual entre padre e hija.

°**pista de baile:** dance floor
°**brotaron:** flowed

Hasta el mismo Sr. Ortega tuvo que contener su emoción mientras observaba a su hija, una chica con hoyuelos° parecida a Julia Roberts sonriéndose con él en su vestido de encaje blanco y brillante diadema°—la perfecta imagen de una novia.

°**hoyuelos:** dimples
°**diadema:** diadem, crown

Excepto que esto no era una boda. Era la quinceañera de Shawna, la tradicional fiesta hispana de presentación en sociedad donde se celebra el paso de una chica de 15 años a la vida de adulta.

Y fue poco común, incluso para los estándares latinos.

En medio de las mujeres limpiándose los ojos al borde de la pista de baile, los muchachos tirando de° sus extraños esmóquines° y los ancianos sentados cerca sonriendo estaban nombres como Rooney, Olisky, Lacharite y Costello.

°**tirando de:** tugging at
°**esmóquines:** tuxedos

"Creo que habían más personas americanas que hispanas allí", dijo la madre de Shawna, Tammy M. Ortega.

De hecho. Mientras los latinos y los anglos del Valle del Merrimack cada vez más socializan en el trabajo, en las escuelas de sus hijos y en sus propios vecindarios cambiantes, más y más de ellos están mezclándose social y culturalmente.

[...]

Mientras más y más de ellos compran hogares, aprenden inglés, tienen hijos y se asimilan a la cultura en general, más y más están también experi-

mentando los cambios que los primeros grupos de inmigrantes—los irlandeses, italianos, polacos y franceses—enfrentaron: el esfuerzo por mantener vivas sus culturas únicas, al mismo tiempo que ganan aprobación por la comunidad más amplia.

[…]

Para los Ortega, por supuesto, la quinceañera de Shawna fue nada más que una ocasión para celebrar el debut oficial de su amada hija y hermana, en la compañía de su familia y amigos favoritos.

[…]

Tammy y Juan Ortega, quienes viven en la calle Boston en el vecindario Prospect Hill de Lawrence, pasaron un año planeando el día especial de su hija, comprendiendo que muchos de los acompañantes° e invitados serían anglos.

°**acompañantes:** attendants

[…]

Cuando llegó el momento de elegir a los ocho chicos y a las ocho chicas que actuarían como sus acompañantes, ella hizo lo que la mayoría de las chicas en su posición harían—eligió a sus amigos. Intencionalmente seleccionó a una amiga puertorriqueña, Melyned "Mely" Beamud, como su dama preferida—el equivalente a su dama de honor—"porque ella entendería lo que estaba pasando", dice Shawna. Pero de los restantes 15 acompañantes, 10 eran anglo.

[…]

Como muchas quinceañeras, la presentación de Shawna incluyó una ceremonia en la iglesia, donde fue bendecida° por el Reverendo Jorge A. Reyes, cura de St. Mary-Inmaculada Concepción, y una recepción más tarde que incorporó muchos ritos tradicionales. Para la fiesta, los Ortegas eligieron Pat's Beef House, marcando la primera vez que la sala de recepciones recibía una quinceañera.

°**bendecida:** blessed

La Sra. Ortega, 42, una administradora de oficina para Northeast Housing Court en Lawrence, preparó programas impresos° en español y en inglés explicando el simbolismo de todos los rituales. Por ejemplo, una joven se viste con zapatillas blancas el día de su quinceañera, sólo para que su padre las reemplace durante la celebración con zapatos blancos de tacón alto, representando la llegada de ella a la vida de adulta. Asimismo, la madre de la chica reemplaza la pequeña diadema de su hija por una gran corona, haciéndola reina por un día.

°**impresos:** printed

"Incluso en la iglesia, le pedí al cura que lo hiciera todo bilingüe, para que las personas no se sintiesen excluidas", dice la Sra. Ortega.

[…]

Pero si el quinceañero de Shawna fue un hito por su sabor multicultural, también representa algo más. Es sólo uno entre un grupo de tradiciones culturales que algunos padres latinos temen están siendo amenazados° por la "americanización" de sus hijos.

°**amenazados:** threatened

La hermana mayor de Shawna, Brice Campoverdi, 20, eligió no tener una quinceañera cuando cumplió 15, prefiriendo tomar un viaje más después a París como regalo de sus padres por su presentación en sociedad. Ella dijo que estaba sorprendida cuando su familia la llamó al Holy Cross College en Worcester, donde ella estudia, para decirle que Shawna tendría una.

[…]

Hispanos jóvenes como Shawna y Mely tienen más probabilidades de enfrentar más presión para adaptarse a la cultura amplia cuando ellos salen al mayormente mundo blanco de las universidades—como más latinos lo están haciendo. Aunque el número de hispanos que asisten a las universidades es pequeño comparado a otros grupos, está subiendo a un ritmo constante. En 1997, 36 por ciento de los latinos graduados en las escuelas superiores fueron a las universidades, comparado con el 33 por ciento en 1994.

Como muchos de sus amigos, latinos y anglos, Shawna planea unirse a ese número, aunque ella será parte de un mundo donde pocos han escuchado tales tradiciones como las quinceañeras.

[...]

3.8 Comprensión

1. ¿Cómo se viste una chica que celebra su quinceañera?
2. ¿Qué representa esta celebración?
3. ¿En qué sentido no era típica esta quinceañera?
4. ¿Qué reto (*challenge*) comparten los latinos con los primeros inmigrantes?
5. ¿Por qué fue escogida Mely como la dama preferida?
6. ¿Cuáles son las dos partes de la quinceañera?
7. En la ceremonia, ¿cuáles son los papeles del papá y de la mamá?
8. ¿Por qué está amenazada la tradición de la quinceañera?

3.9 A explorar

Para la chica, la quinceañera simboliza dejar atrás la época de la niñez para pasar a convertirse en una mujer. Esta ceremonia se parece a una boda religiosa en muchos aspectos: se celebra en una iglesia, hay elementos simbólicos, la quinceañera va vestida de blanco y hay un baile.

A pesar de que vivimos en una época de igualdad entre hombres y mujeres, es interesante observar que en la cultura latina no haya ningún rito de estas características para los chicos. Algunas culturas, como la judía, tienen una celebración para ambos sexos. Escriba las palabras clave *ritos de pasaje* en su buscador de Internet y lea la información acerca de estos ritos de paso en las diversas culturas del mundo. ¿Piensa Ud. que debe haber un rito para los chicos que se parezca al de la quinceañera? En grupos pequeños, piensen en una ceremonia para chicos en los Estados Unidos. Usando la información acerca de la quinceañera como modelo, describa el rito. ¿Cuántos años tendrá el chico? ¿Dónde tendrá lugar la celebración? ¿Cómo será la ceremonía? ¿Quiénes estarán presentes? ¿Cuáles serán los símbolos del rito? Después, escriban un artículo acerca de la ceremonia para chicos en el mismo estilo del de la lectura.

A conocer

Los protagonistas de este capítulo son ejemplos de la nueva generación de jóvenes estadounidenses. La mayoría vino de otros países o, como en el caso de Christopher, se crió en una familia bicultural donde la madre es latina y el padre es de los Estados Unidos. A pesar de que se diferencian en sus países de origen todos tienen planes de alcanzar algunas metas y llevar una vida buena en esta tierra de oportunidades. Algunos han tenido experiencias características de un adulto; otros todavía son niños bastante típicos.

G **3.10** **A presentar**

En un grupo pequeño, lean las siguientes frases y traten de decidir a cuál de los jóvenes corresponde. Al leer la oración, consideren el sexo de la persona, su edad posible, su origen y lo que se puede inferir acerca de su vida.

a. Celebraría su cumpleaños cenando con sus padres.

b. Cuidaría a su bebé en vez de pasar tiempo con sus amigos.

c. Se quedaría en la escuela aunque fuera mayor que los otros estudiantes.

d. Manejaría bien la computadora.

Eduar Andrés Caro y Anny Melissa Caro

Sara Cassina

Leonel Pérez

Eduar Andrés y Anny Melissa Caro

Eduar y Anny son de Colombia y ahora viven con sus padres en Tempe, Arizona. Aunque les gusta vivir en los Estados Unidos, preferirían tener toda la familia en el mismo sitio. Se han adaptado bien y les gustan muchos aspectos de su vida aquí. Eduar tiene nueve años y Anny tiene siete.

Hace cuatro años que viven en los Estados Unidos pero cuando es posible, sus padres los llevan a Colombia para visitar a la familia. Sus viajes les han permitido ver las diferencias entre su país y los Estados Unidos: la comida, la música, la forma en que la gente se comporta, algunas celebraciones, las escuelas y, en general, la geografía. En su país Eduar y Anny jugaban con amigos que vivían en el mismo vecindario° y aprendieron a montar en bicicleta y a jugar al escondite, a la lleva, a las canicas, al fútbol y a saltar a la cuerda. Este verano

°**vecindario:** neighborhood

°**latas:** cans

patinarán, nadarán en la piscina (aunque echan de menos las playas de Colombia), jugarán con sus amigos y pasarán tiempo con sus padres. Ambos celebran su cumpleaños en julio. Eduar tendrá una fiesta con algunos amigos de la escuela y sus amigos del vecindario. La fiesta será en la piscina y comerán mucho, especialmente pizza y helados, porque en Arizona hace muchísimo calor. Anny saldrá a cenar con sus padres y su hermano.

Los dos dicen que les gusta más la escuela de los Estados Unidos. Eduar utiliza las computadoras para jugar y estudiar. Aprende mucho con las computadoras. Los parques en las escuelas son más grandes que los de las escuelas en Colombia y eso les gusta a los hermanos. Aprenden a hablar inglés y español. Eduar dice que en su país, estudiaba inglés pero sus amigos hablaban español afuera. Cuando Anny llegó a este país, no hablaba casi nada inglés. Ahora lo habla todo el tiempo. Aquí es diferente porque los hermanos hablan inglés con sus amigos fuera de la escuela. Juegan con amigos estadounidenses y amigos de otros países. Eduar lee muchas historias en inglés y también lee inglés en la computadora. Su profesora dice que habla muy bien inglés y español. Habla con su mamá en español y con su papá en español y en inglés. Anny tiene una clase de español ahora. Su profesora, Miss Ellis, es estadounidense pero habla español, y dice que Anny es una estudiante muy inteligente porque habla dos idiomas. Su mamá está aprendiendo inglés, pero no habla mucho porque no juega. Sólo aprende con el libro.

La comida también es diferente. Aquí comen más pizzas, hamburguesas, y beben Pepsi y Coca-Cola. Además, hay muchas comidas en latas°. En Colombia comían mucho arroz, sopa, pescado y tomaban muchos jugos de frutas, aunque también bebían coca-cola un poco. Comían muchas frutas como la papaya, el mango, la guanábana, la guayaba, el tamarindo, el tomate y otras más. La comida que prepara su mamá aquí se parece un poco a la que preparaba en Colombia. Otra diferencia es que en Arizona salen a comer a un restaurante más que en Colombia.

Según los niños, allí en Colombia la gente es muy alegre y hay más fiestas. Los colombianos escuchan mucha música, especialmente merengue y salsa. En Arizona también hay mucha música latina, aunque Eduar y Anny suelen escuchar pop y rock. Les gusta la música de Britney Spears, Cristina Aguilera y Backstreet Boys. Ricky Martin les gusta más o menos. ¡Dicen que los cantantes latinos son chéveres! Piensan que Shakira es muy bonita, y canta y baila muy bien.

3.11 Comprensión

1. ¿Qué aspecto de la geografía colombiana les falta en Arizona?

2. ¿Cómo le han ayudado las computadoras a Eduar?

3. ¿Por qué Anny no podía hablar bien inglés cuando llegó?

4. Para la mamá, ¿por qué es difícil aprender a hablar inglés?

5. ¿Qué tipo de música les gusta a Eduar y a Anny?

3.12 Discusión

1. Eduar y Anny describen la comida colombiana y la comparan con la comida de los Estados Unidos. ¿En qué consisten las diferencias?

¿Por qué piensa que las comidas son diferentes? ¿Qué comida será mejor para la salud? ¿Por qué? ¿Come Ud. mucha comida rápida? ¿Es su dieta más como la de los colombianos o la de los estadounidenses? ¿Por qué dicen los hijos que su mamá prepara la comida de Colombia sólo "un poco"?

2. Los chicos dicen que su mamá tiene dificultad en aprender inglés porque "no juega." ¿Qué significa esto? Cuando una mujer que es madre y ama de casa se va a vivir a un país extranjero, ¿qué problemas encuentra con lo siguiente: (a) la lengua, (b) sus actividades diarias y (c) sus hijos. ¿Por qué es tan importante que las mujeres aprendan a hablar inglés como sus hijos?

3. Muchos de los juegos que mencionan los chicos son familiares para los niños de los Estados Unidos. Cuando Ud. era joven, ¿cuál era su juego favorito? Piense en un juego que no haya sido mencionado hasta ahora y descríbaselo a la clase. Use la tabla siguiente para ayudarle a recordar todos los detalles.

> ¿Dónde se juega?
> ¿Cuántas personas juegan?
> ¿Qué cosas se necesitan?
> ¿Cuáles son las reglas?
> ¿ … ?

No mencione el nombre y la clase tratará de adivinar qué juego es.

°**criarla:** to raise her, bring her up

°**conseguir:** to obtain

Sara Cassina

Sara piensa mucho en sus planes para el futuro y por eso se concentra en sus estudios.

Vine desde Perú hace un año para estar aquí con mi mamá y mi tía. También vine para tener mi bebé y para empezar todo de nuevo, para concentrarme en mi educación y en mi hija. Mi hija es lo más importante en mi vida. Para mí es muy importante cuidarla, darle todo lo que pueda como madre y criarla° bien, enseñándole los valores y principios que yo aprendí de niña.

Aparte de mi hija, otra cosa muy importante en mi vida ahora es la escuela y mi educación. En Perú asistí a un colegio bilingüe y por eso no tenía tantos problemas cuando entré en la escuela en New Hampshire. Tengo dieciséis años, así que este año soy *sophomore*, estudiante de segundo año, en el colegio. Cuando no estoy cuidando a mi hija, paso mucho tiempo estudiando para terminar la escuela secundaria y poder ir a la universidad. Estudio tanto porque quiero sacar buenas notas y conseguir° una beca.

Yo creo que una educación universitaria es muy importante. Creo que es fundamental ir a la universidad para conseguir un buen trabajo que te guste. A lo mejor sería más fácil irme a trabajar después de graduarme para ya ganar dinero.

°**se dan cuenta de:** realize

Sin embargo, no creo que esto fuera una buena idea porque veo que muchas personas que toman esta decisión consiguen trabajos que no les gustan. Una vez que se dan cuenta de° que preferirían otro tipo de trabajo, ya no tienen los estudios para conseguirlo. Además, en los trabajos que puedes obtener sin un título de universidad muchas veces solo ganas suficiente para pagar tu casa, la comida y otras cosas básicas. Sé que probablemente será difícil para mí estar en la universidad, porque tendré que estudiar, trabajar y cuidar de mi hija al mismo tiempo, pero creo que valdrá la pena.

Voy a hacer todo lo posible para entrar a la universidad dentro de dos años, tener una buena carrera, poder superarme y apoyar a mi hija. Para entonces, ella estará ya en la escuela. Planeo estudiar una carrera de cuatro años. En realidad, me gustaría continuar mis estudios universitarios durante ocho años haciendo un posgrado, pero viéndolo de una manera realista, no sé si pasa. Sé que lo normal sería terminar la carrera en cuatro años, pero lo que es un año normal me podría demorar° dos años, puesto que voy a tener que trabajar para pagar la universidad, los gastos de la casa y todo lo que necesite mi hija.

°**demorar:** to linger, last

°**traduciendo:** translating

Ahora trabajo traduciendo° documentos legales para una abogada y eso me gusta mucho. Me encanta el trabajo porque hacía lo mismo en Perú y también porque puedo trabajar y estar en la casa con mi hija al mismo tiempo. Traduzco documentos cortos, como certificados de matrimonios, de nacimientos o de defunciones, que se pueden hacer en un solo día. Algunos, como los documentos de compra y venta, son más largos, y a veces la abogada me da hasta una semana para terminar la traducción. Así, cuando tengo tiempo en las noches que no tengo mucha tarea, me pongo a traducir en la computadora. Si es un documento de muchas hojas puedo trabajar más horas durante los fines de semana.

Pensando en lo de mi carrera, creo que me gustaría trabajar como abogada, pero todavía no sé muy bien en que área me especializaría. Pero sé que no quiero ser como el abogado "típico" que a veces hace cosas no completamente honestas para ganar un caso o para ganar más dinero. Me interesa mucho todo lo que tiene que ver con los servicios sociales, la paternidad y en general todo lo relacionado con los niños. Yo sé que hay muchas chicas que se embarazan de bien chiquillas° y ellas no saben nada de leyes. No saben qué hacer cuando

°**chiquillas:** very young

°**engañarlas:** to deceive them

el papá de su bebé está intentando engañarlas°. Sé que eso pasa mucho y me gustaría intentar ayudar a la gente que tenga esa clase de problemas. No sé si sería mejor trabajar haciendo eso como abogada o tal vez como asistente social, pero eso es lo que quiero hacer.

3.13 Comprensión

1. ¿Según Sara, cuáles son las cosas más importantes de su vida?
2. ¿Por qué pasa mucho tiempo estudiando?
3. ¿Qué planes tiene Sara para el futuro?
4. ¿Cuál es el trabajo de Sara? ¿A Ud. le gustaría ese trabajo? ¿Por qué?

G ### 3.14 Discusión

1. Para Sara, ¿por qué es tan importante ir a la universidad? ¿Cree Ud. que ella puede lograr sus metas sin una educación universitaria? ¿Por qué piensa Ud. que mucha gente deja la escuela antes de graduarse? ¿Por qué hay tanta gente que decide no seguir su educación en la universidad? Discutan sus respuestas en grupos pequeños.

 2. ¿Por qué dice Sara que no quiere ser como el abogado "típico?" ¿Qué quiere decir con la palabra "típico"? Ella cree que ser abogado puede tener un lado negativo, ¿está Ud. de acuerdo con ella? También menciona cosas positivas de ser abogado. ¿Cuáles son? Con un/a compañero/a de clase, piensen en las carreras que escogieron Uds. Hagan una lista de las cosa negativas y positivas asociadas con cada una.

°**mojado:** illegal (slang)
°**desagradables:** unpleasant
°**transcurso:** course

°**agarró:** caught
°**migra:** immigration control (slang)

Leonel Pérez

Leonel es un estudiante muy trabajador que vino desde Guatemala hasta New Hampshire para poder hacer de sus sueños una realidad.

Bueno, la experiencia que un inmigrante "mojado"° pasa para llegar a los Estados Unidos es muy peligrosa y muy costosa, porque se viven momentos muy desagradables° cuando uno cruza ilegalmente a otro país. Se pasa hambre, sed, tristeza y muchas más necesidades y sentimientos dolorosos. Hay veces que hasta se puede llegar a morir en el transcurso° del camino, pero la mayoría de las personas tienen fe y llegan a alcanzar lo que desean.

Cruzar la frontera fue muy duro para mí. Tardé casi un mes en atravesar México, cuando la mayoría tarda alrededor de una semana. Veníamos cuarenta personas en un mismo viaje y resultó muy difícil para el hombre que nos traía. Por cierto que ese hombre, y todos los que se dedican a pasar inmigrantes ilegalmente a otro país, reciben el nombre de "coyotes". Como digo, sufrimos todo tipo de penas y además, nos agarró° la migra° una vez en México, pero nos dejó ir, gracias a Dios. De todos los que veníamos solo treinta y ocho conseguimos pasar la frontera; a los otros los capturaron en México los guardias del Servicio de Inmigración. Ésta fue la experiencia más dura que me ha tocado en la vida, pero tuvo un final feliz, porque me trajo a los Estados Unidos.

°**ubicarme:** adjust
°**con el transcurso de los años:** with the passing of time

Después, no fue fácil ubicarme° porque no conocía la lengua y no sabía trabajar en este país, pero con el transcurso de los años° y con la ayuda de la escuela, empecé a tener toda clase de conocimientos acerca de este país y con la ayuda de la escuela, fui adaptándome a este país. Ahora ya me puedo desempeñar en cualquier cosa, pero sí tengo que admitir que todo me pareció difícil al principio.

La situación que confronta una persona recién llegada a este país, tal y como yo lo hice, es muy difícil; primeramente porque desconoce el idioma, segundo por la falta de comodidades y tercero porque necesita un período de adaptación. En mi caso, me costó trabajo° adaptarme a un nuevo tipo de vida, porque extrañaba mucho mi país y a mi familia y amigos. Lo que más me ayudó a adaptarme fue aprender la lengua. Cuando entré a la escuela me sentía como un ignorante. No podía comunicarme con los maestros ni con los alumnos. Durante esos primeros meses, estaba muy nervioso y asustado° porque me costaba trabajo aprender a hablar inglés y pensaba que nunca lo conseguiría. Pero con la ayuda de Joan, mi madrastra, de la Sra. St. Lawrence y del Sr. Pardo, empecé a notar que mi inglés estaba mejorando y al cabo de unos nueve meses, me di cuenta de que ya podía hablar.

°**me costó trabajo:** was difficult for me

°**asustado:** scared

Cuando podía comunicarme y entender la materia presentada en mis clases lo que más quería era poder graduarme de Pinkerton Academy, tener mi diploma y participar en la ceremonia. Pero eso también presentó problemas, porque ya tenía dieciséis años cuando entré a esta escuela. A pesar de que llevé muchas clases para cumplir con todos los requisitos, cuando llegué a ser un *senior* ya tenía veintiún años. Supuestamente cuando llegas a esa edad tienes que salir de la escuela. Yo tuve suerte y, gracias al apoyo de la Sra. St. Lawrence (mi maestra de *ESL*) y de mi consejera, el distrito de Derry me dio un permiso especial para poder quedarme y terminar la escuela. En los últimos meses del año escolar, la Sra. St. Lawrence me convenció para que dejara mi trabajo; de este modo, tendría más tiempo para concentrarme en mis estudios. Así lo hice y funcionó, porque me gradué de Pinkerton en junio.

Este otoño voy a empezar la universidad en Connecticut. En el verano voy a mudarme allá para encontrar un trabajo que pueda combinar con la universidad. Ahora mi meta es intentar siempre seguir adelante y mejorarme tanto como pueda. Y si lo consigo, estoy seguro de que algún día lograré ser un profesional en este gran país.

3.15 Comprensión

1. ¿Por qué dice Leonel que fue difícil para él cruzar México? ¿Qué dificultades encontró durante su viaje a los Estado Unidos?

2. ¿A quién se refiere cuando habla de los "coyotes"? ¿Por qué reciben ese nombre?

3. Según Leonel, ¿por qué es tan difícil la situación de los inmigrantes que vienen a este país?

4. ¿Qué problemas tenía Leonel al entrar a la escuela? ¿Cómo los resolvió?

5. ¿Qué metas ha logrado ya Leonel? ¿Qué metas tiene para el futuro?

G 3.16 Discusión

1. Leonel dice que le costó trabajo adaptarse a la vida en los Estados Unidos. Al principio estaba nervioso, pero al final logró ubicarse bien. Piense Ud. en una situación de su vida que le hizo sentirse "fuera de lugar." ¿Cuál fue esa situación? ¿Qué hizo Ud. para adaptarse? ¿Si estuviera hoy en la misma situación, en qué cambiaría su reacción? En grupos pequeños de 3 ó 4 personas compartan sus respuestas y ayúdense a encontrar otras formas de tratar cada situación.

G 2. Para Leonel fue muy importante terminar la escuela y obtener su diploma. Tenía la opción de tomar el examen de *GED,* pero prefirió quedarse en la escuela para graduarse con los otros estudiantes. ¿Por qué cree Ud. que decidió luchar para quedarse en la escuela en vez de conseguir su *GED*? ¿Cuáles serían las ventajas y desventajas de cada opción que tenía Leonel? ¿Existe algún estigma acerca de tener el título de *GED* en vez del diploma de estudios secundarios? ¿Sabe si una persona puede entrar en la universidad si no ha conseguido un diploma de estudios secundarios? En grupos pequeños discutan sus respuestas a estas preguntas y decidan lo que harían si estuvieran en la misma posición que Leonel.

A repasar

3.17 Discusión

1. Los jóvenes de este capítulo están en los Estados Unidos por varias razones: porque nacieron aquí, porque acompañaron a sus padres o porque decidieron reunirse con otros miembros de sus familias. El caso de Leonel es especial porque no pudo llegar legalmente y fue un inmigrante mojado después de hacer un viaje muy peligroso y costoso con

un "coyote." En los estados que comparten fronteras con México, algunos ciudadanos estadounidenses están protestando el número de inmigrantes ilegales que pasan por sus tierras. Muchas veces hay violencia y los inmigrantes mueren. ¿Cree Ud. que este país debe tener cuotas en cuanto al número de inmigrantes que acepta? ¿Cuáles son las ventajas de imponer un sistema de cuotas? ¿Y las desventajas? La clase debe debatir esta cuestión considerando estos puntos: la economía, el desempleo, los derechos humanos, la cultura, la política nacional e internacional, la discriminación y el racismo.

2. Después de leer las entrevistas de este capítulo, Ud. ha conocido a muchos jóvenes interesantes. ¿A quién le gustaría invitar a su casa? ¿Por qué? ¿Qué temas discutirían? ¿Qué comida serviría? ¿Qué le mostraría? Si pudiera escoger a uno/a de ellos/as como hermano/a menor, ¿quién sería? ¿Por qué? Comparen sus respuestas para averiguar quién es el/la joven más popular.

3. A los jóvenes de todo el mundo les gusta la música. Los chicos de este capítulo escuchan la música latina de Shakira, Santana y Ricky Martin. Escriba las palabras *Latin Grammys* en su buscador de Internet y visite alguna página web donde haya una lista de artistas populares. Escoja un artista popular y a continuación, busque en Internet su página web para obtener información sobre su vida, su estilo de música, algunas influencias sobre su música y su canción popular del momento. Si es posible, grabe una de las canciones e imprima una foto del artista. Traiga toda la información a la clase y presente un informe sobre este artista.

Estructura

Por / Para

Por means "for" in the sense of

for the sake of

> Sara lo hizo **por** su bebé.
> *Sara did it for her baby('s sake).*
> Eso no lo haría **por** nadie.
> *I wouldn't do that for anyone('s sake).*
> **por** ejemplo
> *as (for the sake of) an example*

because of

> No lo hice **por** miedo de mi papá.
> *I didn't do it for fear of my father.*
> A Leonel le costó adpatarse **por** la lengua.
> *For Leonel it was hard to adapt because of the language.*

in exchange for, in place of

Intercambió el microondas **por** una computadora IBM.
I'm trading the microwave for an IBM computer.

in search of, to request of / ask for

Fui allá **por** el libro que necesito.
I went there for the book I need.
Me mandaron **por** el médico.
They sent me for the doctor.

sometimes "for" or "during a period of time"—though often omitted

Anny tomó lecciones de piano **por** 4 años.
Anny took piano lessons for 4 years.

Por can also express the English:

by, along, over, through

Los abuelos de Eduar tienen un jeep para poder pasar **por** los caminos.
Eduar's grandparents have a jeep to get over the roads.

in, during

Sara estudia **por** la mañana y trabaja **por** la tarde.
Sara studies during the morning and works during the afternoon.

Para means "for" in the sense of

considering, with relation to

Para ser recién llegado, se maneja muy bien en la ciudad.
For a newly arrived (person), he gets along well in the city.

intended for, to be used for

Tienen un jeep **para** poder pasar por el lodo.
They have a jeep for getting through the mud.

¿**Para** qué?

(here "why" = for what purpose? to what end?)
¿**Para** qué se usa el jabón?

for/by a point in time, due on, by

Sara tiene muchos planes **para** el futuro.
Sara has many plans for the future.
Para el año 2010, me habré graduado.
By the year 2010, I will have graduated.

headed for, toward

Mañana salen **para** México.
Tomorrow they're leaving for Mexico.

Para can also express the English:

"to a person = in his judgement, as far as he's concerned"

> **Para** mí, es importante cuidar a mi bebé.
>
> *For me, it's important to care for my baby.*

"to, in order to" + infinitive

> Sara estudia **para** sacar buenas notas.
>
> *Sara studies (in order) to get good grades.*

Note that neither **por** nor **para** are used between *buscar* and what you're looking for;

> Buscan oportunidades.
>
> *They are looking for opportunities.*

esperar **and whom or what you're waiting for;**

> Esperan su llegada.
>
> *They're waiting for his arrival.*

or, *pedir* **and what you're asking for.**

> Le pido dinero.
>
> *I'm asking him for money.*

3.18 Práctica

1. Su nuevo compañero de cuarto, Alberto Zapata, vino a Los Ángeles de México cuando tenía menos de tres años. Cuando tenía trece años su familia se mudó de California a Kansas. Como Alberto tenía menos de tres años cuando sus padres vinieron a los Estados Unidos y aprendió a hablar inglés cuando era muy joven, a veces se confunde con las palabras POR y PARA. Ayúdele a escribir el siguiente párrafo sobre la mudanza de su familia de California a Kansas, señalándole cuál es la preposición correcta.

Nos mudamos a Kansas (1)_____ (¿por o para?) el trabajo de mi papá; él trabajaba entonces (2)_____ (¿por o para?) una compañía cuya nueva oficina estaba en Kansas. Antes de mudarnos, vivimos en California (3)_____ (¿por o para?) más de diez años. Me acuerdo del día que salimos (4)_____ (¿por o para?) Kansas. (5)_____ (¿por o para?) mí, la mudanza fue difícil ya que no tenía ni familia ni amigos en la nueva ciudad. Además, no había tanta gente hispana como en Los Ángeles. (6)_____ (¿por o para?) las misma razones, mi mamá estaba muy deprimida y la mudanza fue muy difícil (7)_____ (¿por o para?) ella.

Estructuras

Futuro / Condicional

The future tense is used to say what we will do; it is formed by adding the endings **-é**, **-ás**, **-á**, **-emos**, **-éis**, **-án** onto the entire infinitive. There are several verbs in Spanish that use an irregular future/conditional stem rather than the infinitive, among them saber (sabr-), decir (dir-), hacer (har-), tener (tendr-). For a complete list, see the workbook.

Sara **asistirá** a la universidad.

Sara *will attend* university.

Cuando esté jubilado, **tendré** tiempo para dedicarme al estudio del piano.

When I'm retired, *I'll have* time to dedicate myself to the study of piano.

Sara **será** abogada cuando se gradúe.

Sara *will be* a lawyer when she graduates.

The conditional tense is used to say what we would do; it is formed as is the future by adding endings to the entire infinitive or irregular future/conditional stem. The conditional endings are **-ía**, **-ías**, **-ía**, **-íamos**, **-íais**, **-ían**.

Eso no lo **haría** por nadie.

I wouldn't do that for anyone.

A Eduar le **gustaría** visitar a sus abuelos en Colombia.

Eduar would like to visit his grandparents in Colombia.

The conditional expresses the future in the past

Dice que vendrá - Dijo que **vendría**.

He says he will come - He said *he would come.*

Mi papá nos dijo que nos **daría** tres años para acostumbrarnos.

My dad said *he would give* us three years to get acclimated.

2. ¿Qué haremos la semana que viene?

a. Primero, complete las siguientes oraciones con lo que Ud. piensa hacer la semana que viene.

Por ejemplo: Mañana por la tarde yo caminaré por el parque.

El sábado por la mañana yo _____

El martes por la tarde yo _____

Para el viernes (by Friday) yo ____

2 b. Ahora, entreviste a un/a compañero/a de clase sobre lo que hará la semana que viene. Pregúntele qué hará el martes por la tarde, el sábado, etc. Trate de recordar lo que dice su compañero/a.

c. ¿Con qué compañero/a habló y qué dijo? Finalmente, dígales a los otros alumnos de la clase con quién conversó y lo que dijo, empleando el condicional donde sea posible y siguiendo el modelo:

[—¿Con qué compañero/a habló? ¿Qué dijo?]

—Hablé con Ana y me dijo que caminaría por el parque mañana por la mañana.

 3. Para el año 2010 - Nuestros planes para el futuro

En grupos de 4 ó 5, hablen Uds. del año 2010.

Para el año 2010, ¿dónde estará Ud.? ¿Estará casado/a? ¿Cómo será su marido/mujer? ¿Tendrá hijos? ¿Cuántos hijos tendrá? ¿Dónde trabajará? ¿Cómo será la casa en que vivirá? ¿Cuánto ganará al año? ¿Estarán jubilados sus padres? ¿Dónde vivirán?

Destrezas

A escribir

3.19

Muchas veces la gente dice cosas como: "Si hubiera sabido entonces lo que sé ahora…" Pensando en los años cuando todavía estaba en el colegio, escriba sobre lo que cambiaría de esa época de su vida aplicando los conocimientos que ha adquirido desde ese entonces.

1. Para ayudarle a pensar en las cosas que puede incluir, rellene el siguiente esquema. Primero, dé detalles sobre lo que le ocurrió en cada caso. Luego, explique lo que cambiaría si hoy tuviera que enfrentar la misma situación. Acuérdese de que para rellenar la primera columna es necesario emplear el pretérito y/o el imperfecto, y que para la segunda columna debe emplear el condicional.

	lo que hizo / qué pasó	lo que haría
amigos		
clases / calificaciones		
novios / novias		
deportes		
trabajo		
familia		
fiestas		
coche / manejar		
otra decisión importante		

2. Ahora escoja tres de los temas del esquema para elaborarlos con más detalles. Para ayudar a organizar sus ideas puede hacer un mapa semántico como el siguiente.

 3. Si tiene suficientes detalles, está Ud. listo(a) para empezar su composición. En el primer párrafo debe introducir la idea principal de

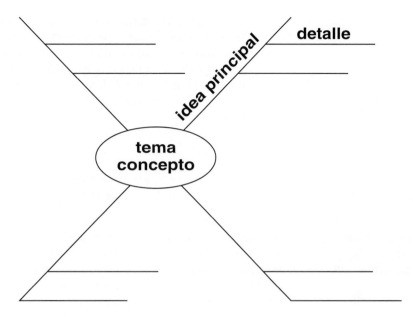

su composición. Luego, debe escribir tres párrafos, desarrollando uno de los temas en cada párrafo. Para terminar su composición, explique cómo cree Ud. que su vida de hoy sería diferente si de verdad pudiera cambiar los hechos de su pasado.

Estrategia de escribir—Simplificar

Aunque usted quiera comunicar ideas muy complejas, puede ser que Ud. no conozca el idioma extranjero lo suficientemente bien como para expresarlas. Escriba utilizando las estructuras que ya conoce, porque una traducción hecha palabra por palabra de la lengua materna casi nunca funciona. Si usted encuentra dificultades al expresarse, vuelva a exponer sus ideas de forma más simple. No debería limitarse a escribir su borrador en su lengua materna para luego traducirlo al idioma que usted está aprendiendo.

3.20 ¿Qué haría Ud.?

Dos o tres años antes de graduarse de la escuela, muchos estudiantes consultan a sus consejeros. Hablan de sus planes para el futuro y quieren saber qué cursos necesitan completar. Para ayudar a los estudiantes a escoger sus carreras, las escuelas emplean un examen o una encuesta como la siguiente.

Esta encuesta está diseñada para ayudarle a encontrar las profesiones que encajan con sus intereses y habilidades. La encuesta se basa en la teoría del Dr. John Holland, que cree que las personalidades y los ambientes de trabajo se pueden clasificar en seis grupos diferentes. La mayoría de la gente, y la mayoría de los trabajos, tienen características que se pueden colocar en más de una de las siguientes categorías. Sin embargo, este ejercicio le puede hacer más fácil determinar qué profesiones le convienen a Ud.

1. Imagínese que Ud. es un/a estudiante de dieciséis años. Quiere saber qué profesiones le gustarían. Antes de hablar con su consejero, tiene que contestar la siguiente encuesta. La encuesta tiene seis categorías y debajo de cada una hay listas de palabras. Para cada opción de las listas que se aplican a Ud. va a añadir un punto a la suma para esa sección. Las catergorías con más puntos representan sus áreas de mayor interés.

Categoría #1 - Puntos___

¿Es Ud...?	¿Puede Ud...?	¿A Ud le gusta...?	Pasatiempos:
independiente sistemático/a persistente disciplinado/a	reparar cosas eléctricas jugar deportes sembrar un jardín utilizar maquinaria y herramientas	trabajar al aire libre ser físicamente activo/a construir cosas cuidar / entrenar animales	fabricar muebles sembrar plantas / flores cazar / pescar reparar coches

Categoría #2 - Puntos____

¿Es Ud....?	¿Puede Ud....?	¿A Ud. le gusta...?	Pasatiempos:
Curioso/a analítico/a observador/-ra meticuloso/a	solucionar problemas matemáticos comprender teorías científicas hacer cálculos complejos usar microscopios y/o computadoras	trabajar con computadoras hacer experimentos analizar datos trabajar independientemente	crucigramas /juegos de mesa computadoras visitar museos coleccionar piedras, timbres, monedas, etc.

Categoría #3 - Puntos____

¿Es Ud....?	¿Puede Ud....?	¿A Ud. le gusta...?	Pasatiempos:
Creativo/a imaginativo/a expresivo/a idealista	dibujar tocar un instrumento musical escribir cuentos, poemas cantar, bailar o actuar	asistir a conciertos leer dramas o poemas hacer artesanía sacar fotos	clase de baile viajar escuchar música pintar

Categoría #4 - Puntos____

¿Es Ud....?	¿Puede Ud....?	¿A Ud. le gusta...?	Pasatiempos:
Extrovertido/a compasivo/a responsable paciente	enseñar / entrenar a otras personas expresarse con claridad planear y supervisar una actividad colaborar bien con otras personas	trabajar en grupo ayudar a solucionar problemas participar en juntas o conferencias trabajar con jóvenes	trabajar como voluntario asistir a actividades deportivas cuidar a niños ir a fiestas

Categoría #5 - Puntos____

¿Es Ud....?	¿Puede Ud....?	¿A Ud. le gusta...?	Pasatiempos:
Seguro/a de sí mismo/a sociable persuasivo/a hablador/a	convencer a otros vender cosas o promocionar ideas organizar actividades dirigir un grupo	tomar decisiones que afecten a otros empezar su propio negocio conocer gente importante tener poder o prestigio social	hablar de política asistir a conferencias dirigir organizaciones o clubes operar un negocio en su casa

Categoría #6

¿Es Ud....?	¿Puede Ud....?	¿A Ud. le gusta...?	Pasatiempos:
Organizado/a metódico/a eficiente persistente	hacer mucho papeleo en poco tiempo mantener archivos exactos usar una computadora escribir cartas de negocios	trabajar con números escribir a máquina tener responsabilidad para los detalles coleccionar u organizar cosas	arreglar u organizar cosas (de la casa, del taller, etc.) jugar a las cartas, a juegos de la computadora escribir la historia familiar coleccionar recuerdos en un álbum de recortes

2   **2.** Cuando termine la encuesta, prepare una dramatización con un/a compañero/a de clase. Uno de ustedes será el/la consejero/a y la otra persona será el/la estudiante.

ESTUDIANTE: Necesita saber qué profesiones corresponden a sus intereses, qué clases necesita para esas profesiones y qué tipo de educación y/o entrenamiento se requiere para cada una de las profesiones sugeridas. Debe entregar a su consejero/a los resultados de su encuesta para que le pueda ayudar a escoger una/s profesion/es.

CONSEJERO(A): Debe explicarle al/a la estudiante los resultados de la encuesta (en cuáles tres categorías tiene más puntos). Puede encontrar una explicación de los resultados en el apéndice (página 000). Tiene que aclararle las características de las tres categorías que más le interesan. También, necesita dejarle escojer tres profesiones de las que sugieren los resultados de la encuesta. Para cada profesión, Ud. debe decirle al/ a la estudiante qué clases necesita tomar y qué tipo de educación y preparación requieren.

3. Cuando terminen la dramatización, deben intercambiar los papeles.

Comprensión auditiva - opción A

Los niños y sus juguetes

Geena Gómez, una niña cubanoamericana de cuatro años, habla de su vida y sus juguetes.

3.21 **Antes de ver el video**

🄶 *Los juguetes*

En grupos de 3 ó 4, hable Ud. con sus compañeros de clase, haciéndose las siguientes preguntas sobre cuando eran muy niños.

1. ¿Se acuerda de los juguetes que tenía cuando era niño? ¿Cómo eran? ¿Tenía un oso de felpa o una muñeca? ¿Le dio un nombre? ¿Cómo lo/la llamó? ¿Cuál era su juguete preferido? ¿Por qué?

2. Cuando era muy niño/a, ¿sabía hablar otro idioma? ¿Tenía Ud. amiguitos que pudieran hablar otro idioma? ¿Hablaban otro idioma sus padres? ¿Sus abuelos?

3.22 **Primera proyección - Comprensión**

Después de ver el video por primera vez, conteste Ud. las siguientes preguntas escogiendo la mejor respuesta.

1. ¿Cómo se llama el padre de Geena?
   a. Ernesto   **b.** Xiomara   **c.** Luis
2. Geena dice que se pone el sombrero cuando quiere hacer...
   a. el profe   **b.** el burro   **c.** el payaso
3. ¿Cuántas máscaras tiene Geena?
   a. 3   **b.** 4   **c.** 5
4. Geena puede hablar ...
   a. sólo español   **b.** tres idiomas   **c.** español e inglés
5. ¿Quién es Kari?
   a. la muñeca   **b.** la mamá   **c.** la amiguita

 3.23 **Segunda proyección - Comprensión**

1. ¿Qué máscaras tiene Geena? ¿Qué dice ella de las máscaras?
2. ¿Con quiénes habla Geena español?
3. ¿Con quiénes habla Geena inglés?
4. ¿Qué dice Geena de sus abuelos? ¿Cómo son? ¿Dónde viven?
5. ¿Que hace Geena cuando juega con la muñeca?

G **3.24** **Discusión**

En grupos de 3 ó 4, hable Ud. con sus compañeros de clase, haciéndose las siguientes preguntas:

- Si tienen hijos muy jóvenes, ¿qué juguetes les dará Ud.? ¿Jugará Ud. con ellos frecuentemente?

- Si tienen hijos, ¿les enseñará Ud. a hablar otro idioma? ¿Por qué sí o por qué no? Si les enseña a hablar otro idioma, ¿qué idioma les enseñará a hablar? ¿Por qué? En su opinión, ¿es más fácil aprender idiomas para los niños o para los mayores?

Comprensión auditiva - opción B

La mudanza de Atlanta a Durham

Eder Ibarra, un joven méxicoamericano, habla de su vida en los Estados Unidos, primero en Atlanta donde tenía muchos tíos y primos y luego en Durham, Carolina del Norte, adonde se mudó por el trabajo de su papá.

G **3.25** **Antes de ver el video**

En grupos de tres o cuatro, hable Ud. con sus compañeros de clase, haciéndose las siguientes preguntas sobre su juventud.

¿En qué ciudad vivía tu familia cuando eras niño/a? ¿Había mucha gente latina en tu ciudad natal?

¿Tenías muchos amigos? ¿Cómo se llamaban? ¿Cómo eran? ¿Tenías muchos parientes en aquella ciudad? ¿Cuántos primos tenías? ¿Vivían muy cerca? ¿Jugabas con ellos a menudo?

¿Se mudó tu familia cuando eras niño/a? ¿Adónde se mudó tu familia? ¿Había mucha gente latina en la nueva ciudad? ¿Cómo te sentías? ¿Estabas deprimido/a? ¿Cómo se sentían tus padres? ¿Tenías parientes en la nueva ciudad?

3.26 Primera proyección - Comprensión

Después de ver el video por primera vez, conteste Ud. las siguientes preguntas escogiendo la mejor respuesta:

1. Eder tiene _____ años.

   a. 14   **b.** 15   **c.** 16

2. La madre de Eder es de _____.

   a. Atlanta   **b.** Guerrero, México   **c.** México D.F.

3. Eder tenía _____ años cuando su familia se mudó de México a los Estados Unidos.

   a. 2   **b.** 3   **c.** 4

4. Eder y su mamá se sentían _____ cuando su familia se mudó a Durham.

   a. emocionados   **b.** contentos   **c.** tristes

5. Óscar Tapia es el _____ de Eder.

   a. primo   **b.** tío   **c.** hermano

3.27 Segunda proyección - Comprensión

Después de ver el video por segunda vez, conteste Ud. las siguientes preguntas y entonces comparen las respuestas con un compañero de clase.

1. ¿Cuántos primos tiene Eder en Atlanta?
2. ¿Dónde está Forest Park?
3. ¿Quién era el mejor amigo de Eder en Forest Park?
4. ¿Quiénes son Christian y Eric?
5. ¿Cómo seguían la cultura mexicana los tíos de Eder en Atlanta?
6. En Durham, ¿había más o menos gente latina que en Atlanta?
7. ¿Por qué dice Eder que su mamá es su mejor amiga?

3.28 **Discusión**

La mudanza

Imagine que Ud. vive en una ciudad donde tienes muchos amigos y sus padres le acaban de decir que se van a mudar a otra ciudad donde no conoce a nadie. ¿Cómo se siente Ud.? ¿Qué puede hacer para mantener el contacto con los viejos amigos?

Lectura

Cuando Era Puertorriqueña

Esmeralda Santiago

Esmeralda nació en Puerto Rico y, con su mamá y sus hermanos, se trasladó a Nueva York en 1961. En aquel entonces, ella tenía 13 años. Ella asistió a *junior high* en Brooklyn primero y luego asistió a Performing Arts High School en Manhattan. Más tarde, completó su licenciatura en Harvard y recibió una maestría de Sarah Lawrence College. Ahora vive en Westchester County, Nueva York, con su esposo y dos hijos. Además de *Cuando era puertorriqueña,* ha escrito dos libros más: *Casi una mujer* y *El sueño de América.*

El extracto que sigue viene de su libro, *Cuando era puertorriqueña*, que fue publicado en 1993. En el libro, la autora, bajo el apodo de Negrita o Negi, es la narradora. Ella nos describe sus experiencias y sus sentimientos al caminar por un sendero que está entre la cultura puertorriqueña, la cultura estadounidense (pero no de Puerto Rico) y la cultura "nuyorquina." Esmeralda trata diversos temas en su obra, como el idioma, la familia, el hogar y la identidad de una persona. En el extracto, Negi describe su primer día de la escuela en Nueva York. Ella tiene que hacer grandes esfuerzos para comunicarse en inglés con el rector de la escuela, pero lo importante es que lo consigue, por eso se siente llena de orgullo.

3.29 **Antes de leer**

1. El título del libro es *Cuando era puertorriqueña.* ¿Por qué cree Ud. que la autora usó un verbo en el tiempo imperfecto? ¿Por qué no usó el pretérito? ¿Cuál es la implicación para el tema del libro?

2. Esmeralda ya ha escrito tres libros en inglés y los ha traducido al español. ¿Por qué cree Ud. que no escribe sus obras primero en español?

3. Si Ud. tuviera que incribirse en una escuela en Puerto Rico tendría que dar información básica en español, como su nombre y dirección. ¿Qué otros datos incluiría en su matrícula? ¿Podría Ud. hacerlo?

Cuando Era Puertorriqueña

Esmeralda Santiago

El primer día de clases, Mami me llevó a un edificio de piedra que dominaba una cuadra° de Graham Avenue, su patio de concreto encerrado detrás de una

°**cuadra:** block

°**verja:** fence
°**púas:** sharp points
°**escalones:** stairs
°**angostos:** narrow
°**de golpe:** suddenly
°**pulido:** polished
°**certificado de nacimiento:** birth certificate
°**desanimado:** discouraged, depressed
°**formulario:** form
°**supuestas:** supposed

°**atrás:** back

°**Señaló:** he indicated

°**malacrianzas:** bad manners

°**bruta:** stupid

°**encogió los hombros:** shrugged her shoulders

°**regateamos:** bargained

°**Tachó:** crossed out
°**metió:** put

°**orgullosa:** proud
°**por poco exploto:** I almost exploded
°**atrevida:** bold
°**mal educada:** bad-mannered
°**logré:** I managed to get

verja° de hierro con púas° en las puntas. Los escalones° del frente eran largos pero angostos°, y daban a dos puertas pesadas que se cerraron de golpe° cuando entramos y bajamos por un corredor bien pulido°. Yo llevaba mi tarjeta de la escuela en Puerto Rico llena de As y Bs, y Mami tenía mi certificado de nacimiento°. En la oficina, nos saludó un Míster Grant, un señor desanimado°, con lentes bifocales y una sonrisa amable, que no hablaba español. Le dio a Mami un formulario° a rellenar. Yo entendía casi todas las palabras en los cuadritos que estábamos supuestas° rellenar: *Name, Address (City, State)* y *Occupation*. Se lo devolvimos a Míster Grant, quien lo revisó, miró mi certificado de nacimiento, estudió mis notas y escribió en una esquina "7-18."

Don Julio me había dicho que si los estudiantes no hablaban inglés, las escuelas de Brooklyn lo ponían un grado atrás° hasta que lo aprendieran.

—¿Sében gré? —le pregunté a Míster Grant, enseñándole los números que él había escrito. Señaló° con la cabeza que sí.

—Ay no guan sében gré. Ay eyt gré. Ay tineyer.

—Tú no hablas inglés—me dijo, pronunciando las palabras inglesas poco a poco para que lo entendiera mejor—. Tienes que volver al séptimo grado hasta que lo aprendas.

—Ay jab *A* in scul Puerto Rico. Ay lern gud. Ay no sében gré gerl.

Mami se me quedó mirando, no entendiendo lo que yo estaba diciendo, pero sabiendo que le estaba faltando el respeto a un adulto.

—¿Qué es lo que está pasando? —me preguntó. Yo le dije que me querían poner en el séptimo grado, y que yo no quería. Éste era el primer acto rebelde que me había visto fuera de mis malacrianzas° en casa.

—Negi, déjalo. Así se hacen las cosas aquí.

—A mí no me importa cómo se hagan las cosas aquí. Yo no voy a repetir el séptimo grado. Yo no soy bruta°.

Mami miró al Míster Grant, quien parecía estar esperando que ella hiciera algo conmigo. Ella le sonrió y encogió los hombros°.

—Míster Grant—le dije, aprovechando el momento—, ay go eyt gré six mons. Iv ay no lern inglis, ay go sében gré. ¿Okey?

—Así no es como se hacen las cosas aquí—me dijo, vacilante.

—Ay gud studen. Ay lern quik. Yu sí notas—le enseñé las *A*s en mi tarjeta de la escuela—. Ay pas sében gré.

Así regateamos°.

—Tienes hasta las Navidades—me dijo—. Yo estaré siguiendo tu progreso.

Tachó° "7-18" y escribió "8-23" en el margen del papel. Escribió unas palabras en un papel, lo metió° dentro de un sobre y me lo dio.

—Tu maestra es Miss Brown. Llévale esta notita. Tu mamá se puede volver a su casa.

Se despidió y desapareció en su oficina.

—¡Qué bien puedes hablar inglés!—exclamó Mami.

Yo estaba tan orgullosa° de mí misma que por poco exploto°. En Puerto Rico, si hubiera sido tan atrevida°, el equivalente del Míster Grant hubiera dicho que era una mal educada°, y me hubiera mandado a casa con una nota para Mami. Pero aquí era la maestra la que estaba recibiendo la nota, logré° lo que yo quería y mandaron a mi mamá a su casa.

—Ya yo sé llegar a casa después de la escuela—le dije—. No me tienes que venir a buscar.

—¿Estás segura?

°**No te apures:** Don't worry
°**enlozado:** tiled

°**se me quedaban mirando:** were looking at me

°**encabezándome:** heading
°**letrero:** sign
°**flecha:** arrow
°**fondo:** end
°**parada:** standing
°**velándome:** watching me
°**amarrándoseme en nudos:** tieing up in knots
°**se iban a burlar de mí:** were going to make fun of me
°**brincar:** to jump up

°**Me di una patada:** I kicked myself
°**carcajada:** loud laugh

°**escolar:** school

°**deordenado:** disorderly
°**roncaban:** snored

°**despreciados:** scorned
°**bajón:** step down

°**desdeñables:** despicable

—No te apures°.

Caminé por el corredor enlozado° en blanco y negro, pasando muchas puertas con ventanas, cada una con su número en tinta negra. Otros estudiantes se me quedaban mirando°, trataban de llamarme la atención o no me hacían caso de tal manera que yo sabía que querían que yo supiera que no me estaban haciendo caso. Les pasé como si supiera hacia dónde iba, encabezándome° hacia un letrero° que decía *STAIRS* con una flecha° apuntando para arriba. Cuando llegué al fondo° del corredor y miré hacia atrás, Mami todavía estaba parada° por la puerta del frente, velándome°, con una expresión intranquila. Le dije adiós con la mano, y ella me lo devolvió. Subí las escaleras, mi estómago amarrándoseme en nudos°. De repente, me dio miedo de que todos se iban a burlar de mí° y mandarme para el séptimo grado en medio semestre. Bajar de grado sería más humillante que aceptar mi destino y brincar° después un grado si era tan buena estudiante como había convencido al Míster Grant que era.

—¿Qué he hecho?

Me di una patada° con la parte de atrás de mi zapato derecho, sorprendiendo al chico detrás de mí, quien se echó una carcajada° como si yo lo hubiera hecho por chiste.

La clase de Miss Brown era para estudiantes con problemas que le impedían aprender. A este salón la administración escolar° enviaba a niños con toda clase de problemas, ninguno de los cuales, por lo que yo podía ver, tenía que ver con la habilidad de aprender, pero más con su deseo de hacerlo. Era un grupo desordenado°, por lo menos los que se presentaban. La mitad de la clase no se aparecía o si llegaban, dormían durante las lecciones y roncaban° en medio de las oraciones que Miss Brown cuidadosamente analizaba.

Éramos despreciados° en una escuela donde los estudiantes más inteligentes estaban en el grado 8-*x*, cada bajón° indicando un nivel menos de inteligencia. Por ejemplo, si uno estaba en el grado 8-10, era listo pero no un genio. En cuanto bajaba a los diecialgo, la inteligencia era dudosa, especialmente si los números estaban en los altos diecialgos. Y peor si estaban en los veinte. Mi clase, 8-23, era donde ponían a los más brutos de la escuela, los más desdeñables°. Mi clase era la equivalente al séptimo grado, o el sexto, o hasta el quinto.

°**sobaqueras:** dress shields
°**cintas:** ribbons

°**almendrados:** almond-shaped
°**lacio:** straight
°**rizos:** curls

°**prepositiva:** prepositional

°**redactar:** to edit

°**ruidosa:** noisy
°**chocaba:** I bumped into
°**semejante:** similar
°**escondiéndose:** hiding
°**armarios:** lockers
°**manosearse:** to touch each other
°**maquillaje:** make-up
°**cascos:** helmets
°**se apoderaban:** they took over
°**atiborrando:** packing
°**humo:** smoke
°**empujones:** shoves

°**se odiaban:** hated each other

°**patio escolar:** school yard
°**solar:** empty lot
°**vecindarios:** neighborhoods

°**enlacados:** fixed with hairspray
°**lisos:** straight
°**enrizados:** curled
°**enmonado:** pulled up into a twist
°**pollinas:** bangs
°**contiendas:** fights
°**cuchillas:** knives
°**manoplas:** brass knuckles
°**acero:** steel
°**huía:** fled

°**no se juntaban:** did not associate with each other

°**desarrollado:** developed

Nuestra maestra, Miss Brown, enseñaba gramática del idioma inglés. Era una joven morena que usaba sobaqueras° contra el sudor. Las cintas° que las mantenía en su sitio a veces se le salían por las mangas de sus blusas blancas bien planchadas y tenía que darnos la espalda para ajustarlas. Era muy bonita, la Miss Brown, con ojos almendrados° y un peinado lacio° hasta las puntas, donde se hacía muchos rizos°. Sus manos siempre estaban muy limpias, con las puntas de las uñas pintadas de blanco. Enseñaba las clases de composición y gramática como si a alguien le importara, lo cual yo encontraba fascinante.

Al final de la primera semana, me movió del último asiento al que estaba enfrente de su escritorio, y después de eso, me sentí como que me estaba enseñando a mí sola. Nunca hablábamos, a menos que no fuera cuando me invitaba a la pizarra.

—Esmeralda, por favor venga y marque la frase prepositiva°.

En su clase, aprendí a reconocer la estructura del idioma inglés y a redactar°frases y oraciones usando la posición de las palabras relativo a los pronombres, verbos y prepositivos, sin saber exactamente lo que querían decir.

La escuela era enorme y ruidosa°. Había un orden social que, al principio, yo no entendía, pero contra el cual chocaba°. Muchachas y muchachos vestidos con ropa semejante°, caminaban por los corredores mano en mano, a veces escondiéndose° detrás de los armarios° a besarse y manosearse°. Eran americanos, y pertenecían a las clases de números bajos.

Otro grupo de muchachas usaban mucho maquillaje°, se subían las faldas sobre las rodillas, abrían un botón más en sus blusas y se peinaban el pelo en cascos° sólidos con rizos en las puntas. En la mañana, se apoderaban° de los baños, donde fumaban mientras se peinaban, atiborrando° el ambiente de humo° y espray. La única vez que entré al baño en la mañana, me sacaron con insultos y empujones°.

Aprendí que esas muchachas atrevidas con pelo alto, maquillaje y faldas cortas, eran italianas. Los italianos se sentaban juntos en un lado del comedor, los morenos en otro. Los dos grupos se odiaban° los unos a los otros más de lo que odiaban a los puertorriqueños. Por lo menos una vez a la semana, se peleaban los morenos con los italianos, en el baño, en el patio escolar° o en un solar° abandonado cerca de la escuela que dividía sus vecindarios° y los separaba durante los fines de semana.

Las morenas tenían su propio estilo. No para ellas los peinados enlacados°de las italianas. Sus cabellos eran lisos°, enrizados° sólo en las puntas, como Miss Brown, o enmonado° con pollinas° sobre ojos pintados al estilo Cleopatra. Sus faldas también eran cortas, pero no parecían ser subidas cuando sus mamás no estaban mirando. Así venían. Tenían piernas bien formadas y fuertes, usaban medias hasta las rodillas con zapatos pesados que se convertían en sus medios de defensa durante las contiendas°.

Decían que los italianos llevaban cuchillas°, hasta las chicas, y que los morenos llevaban manoplas° en sus bolsillos y que las puntas de sus zapatos eran de acero°. Yo le huía° a los dos grupos, temiendo que, si me amigaba con una italiana, me cayeran encima las morenas, o vice versa.

Había dos clases de puertorriqueños en la escuela: los acabados de llegar, como yo, y los nacidos en Brooklyn de padres puertorriqueños. Los dos grupos no se juntaban°. Los puertorriqueños de Brooklyn hablaban inglés, y ninguno hablaba español. Para ellos Puerto Rico era el sitio donde vivían sus abuelos, un sitio que visitaban durante las vacaciones, un sitio que era, se quejaban, poco desarrollado° y lleno de mosquitos. Nosotros, para quienes Puer-

°**aguantar:** to stand

°**traidora:** traitor

°**coja:** lame

°**desconfiados:** mistrusting
°**temerosos:** fearful

to Rico era una memoria reciente, también nos dividíamos en dos grupos: los que no podían aguantar° hasta el día que regresaran, y los que lo querían olvidar lo más pronto posible.

Yo me sentía como una traidora° porque quería aprender el inglés, porque me gustaba la pizza, porque estudiaba a las muchachas con mucho pelo y probaba sus estilos en casa, encerrada en el baño, donde nadie me viera. Practicaba el andar de las morenas, pero en vez de caminar como que estaba bailando, parecía estar coja°.

No me sentía cómoda con los puertorriqueños acabados de llegar, quienes se juntaban en grupitos desconfiados° criticando a todos los que pasaban, temerosos° de todo. Y no era aceptada por los puertorriqueños de Brooklyn, quienes tenían el secreto de la popularidad. Ellos caminaban por los corredores entre los italianos y los morenos, siendo ni uno ni el otro, pero actuando y vistiéndose como una combinación de los dos, dependiendo de la textura de su cabello, el color de su piel, su maquillaje y su manera de andar.

3.26 Comprensión

1. ¿Qué tipo de estudiante era Negi?
2. ¿Qué documentos eran necesarios para entrar en la escuela?
3. Para Negi, ¿por qué era importante hablarle en inglés al señor Grant?
4. ¿Cuál fue el resultado del regateo?
5. ¿Por qué Negi se dio una patada con la parte de atrás de su zapato?
6. ¿Cómo era la clase de la Srta. Brown? ¿Tenían los estudiantes de esa clase la habilidad de aprender?
7. ¿Por qué la Srta. Brown trasladó a Negi cerca de su escritorio?
8. Cuando un estudiante pertenece a una clase de número bajo, ¿qué significa esto?
9. ¿Por qué no les gustaba a las chicas que Negi entrara en el baño?
10. Según Negi, ¿cuáles son los dos grupos de puertorriqueños?

3.27 Discusión

1. Muchas veces cuando estudiantes como Negi entran en la escuela, tienen que inscribirse en clases donde no pueden aprender. ¿Cree Ud. que esto es justo? ¿Cree que el hecho de no hablar inglés tan bien como sus lenguas maternas les impide aprender? ¿Es verdad que su falta de inglés les impide aprender? ¿Puede Ud. pensar en otras soluciones alternativas a las descritas en la lectura?

2. Negi dice que su comportamiento con el Sr. Grant habría sido considerado típico de una niña mal educada en Puerto Rico. ¿Piensa Ud. que el compartamiento de Negi fue descortés o necesario? Explique su respuesta. ¿Ud. actuaría así en determinadas ocasiones?

3. En la escuela se dividen a los estudiantes según su habilidad para aprender. En la escuela de Negi, los números eran una marca de división. Cuando era niño/a y estaba en la escuela, ¿recuerda alguna división con nombres especiales? ¿En qué consistía esta división y cuáles eran los

nombres utilizados? ¿Se dio cuenta de que el nombre de su grupo representaba algo? ¿Cómo se sentía? ¿Cree Ud. que deben dividir a los niños según sus habilidades? ¿Es bueno enseñar en clases homogéneas? ¿Cuáles son las ventajas y desventajas de este sistema educativo?

4. Negi dice que había una división en su escuela. Menciona a los americanos, los italianos, los morenos y los puertorriqueños. También habla sobre las características de cada grupo con respecto a su apariencia, ropa y acciones. ¿Había una división en la escuela de Ud.? Describa los grupos que había y como se distinguían. ¿A qué grupo pertenecía Ud.? ¿Por qué?

3.30 Composición

Negi describe su primer día de clases en el nuevo *junior high* de Brooklyn. ¿Cómo es el edificio? ¿Es moderno o antiguo? ¿Le parece que tiene un ambiente agradable? Ella describe los corredores también. ¿Cómo dice que son? Piense en su *junior high*. ¿Cómo era ese edificio? ¿Y los corredores? ¿Y los salones de clase? Escriba un párrafo describiéndolo. ¿Se parece a la escuela de Negi? ¿En qué es similar? ¿En qué es diferente? ¿Le gustaba el edificio? Luego intercambie su composición con otro/a estudiante. Lea lo que ha dicho y compare su escuela con la del otro estudiante. ¿En qué se parecen y en qué se diferencian? ¿Cuál prefiere Ud.?

A continuación, escriba una composición sobre las escuelas del futuro. ¿Cómo serán comparadas con las escuelas ya descritas? ¿Habrá maestros o solo tecnología? ¿Habrá bibliotecas y cafeterías? ¿Tendrán todos los estudiantes computadoras portátiles o habrá salones grandes con computadoras? ¿Le gustaría sustituir esta escuela por la escuela que Ud. describió anteriormente?

Entrevista

Entreviste a un/a joven latino/a de su comunidad. (Si necesita ayuda puede repasar las sugerencias del capítulo preliminar en página 23.) Debe incluir en su entrevista los siguientes temas:

- las clases que más le gustan
- las que menos le gustan
- deportes que practica
- sus amigos
- si tiene novio o novia
- su relación con sus papás
- qué quiere ser cuando sea mayor
- si tiene un trabajo de tiempo parcial
- sus pasatiempos/música/cantantes/grupos favoritos

Después de la entrevista, escriba un texto biográfico al estilo de los que se encuentran en este capítulo.

Si Ud. no puede hallar a una persona latina en su propia comunidad, use el video **"Entrevista virtual: Sara González."** Luego, escriba un texto biográfico basado en la información del video.

Capítulo 4

Los artistas

COMUNICACIÓN

Formular deseos
y peticiones

Hablar de talentos
y habilidades

Expresar un punto
de vista

CULTURA

Los artistas latinos
de los Estados
Unidos

Los actores latinos
y los Óscar

ESTRUCTURAS

Los pronombres relativos

El subjuntivo para expresar
emociones y deseos

Encuentros

°**liceo:** institute

°**grabé:** recorded

Primer encuentro: Al López *(Papá Rap)*

Al López usa su música rap para animar a los jóvenes a que tengan metas positivas y alejarlos del camino que conduce a la droga y a la violencia. Los conciertos de su conjunto, Barrio Band, están llenos de un ritmo alegre que combina el rap con la salsa.

Mis abuelos inmigraron a Nueva York, como muchos otros puertorriqueños que buscaban una vida mejor. Mis papás se conocieron y se casaron allí. Yo nací en 1955 y viví en Nueva York hasta los 4 años. Para mis papás, la vida en Nueva York no era fácil porque el trabajo en la fábrica no les pagaba muy bien. Como teníamos familia en California, mis papás pensaron que podría irles mejor allí y nos mudamos. En California comencé a ir a la escuela. Hasta entonces, yo siempre había hablado en español, pero una vez que empecé la escuela únicamente hablaba en inglés. Vivimos en California hasta que terminé el primer o segundo grado de la escuela primaria. Luego nos fuimos a Puerto Rico, lugar que al principio odiaba. Había vivido en California con atracciones como Disneyland y Knotts Berry Farm y una vez en Puerto Rico, las echaba de menos. Sin embargo, la vida no me parecía tan difícil, pues entendía el español muy bien. No me resultó difícil comunicarme sólo en español porque, cuando vivíamos en los Estados Unidos, ya leía y hablaba en español en casa. Era bilingüe. Pasaron los años y me quedé en Puerto Rico. Fue allí donde conocí a mi esposa. Nos casamos, tuvimos hijos y formamos una familia.

En Puerto Rico, en lugar de ir a la universidad, fui al liceo° de artes tecnológicas para estudiar decoración de interiores. Un año después, empecé a trabajar en una tienda de J. C. Penney's en Puerto Rico como decorador de vitrinas. Ahí creaba y arreglaba muestras y exposiciones. A partir de ese momento, me surgieron más oportunidades en diferentes tiendas. Gracias al trabajo en J.C. Penney's vine a una tienda en Oklahoma hace 13 años. Traje a mi esposa, a la niñera y a los bebés. Trabajé 6 meses en este lugar, pero a mi esposa no le gustaba Oklahoma y decidimos regresar a Puerto Rico. Cuando estuve en los Estados Unidos, hice algunas amistades y conocí a alguien que es muy amigo mío ahora. Él era músico como yo. Yo tocaba la percusión latina. Entonces tenía una bandita de jazz. Yo toqué en la banda un rato antes de irme.

Cuando regresamos a Puerto Rico, empecé a trabajar por allí un poquito en la decoración y después en mi propio negocio. Como mi esposa era muy buena cocinera, abrimos un negocio de *catering* y compramos un camión hecho especialmente para ir de un lado para otro vendiendo comida.

Al mismo tiempo, trabajaba en el campo de la música escribiendo canciones y tratando de levantar un proyecto que se me había ocurrido: cantar canciones de rap con el seudónimo de Papá Rap. De hecho, organicé algunos espectáculos para niños y para la oficina del gobernador.

Intenté seguir adelante con el proyecto y grabé° 10 canciones, todas ellas escritas por mí. Las llevé a un estudio de grabación y traté de venderlas como un proyecto de Papá Rap. Desgraciadamente, a nadie le interesaba el concepto de un papá cantando rap. Era un poco frustrante. El rap era muy popular en

Puerto Rico, pero la mayoría de las letras hablaban de violencia, crímenes, drogas y sexo. Por eso, cuando de repente apareció un papá cantando rap e incluyendo en las letras de sus canciones temas positivos, como hablar de sus hijos, no gustó demasiado.

Por aquel entonces estaba sin trabajo y decidí ponerme en contacto con mi amigo en los Estados Unidos. Me dijo que acababa de abir un estudio de grabación y me invitó a venir aquí para tratar de hacer arreglos a la música que había compuesto en Puerto Rico y ver qué se podía hacer. Vine aquí solo y empecé a trabajar con él en el estudio. Como no tenía dinero, me dio su carro y conseguí un puesto en una agencia de empleos. Me dieron un trabajo como coordinador de empleo, pero todavía me hacía falta más dinero para vivir y seguir adelante con mi proyecto. Así que seguí buscando otro trabajo. Fue así como vi un clasificado en el periódico para trabajar como intérprete en una escuela. Llamé para informarme sobre el puesto y me entrevistaron por teléfono. Entre otras cosas, les dije que no tenía una licenciatura en docencia, pero les conté cuál era mi proyecto con la música y la experiencia laboral que tenía. Finalmente me dieron el trabajo.

A mí me gusta que los estudiantes me respeten. Yo respeto a las personas y hago lo mismo con ellos. Hay ciertas cosas que los jóvenes saben que tienen que hacer, y hay ciertas cosas que están pasando en la vida y uno no puede juzgarlos°si hacen algo inapropiado. Ellos me hablan a veces de sus problemas. Yo los escucho, dejo que hablen. Muchas veces, no los interrumpo para darles la solución a un problema determinado; he descubierto que si dejo que hablen, ellos mismos llegan a la solución a través de la conversación. También trato de comunicarme con ellos por medio de la música y, por supuesto, utilizo la música rap.

°**juzgar:** to judge them

Muchos amigos me preguntan cómo escribo una canción rap. Pero no escribo en rap. Lo cierto es que, cuando escribo una canción de rap, pienso en la música primero. La otra noche estaba en casa mi amigo Pavel, uno de los miembros de Barrio Band, grupo musical al que pertenezco. Él estaba escribiendo una canción llamada *El olor a café.* El estribillo° de la canción repetía el título, "olor a café". Me acordé de una ocasión en la que mi esposa no me hizo café por la mañana. Cuando le pregunté por qué, me dijo "¡Hazlo tú! ¡Aquí en los Estados Unidos los hombres hacen café también para las mujeres!" Eso fue muy interesante. Por eso, Pavel y yo nos basamos en esta anécdota para escribir la canción.

°**estribillo:** refrain, hook (music)

Casi siempre estoy buscando una idea que me inspire escribir una canción o un estribillo. Por ejemplo, cuando hicimos el censo para el año 2000, fui a una conferencia de censo. Decían "Census 2000 is counting on you", o sea "¡El censo 2000 cuenta contigo!" Así me puse a escribir "el-cen-so-dos-mil-cuen-ta-con-ti-go/el-cen-so-dos-mil-es-tá-cuen-ta-con-ti-go/el cen-so-dos-mil-cuen-ta-con-ti-go/a-sí-que-cuen-ta a-tu-fa-mi-lia, cuen-ta-a-tus-a-mi-gos/dé-ja-te-con-tar-es-pa'-que-a-cu-das." Así la hice, cantando. Entonces, después que tienes la base musical cantando, eso es lo que uso como mi base musical. Allí le cambio parte que yo puedo cantar rap. Porque no me considero muy buen cantante. Me considero más bien rapero; de hecho considero a los raperos cantantes frustrados.

4.1 Comprensión

1. ¿Cuál es la nacionalidad de Al?
2. ¿Por qué prefería vivir en California en lugar de Puerto Rico cuando era niño?
3. Después de trabajar en Oklahoma, ¿por qué regresó a Puerto Rico?
4. ¿Qué tipo de negocio tenía Al?
5. ¿Por qué no tenía éxito el proyecto de Papá Rap en Puerto Rico?
6. ¿Por qué dice Al que los raperos son cantantes frustrados?

4.2 Discusión

1. Papá Rap empezó escribiendo canciones de salsa y cambió a la música rap. ¿Cuál de estos estilos musicales prefiere Ud.? ¿Por qué? ¿Conoce alguna canción de rap latino? ¿En qué se parece o diferencia el rap latino del afroamericano? ¿Tratan los mismos temas? ¿Cree Ud. que es más fácil escribir una canción de rap que otro tipo de música? ¿Por qué?

2. Papá Rap ha podido hacer una conexión con muchos estudiantes por su música. Se dice que la música tiene un mensaje universal. Es evidente que muchos artistas son populares en todo el mundo aunque el público no entienda las letras. Piense en algunas razones que explicarían esto. ¿Cree que tiene que ver con la apariencia y la personalidad del cantante o con el estribillo de la canción? Para Ud., ¿cuál es más importante: el mensaje o el ritmo de una canción? ¿Compraría Ud. un disco compacto sin entender la letra de las canciones?

 ### 4.3 Composición

1. Según Papá Rap, para escribir una canción de rap, deben seguirse los siguientes pasos: primero, hay que pensar en un tema. Luego, debe crearse un estribillo que llame la atención. A continuación, se combina el estribillo con la música que quiera y como último paso, la canción se transforma y adquiere el ritmo del estilo rap. Siguiendo los pasos de su modelo, escriba solo o con un compañero de clase una canción de rap. La canción debe tener un mensaje y un ritmo específico. Prepárese para cantar la canción en clase, reproduciendo el ritmo, los movimientos y todos los ingredientes que se ven en los videos musicales de MTV u otras cadenas de televisión.

Después de escuchar las canciones rap de toda la clase, escoja su canción favorita. Escriba una reseña mencionando el tema de la canción, explicando por qué le gusta y hablando del trabajo de su cantante.

Vocabulario esencial

Teatro, televisión y cine

el actor / la actriz de reparto	*supporting actor / actress*
actuar	*to act*

la cadena	*television network, chain*
el canal	*channel*
el cine	*movies, movie industry*
doblar	*to dub, translate*
el drama	*drama, play*
el/la dramaturgo/a	*playwright*
estrenar	*to debut*
el estreno	*premiere, debut*
el guión	*script*
la imagen	*image*
el marco escénico	*setting*
el papel protagonista	*leading role*
la película	*movie*
el/la personaje	*character*
la reseña	*review, critique*
el/la televidente	*television viewer*

Música

la canción	*song*
el/la cantautor/a	*songwriter*
el/la cantante	*singer*
componer	*to compose*
el disco compacto	*compact disk*
el estudio de grabación	*recording studio*
el éxito	*hit*
la letra	*song lyrics*
las maracas	*musical instrument made from gourds*
la música latina	*Latin music*
el/la músico/a	*musician*
el ritmo	*rhythm*
los timbales	*kettle drums*

Arte

la arcilla	*clay*
el cuadro al óleo, óleo	*oil painting*
el dibujo	*drawing*
esculpir	*to sculpt*
el esmalte	*varnish*
el fondo	*background*
el lienzo	*canvas*
el mármol	*marble*
el papel de lija	*sand paper*
el pincel	*paintbrush*
la pintura	*painting, paint*
pulir	*polish*
el retrato	*portrait*
tallar	*to carve*
el yeso	*plaster*

Práctica

4.4 *Escoja de la segunda lista la letra de la descripción que corresponda a cada palabra de la primera lista. Tenga en cuenta que hay más definiciones que palabras.*

1. músico	A. crear obras literarias o musicales
2. timbal	B. persona que escribe obras de teatro
3. cantautor/a	C. presentar una película por primera vez
4. papel protagonista	D. un tambor grande
5. actuar	E. hacer un papel en una obra dramática
6. marco escénico	F. tiempo y lugar de la acción en una obra literaria o dramática
7. componer	G. materia usada por muchos famosos escultores italianos
8. estrenar	H. persona que escribe canciones
9. dramaturgo/a	I. personaje principal de una obra literaria o dramática
10. mármol	J. persona que toca música
	K. persona que ve la televisión

4.5 *En parejas, describan con sus propias palabras el significado de los siguientes términos. Su compañero/a debe adivinar qué término de la lista está describiendo. Puede utilizar frases como las siguientes: "Es algo que se usa para...", "Es alguien que...", "Es una cosa/persona que..." o "Una persona hace esto cuando..."*

cantante	maracas
dibujo	músico/a
estreno	pincel
estudio de grabación	reseña
guión	doblar
letra	televidente
lienzo	

4.6 *Después de leer las siguientes frases, indique si está de acuerdo con ellas o no. Luego, explique a un compañero o a una compañera de clase por qué está o no de acuerdo.*

1. Nunca se debe censurar el arte o la música.
2. La música popular que se toca en la radio siempre es la mejor.

3. Los actores de las telenovelas son mejores que los de las películas.

4. Es mejor doblar una película que añadir subtítulos.

5. El arte siempre debe representar cosas de la vida real, no ideas abstractas.

Cultura

4.7 Estrategia de leer: Conocer la estructura

La siguiente lectura sobre el número de latinos que ganan el Óscar es un artículo impreso en el periódico *La Vanguardia*. Cada obra escrita sigue un formato específico y se puede predecir el contenido al examinar el primer párrafo. Generalmente el artículo que se encuentra en un periódico contesta las preguntas: ¿dónde?, ¿quiénes?, ¿cuándo?, ¿cúal o qué? y ¿por qué?

Lea el primer párrafo del artículo y conteste las preguntas en la gráfica que sigue.

¿Dónde?
¿Quiénes?
¿Cuándo?
¿Cuál es el problema?
¿Por qué?

El resto del artículo generalmente presentará más detalles, dará el contexto de la situación y sugerirá una solución.

Los latinos, lejos del Óscar

Xavier Más de Xaxás
La Vanguardia   1 de abril del 2002

La puerta que Hollywood abrió hace una semana a los actores negros con los Óscar a Denzel Washington y Halle Berry sigue bastante cerrada para los latinos. Mucho peor representados en la industria del cine, con menos papeles buenos y guiones interesantes, a los actores y las actrices hispanos les queda mucho camino por recorrer°.

En los últimos veinte años, sólo el puertorriqueño Benicio del Toro ha conseguido un Óscar. Fue como mejor actor de reparto y se lo dieron el año pasado por su papel en "Traffic". Desde 1982, en las cuatro categorías que premian las mejores interpretaciones, ha habido 400 actores y actrices designados, pero de ellos sólo seis han sido latinos: Benicio del Toro; Javier Bardem, mejor actor por "Antes que anochezca", en 2001; Fernanda Montenegro, mejor actriz por "Estación Central de Brasil", en 1999; Rosie Pérez, mejor actriz de reparto por "Fearless", en 1999; Andy García, mejor actor de reparto por "El padrino III", en 1991, y Edward James Olmos, mejor actor por "Stand and deliver", en 1989.

°**recorrer:** to be traveled

La Academia de Hollywood no tiene en cuenta a los actores latinos a pesar de que hay 35 millones y medio de hispanos viviendo en los Estados Unidos, donde representan un 12,5% de la población. Han crecido un 58% desde 1990, más que ningún otro grupo étnico. Aun así, la industria del cine y la televisión solo les dedica un 4,9% de los papeles.

°**cargados:** loaded

No sólo no hay trabajo para ellos, sino que además la mayoría de las películas y los papeles latinos están cargados° de estereotipos. El último ejemplo es "Frida", el filme sobre la vida de la pintora mexicana Frida Kahlo, protagonizado por Salma Hayek y Antonio Banderas. Los críticos mexicanos que han podido verlo aseguran que trastoca° la realidad para agradar° a la audiencia anglosajona. El personaje de Hayek es una mujer muy fuerte y ágil, gran bebedora y bailadora de tangos, cuando en realidad Kahlo quedó lisiada° a los 18 años a raíz de un accidente y vivió una vida muy atormentada junto a Diego Rivera. "Frida", que se presentará en Cannes y se estrenará en octubre en los EE.UU., es una película para "gringos" y turistas, como dicen los críticos mexicanos, y refleja fielmente la imagen que los estudios siguen teniendo de la realidad latinoamericana: mucha fiesta y alegría, poco trabajo y prácticamente ningún sufrimiento.

°**trastoca:** twists
°**agradar:** to please
°**lisiada:** paralyzed

La industria se resiste a hacer películas que dignifiquen a los latinos a pesar de que no hay otra audiencia en los EE.UU. con mayor potencial. El año pasado, un 15% de las entradas las compraron los latinos. Cada uno de los 35,5 millones de hispanos vio un promedio de 9,9 películas. Los blancos, que vieron 8,1 de promedio°, representan, sin embargo, el 68% de la audiencia y marcan el rumbo de Hollywood. Benicio del Toro, Andy García, Edward James Olmos, Salma Hayek, Jennifer López, Rosie Pérez, Antonio Banderas y Penélope Cruz son los actores más versátiles, pero aun así les cuesta llegar a la audiencia anglosajona.

°**promedio:** average

A pesar de todas las dificultades que encuentra en Hollywood, el cine latino de calidad avanza por los circuitos independientes. Fue a través de ellos que Robert Rodríguez consiguió, en 1992, hacer de "El mariachi", el filme que dirigió con apenas° 8.000 euros, uno de los mayores éxitos del cine hispano en los Estados Unidos. El último festival de Sundance, que organiza Robert Redford, dio el premio de la audiencia a *"Real women have curves"* ("Las mujeres

°**apenas:** scarcely

°**michelines:** spare tire (slang for folds of fat on the body)

°**tertulias:** gatherings

°**Falta que:** It remains for

de verdad tienen curvas"), un filme de la directora Patricia Cardoso sobre cuatro latinas orgullosas de sus michelines°.

El año pasado, Javier Bardem triunfó con "Antes que anochezca", filme sobre la vida del poeta cubano Reinaldo Arenas dirigido por Julian Schnabel, y el año próximo volverá a estar en las mejores tertulias° cinematográficas por su trabajo en "The dancer upstairs", el debut bajo la dirección de John Malkovich. Es una historia latinoamericana de corrupción, revolución y excesos con la calidad suficiente para competir en los Óscar. Falta que° la Academia quiera seguir abriendo puertas.

4.8 Comprensión

1. ¿Qué les falta a los actores hispanos?

2. ¿Hay una proporción justa entre los programas anglosajones y los hispanos? Razone su respuesta.

3. ¿Es el retrato de Frida Kahlo en la película *Frida* un retrato verdadero? ¿Por qué?

4. ¿Quiénes miran más películas, los hispanos o los anglosajones? ¿Qué grupo tiene más influencia sobre el tipo de película que aparece? ¿Por qué?

5. Si Hollywood no reconoce como es debido a los actores hispanos o los guiones que traten sobre la comunidad latina, ¿dónde se puede presentar una obra?

4.9 A explorar

1. El artículo anterior explica que los latinos ganan pocos premios Óscar por la escasez de papeles buenos que se les ofrece en la industria del cine. ¿Cree Ud. que ocurre lo mismo en la televisión? Además de actores como Martin Sheen, Miguel Ferrer, Judy Reyes y Lourdes Benedicto, ¿qué otros actores latinos tienen papeles en alguna serie de televisión? En un grupo pequeño, hagan una lista de programas con actores latinos y después describan el papel del actor o de la actriz. ¿Representa el personaje algo estereotipado? ¿Es una imagen positiva o negativa? ¿Son los latinos criminales o detectives? ¿Representan abogados, médicos o personas que solamente reciben ayuda? ¿Tienen el papel principal o papeles secundarios? Se dice que la serie *NYPD Blue* representa el 25% de los papeles latinos en la televisión durante las horas de máxima audiencia. ¿Cómo son los papeles latinos de ese programa?

2. ¿Conocen Uds. el drama de PBS, *American Family*, o la serie de Showtime, *Resurrection Blvd.*? Escojan uno de estos programas (o cualquier programa latino que Uds. conozcan) y contesten las siguientes preguntas:¿Quiénes son los actores? ¿De qué tratan los episodios? ¿La acción es algo estereotipada o lo que ocurre parece verdadero? ¿Se considera este drama un éxito o tiene una audiencia pequeña? ¿Es posible que gane un premio Emmy (el equivalente a un Óscar para programas de televisión)? ¿Por qué?

3. Los programas de cable han mostrado más progreso contratando más actores latinos. Según el vicepresidente de Nickelodeon, la cadena Viacom International quiere que los jóvenes vean un reflejo del mundo en que viven. Los actores latinos tienen papeles principales en *The Brothers Garcia*, *Taina*, and *Dora the Explorer*. ¿Han visto Uds. estos programas? ¿Cómo son los papeles latinos? ¿Es posible que una de las series gane un premio Emmy? ¿Por qué?

G **4.** ¿Qué tiene que cambiar para que los latinos obtengan papeles principales y papeles positivos en las series de televisión o en las películas de este país? En un grupo pequeño, discutan la situación de los actores latinos y piensen en algunas recomendaciones. Usen la información de sus respuestas a las preguntas anteriores y escriban un plan de acción para mejorar la situación. Algunas ideas que podrían considerar son: escribirle cartas al presidente de una cadena, organizar un boicot a esa cadena, etc. Cada grupo debe presentar su plataforma a la clase y la clase escogerá la mejor.

A conocer

4.10 A presentar

En este capítulo Ud. conocerá a tres artistas con talentos muy diferentes. La primera es una doctora de radiología que también es escultora. El artista que sigue utiliza su pincel para expresar sus sentimientos más profundos. El último es un dramaturgo que ha conseguido estrenar sus obras por todo el mundo.

G En un grupo pequeño, lean las siguientes citas y traten de decidir de quién es cada una. Al leer la oración, consideren el sexo de la persona, su edad posible, su origen y lo que se puede inferir acerca de su vida. Comparen las respuestas de su grupo con las de los otros grupos. ¿Qué cita le sorprende más? ¿Por qué?

1. "En un acto de rebelión, dejé mi trabajo y me marginé de la sociedad."
2. "La primera vez que me emborraché tenía ocho años."
3. "Mi profesora del colegio una vez me dijo: 'Mire, Ud. no sabe dibujar'."

Adriana Cobo

José F. Ríos

Carlos Morton

Dra. Adriana Cobo

La Dra.Cobo ha vivido en los Estados Unidos por más de 40 años. Antes de vivir en Texas, ella y su familia vivieron en Nueva York y Philadelphia. Actualmente, ella es profesora de biología en Richland College, en Dallas (Texas). Sus esculturas combinan su amor por el arte con su amor por las ciencias.

Nací en Chile. He vivido en los Estados Unidos desde 1959. En ese año me casé y me vine a vivir con mi esposo, que vivía aquí desde hacía dos años. No me vine antes porque tenía que terminar mis estudios en la universidad. En la Universidad de Chile terminé mi licenciatura en Química y mi doctorado en Bioquímica. Al llegar a los Estados Unidos, me convalidaron el doctorado sin problema; por eso, he podido encontrar trabajos bastante buenos. He trabajado, por ejemplo, en el departamento de radiología de la facultad de Southwestern Medical School, y después en una universidad al sur de Dallas llamada Bishop College.

Mientras trabajaba en Bishop College, empecé a tomar clases de arte. Primero tomé un curso para adultos en SMU° donde por primera vez en mi vida una profesora me dijo: "Ud. tiene una gran creatividad y fuerza para crear." Yo nunca había escuchado algo parecido. De hecho, una profesora del colegio me había dicho, "Mire, Ud. no sabe dibujar. No sueñe con dedicarse al arte el resto de su vida." En ese tiempo, dudé entre° estudiar ciencias o estudiar arquitectura. Me fascinaban las formas y la estructura, y también la arquitectura. Pero aquella profesora de la infancia me borró° todos los deseos de dedicarme al arte. En cierto modo fue cuestión de suerte, ya que si hubiera seguido por ese camino, nunca habría llegado a las ciencias y a la docencia.

Bueno, en SMU fue entonces donde empecé con el arte y me gustó muchísimo. Hicimos primero esculturas en yeso; luego tomé clases de cerámica en un colegio de Dallas donde estaban mis hijas. Pero nunca me gustó usar el esmalte en la cerámica. Yo quería hacer algo diferente. Por curiosidad, empecé a leer sobre el sistema de cerámica indígena° y comencé a usar las técnicas de bruñido que los pueblos de Nuevo Mexico y muchas otras culturas primitivas han usado por muchos siglos. Bruñir es pulir la arcilla antes de cocerla. Los resultados me fascinaron y me sentí preparada para tomar cursos más avanzados en UTD°. Estaba tan interesada que no me importaba cruzar todo Dallas hacia el norte para llegar a UTD. Empecé a estudiar los diferentes tipos de arcilla que existían y también a preparar los míos. Luego trabajé en San Idelfonso, Nuevo México, con Barbara Gonzales, quien era la bisnieta de una famosa ceramista de la región, María Martínez. Mi próxima experiencia me llevó a Chile, mi país natal, a trabajar en un proyecto dirigido por la Universidad de La Serena. El proyecto consistía en revivir las técnicas usadas por los diaguitas, una comunidad indígena que vivió en esta zona. Los diaguitas aprendieron gran parte de sus técnicas artesanales de los incas que llegaron a esta región chilena desde el norte del país. Para trabajar en mis piezas de cerámica, traje de Chile tierras coloreadas, llamadas engobes, que son usadas antes de bruñir la cerámica.

Con esto mi entusiasmo y fascinación por la cerámica aumentaron aún más. En los viajes que mi esposo y yo hicimos a Italia, me di cuenta de que los etruscos° habían utilizado técnicas primitivas muy similares a las que estaba usando yo; lo mismo hicieron los griegos y egipcios. Por el año 1985 conocí a

°**SMU:** Southern Methodist University

°**dudé entre:** I wavered between

°**borró:** erased

°**indígena:** native

°**UTD:** University of Texas at Dallas

°**etruscos:** Etruscans

un escultor tejano que vivía cerca de Austin. Él hacía escultura en mármol. Me fascinó verle pulir el mármol con un papel de lija y agua. Cuando él me vio bruñiendo mis piezas de arcilla, me dijo: "Si estás puliendo arcilla, ¿por qué no aprendes a tallar y pulir mármol?" Le pregunté dónde podía tomar clases de escultura, porque aquí en Dallas no había visto cursos anunciados. Me dijo: "Yo voy a Italia con mi señora todos los años. Paso seis meses allá. ¿Por qué no vienes con nosotros?" Fue un salto°, realmente un salto en el abismo° que cambió mi vida. Fui a Pietrasanta, Italia, en 1987 y a partir de entonces seguí yendo casi todos los veranos. Cuando regresé a Dallas, traje mármol para continuar tallando en el estudio de mi casa.

°**salto:** leap
°**abismo:** abyss

Hay varias formas o métodos para crear una escultura de mármol. Uno de ellos es ver un trozo° de mármol e imaginarse que hay dentro una obra de arte; una forma que se extrae quitando la piedra que no es parte de esa forma. Este proceso es muy lento ya que uno no sabe hacia dónde va. Otro método es encontrar una pieza de mármol de cierto tamaño y hacer un modelo, es decir una maqueta, apropiado para esa piedra. Luego se dibuja en la piedra el modelo deseado y poco a poco se saca el material no deseado. Yo sigo este método, aunque no lo hago de una forma muy precisa; no mido punto a punto mi figura siguiendo lo que se llama un sistema de puntos. Yo prefiero esculpir de una forma más libre, logrando una imagen parecida al modelo pero no exacta. El tercer método es hacer un modelo exacto primero y luego buscar una piedra adecuada.

°**trozo:** piece

El método que más me gusta es el primero, porque no sé a donde voy y paso mucho tiempo pensando cerca del pedazo de mármol. Al mismo tiempo, el segundo método me da mayor seguridad, especialmente cuando tengo un modelo que me gusta. Hago muchos modelos en arcilla hasta encontrar la forma que me guste, lo cual me produce un gran placer. A veces hago de diez a veinte modelos hasta encontrar uno que me llame la atención. Hay ocasiones en que hago un modelo, lo dejo y cuando lo recupero para esculpir una figura en la pieza de mármol, ya no me gusta. En ese caso, tengo que volver a empezar y hacer otros modelos nuevos. Constantemente estoy trabajando con modelaje para ver con qué forma me siento más a gusto para reproducirla en la piedra.

Una vez que ya está terminada, cuando uno dice ésta ya es la forma final que quiero, empieza el pulido con papel de lija o con una piedra de pulimento muy dura para quitar todo lo que sea áspero°. Uso diversos papeles de lija, que se vuelven cada vez más finos, hasta obtener la superficie deseada. Éste es el proceso más largo y requiere que pase horas y horas puliendo. Para concentrarme durante esta etapa, escucho música clásica en compañía de mi perro Dante. Llegar a la forma buscada es un tercio del trabajo y los dos tercios restantes consisten en terminarla y el pulirla. La parte del proceso que más me gusta es sacar la forma. El resto consiste especialmente en meditar.

°**áspero:** rough

Creo que el haber trabajado con microscopios, con formas orgánicas y las formas de las células, ha influido mucho en cómo son mis esculturas. Mis formas son orgánicas y casi sin ángulos, muy suaves y fluidas, como se encuentran en la naturaleza. Creo que la conexión entre mi formación científica y las esculturas que hago es evidente.

Cuando hice *Daphne,* por ejemplo, dibujé mucho. Quería hacer una imagen con hojas. No seguí un modelo, sino que me transporté directamente hacia el interior de la piedra y dejé que el mármol me hablara y me guiara. Hay un es-

Daphne

cultor italiano moderno que me ha inspirado inmensamente. Se llama Guadagnucci. Sus esculturas son como flores en mármol. Su obra me ha impresionado mucho y he tratado, sin copiarlo, de lograr sacar algo con vida del mármol.

Siento que sólo como artista he podido expresarme completamente. Dar
vida, movimiento y ritmo a una áspera y fría pieza de mármol se ha convertido
en mi gran pasión.

4.11 Comprensión

1. La Dra. Cobo dice que ha tenido suerte en encontrar trabajos buenos. ¿Qué trabajos ha tenido?

2. ¿Cómo empezó a estudiar arte? ¿Qué le inspiró para seguir estudiando arte después de sus primeras clases?

3. Dice la doctora que siempre le había gustado el arte. ¿Por qué decidió estudiar Química o Bioquímica en lugar de Bellas Artes? ¿Por
   qué piensa ella que tuvo suerte a la hora de decidir su formación
   académica?

4. La Dra. Cobo ha viajado mucho para aprender más de su arte. ¿Adónde viajó para aprender más de cerámica?

5. ¿Por qué pasa ella los veranos en Italia?

6. La doctora describe tres formas de crear una escultura de mármol. ¿Cuáles de estas formas prefiere ella? ¿Por qué?

7. ¿Cómo ha influido la ciencia en las formas que escoge ella?

4.12 Discusión

1. ¿Piensa Ud. que cualquier individuo puede ser artista? ¿Es el talento algo innato o una persona puede aprenderlo y desarrollarlo con el paso del tiempo? ¿Tiene Ud. talento artístico? Si Ud. tuviera que expresarse mediante una forma artística, ¿cuál sería: la escritura (la poesía o la prosa), el arte plástico (la pintura, la escultura, etc.), el baile o la música? En este momento de su vida, ¿qué expresaría de forma artística? ¿Expresaría una emoción o la creencia en algo? ¿Sería su estilo algo tradicional o más bien moderno? Con tantos detalles como sean posibles, descríbales a sus compañeros una forma de arte y el tema que a Ud. le gustaría expresar. ¿Cómo sería el producto final?

2. Muchas de las obras de la Dra. Cobo, como *Daphne*, tienen nombres sacados de la mitología griega. Dafne (ésta sería la traducción al español) era una ninfa qué se convirtió en árbol para escaparse del dios Apolo. ¿Por qué cree Ud. que la Dra. Cobo eligió ese nombre para su escultura? Las siguientes ilustraciones de obras artísticas también tienen títulos que vienen de la mitología griega. ¿Quiénes son estas figuras mitológicas y qué tienen en común con las esculturas que llevan sus nombres? (Si no saben quiénes son estas figuras, busquen *Poseidón* y *Sísifo* en Internet.)

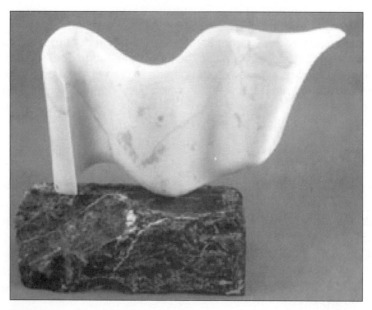

Poseidon

Sisyphus

°**garboso:** graceful

°**casa de vecindad:** tenement building

°**me emborraché:** I got drunk

°**agarraron:** they caught

°**salir impune:** to get away with it

°**alrededores:** surroundings

°**grietas:** cracks

°**estirándome:** stretching out

°**colgando:** hanging

°**alabanza:** praise

°**me animaron:** they encouraged me

°**rodeado:** surrounded

°**moto:** marijuana

°**odié:** I hated

José F. Ríos

José es un artista que venció la adicción a las drogas y dejó de vivir en la calle para llegar a ser un pintor sobresaliente y un modelo para los jóvenes que están en circunstancias parecidas.

Mi nombre es José Ríos. Nací en Puerto Rico el 15 marzo de 1954. Esa fue la fecha en la que respiré por primera vez y sentí el sol garboso° reflejarse en mi piel oscura. En 1956 nos mudamos a Nueva York, a una casa vieja de vecindad°. Me crié en Harlem. Era imposible caminar por mi barrio sin encontrarte con gente doblada por la heroína o niños fumando hierba en el parque. No podías caminar por mi calle sin encontrarte con 10 ó 20 alcohólicos.

Soy el más joven de cuatro hijos, lo cual me hizo muy independiente. La primera vez que me emborraché° tenía once años. Pero fue a mi hermano de doce años a quien agarraron°. Eso me hizo pensar: "¡Puedo hacer lo que sea y salir impune°!" Beber era una forma de escapar de mis alrededores°. La otra era por medio de mi imaginación, buscando formas en las grietas° del techo de mi casa, igual que hacen algunas personas con las nubes. Estirándome° en mi cama con mi cabeza colgando° del borde de ella, hacía como si no existiera nada alrededor de mí, clavando la vista en el techo. Utilicé mis ojos como pinceles y las grietas y las sombras como pinturas para mi lienzo. Poco después, comencé la escuela, donde rápidamente reconocieron y premiaron mi talento artístico. A pesar de la atención y la alabanza° que conseguí por medio de mi arte, yo era básicamente un niño tímido que intentaba no atraer la atención de otros. Aun drogado, pude pintar y terminar mis tareas de la escuela.

Cuando me gradué de la escuela secundaria recibí tres premios. Uno era el premio de arte de la ciudad. Los otros dos eran los premios más altos de arte y fotografía otorgados por la escuela. Aun y cuando los profesores de la escuela me animaron° a estudiar una carrera en las artes, decidí no hacerlo. Como había vivido solo desde los 16 años, con la ayuda de mi hermano mayor, sentí que era más importante empezar a ganarme la vida. Me di cuenta más tarde de que eso fue un error. Comencé a consumir drogas desde una edad temprana, por eso me encontré en un ambiente negativo, rodeado° por adictos. El problema rápidamente fue de mal en peor.

Por años negué que tuviera un problema con las drogas. No quería aceptarlo. Nadie podía decirme que tenía problemas. Cuando acabé la escuela secundaria, mis opciones eran continuar estudiando una carrera relacionada con el arte o trabajar y hacer suficiente dinero como para ganar una cierta independencia de mi familia. Acepté una serie de trabajos en la industria de la construcción, pero gran parte de mis cheques fueron destinados a comprar drogas. Pronto comencé a vender drogas para conseguir más dinero. Si en un principio vendía moto° como trabajo extra, pasé a traficar cocaína y luego heroína.

Por aquel entonces, mi padre, a quien odié° y amé al mismo tiempo, murió. Mi padre podía ser cariñoso un minuto y un alcohólico plagado de demonios al minuto siguiente. Al morir mi padre, saqué de dentro todo el dolor que había guardado durante años. La única manera que se me ocurrió para combatir el dolor fue, por supuesto, consumiendo más drogas. Ya no me importaba intentar mantener la compostura, dar la imagen de que estaba limpio. Mi hija entonces tenía ocho años. Sentía que tenía que apartarme de su vida y de la de su madre, incluso de la de mi hermano, para que no me vieran caer más profundamente.

°**mendigo:** beggar

°**extrañas:** strange

°**vela:** candle
°**desechado:** discarded

°**síndrome de abstinencia:**
withdrawal symptoms

°**presos:** prisoners

°**recurrí a:** I turned to

°**derramo:** I spill

°**chute:** fix

°**libertad condicional:** parole
°**madera contrachapada:**
plywood

°**agarrar:** to grab

°**vencer:** to defeat

Era una idea muy simple: si no podían ver lo que pasaba, podría seguir mintiéndome a mí mismo, drogándome sin tener que mirarles a los ojos y ver cómo los lastimaba. Fue en ese entonces que me convertí en un mendigo°. Viví en las calles por diez años con cajas de cartón. Durante la mayoría de ese tiempo, mi motivación, mi impulso, mi meta fundamental era drogarme y mantenerme drogado.

Durante los últimos seis años de mi vida en la calle, el artista que llevaba dentro comenzó a mostrarse de extrañas° maneras. Me mudé del Bronx al Lower East Side, hice una casa de una caja de cartón y cenaba a la luz de una vela°. Recolectaba las cosas que la gente había desechado°, las limpiaba, las arreglaba un poco y después las vendía en un lugar que tenía en la Avenida A.

Durante mi tiempo en la calle, la policía me detenía de vez en cuando por consumir drogas. Una vez, en septiembre de 1996, me arrestaron y me condenaron por tráfico de drogas. Aunque me acusaron de más cosas que las que había hecho, el estar en la cárcel me hizo feliz, porque ya no estaba en las calles. Experimenté síndrome de abstinencia° y mientras se me aclaraba la cabeza traté de mantenerme en contacto con mi hija. Comencé a escribir. En la prisión, también comencé a dibujar otra vez. Hacía retratos de las familias de otros presos° si ellos me lo solicitaban. ¡Me estaba ganando la vida por medio del arte incluso en prisión! Me preguntaba, ¿por qué no podría hacer lo mismo afuera? Supe entonces que nunca más iba a volver al mundo de las drogas o a vivir en las calles en cajas de cartón.

Con la ayuda y el amor de mi familia y amigos, dejé atrás mi vida de drogadicto y recurrí a° mi arte para fortalecerme interiormente. Aunque me sentía muy inseguro acerca de poder pintar nuevamente, al mismo tiempo sentía una gran necesidad de expresar lo que había guardado dentro de mí por tanto tiempo. Una vez que comencé a pintar, bailé por todo el apartamento con un pincel en la mano. Estaba vivo otra vez, y ésa era la mejor sensación que había sentido en mucho tiempo.

Amo crear. Hoy en día, siempre que me afecta un cambio o una situación dramática en la vida, tomo un pincel y derramo° todos mis sentimientos en el lienzo que tengo delante de mí. Lanzo todas mis emociones y sensaciones sobre ese lienzo para crear una obra de arte. ¡Esta es mi nueva droga y viene sin nunca necesitar un "chute°"! En mi arte hablo del pasado, del presente y de siempre mirar hacia el futuro.

Uno de mis trabajos que habla de mi pasado se llama *Subsiding Demons*. Lo pinté en una sola noche, después de mi última visita a la cárcel con mi agente de libertad condicional°. Lo hice en madera contrachapada° porque entonces no tenía un lienzo. Ese día tuve que presentarme con el agente de libertad condicional y cuando llegué, él me dijo: "¿Qué haces aquí? Le dije: "Ud. me dijo que tenía que presentarme." Él me contestó: "No, no, no. Tú ya terminaste. Ya tengo tus papeles y todo." La idea de la pintura es que, cuando salí del lugar todos estos pequeños demonios o tentaciones comenzaron a hablarme, era como si me estuvieran diciendo: "Ahora puedes hacer lo que te dé la gana." Por eso la obra se llama *Subsiding Demons,* porque pude empujar a los demonios a un lado. Para mí, la mejor manera en que pude hacer eso fue viniendo a mi casa para agarrar° mi pincel y trabajar en ese cuadro. En la pintura, el hombre está mirando hacia los demonios sobre su hombro con una sonrisa satisfecha como si estuviera diciendo "No, no me van a vencer°."

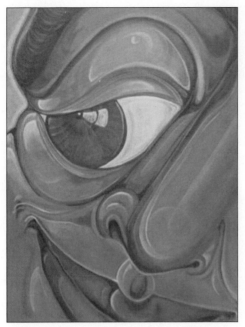

Subsiding Demons

Semilla

Otro de mis trabajos, titulado *Semilla,* refleja mi presente. Mi primer nieto fue quien me inspiró a crearlo. Lo pinté antes de que él naciera. La pintura tiene una pequeña palmera, que simboliza a alguien de Puerto Rico; aparece también la ciudad como fondo y el cielo muestra las bendiciones° que nos vienen desde arriba. Si miras las raíces, la palmera al lado derecho simboliza el padre y la que está a la izquierda a la madre. Las raíces que tienen una conexión más fuerte con el árbol son las de la madre, porque las primeras conexiones que hacemos son con nuestra madre al estar en su matriz° por nueve meses. Además, las luces que vienen del cielo llegan directamente a esas raíces. Las raíces de esta pintura simbolizan la unión de mi nieto con sus padres. Él está comenzando a florecer°. En esta pintura, él todavía está doblado como una pequeña planta antes de comenzar a ramificar°.

Uno de mis últimos trabajos es *Tito Puente.*° Lo pinté después de su muerte, en junio del 2000. En este trabajo, pinté la cara de Tito Puente de color azul para representar la muerte. Se le nota mucho sentimiento en la cara pero todavía te das cuenta de que está muerto. La pintura tiene dos edificios y en cada ventana sucede algo: hay niños tocando las maracas, otros tocan los timbales y un muchacho tiene esas pequeñas cosas con las campanas imitando a Tito de la manera en que él menea° su mano sobre la cabeza. La bandera americana se ve en algunas ventanas y la bandera de Puerto Rico en otras. La pintura nos comunica que el espíritu de Tito aún vive. Tito tiene su palillo° de timbal en la mano que parece más una varita° mágica y lo chispea° hacia todas las ventanas para demostrar que su espíritu todavía vive por medio de la música. De la misma manera que Tito vive a través de su música, siento que yo vivo a través de mi arte.

Hoy, en la soledad de mi estudio, tengo la sensación de querer bailar al compás del movimiento de mi pincel. Llevo seis años limpio. Durante todo este caos, tuve una hija hermosa, Jephthahlyn Ríos Rodríguez. Ella se graduó de la

°**bendiciones:** blessings

°**matriz:** womb

°**florecer:** to flower
°**ramificar:** to branch out
°Tito Puente fue un músico puertorriqueño muy famoso. Fue especialmente conocido por ser un timbalero muy talentoso.

°**menea:** shakes

°**palillo:** stick
°**varita:** wand
°**chispea:** produces sparks

Tito Puente

universidad y en estos momentos tiene un trabajo. Además, es la madre de mis nieto y nieta. Es ella quien ha organizado mi primera exposición.

Lo que quiero hacer eventualmente es comenzar un programa de arte, donde la gente que ha estado en una situación similar a la mía pueda mejorar sus vidas. Pasando por lo que he pasado, sé que si no empiezas algo creativo terminas regresando al mismo lugar donde empezaste.

4.13 Comprensión

1. ¿Dónde creció José? ¿Cómo era ese lugar cuando él era joven?

2. ¿De qué manera se escapaba de sus alrededores?

3. ¿Cómo era José de niño? ¿Cómo le fue en la escuela?

4. ¿Cómo empezó su problema con las drogas? ¿Cómo empeoró?

5. ¿Cómo fue la relación que tenía José con su padre? ¿Qué pasó cuando él murió?

6. ¿Por qué arrestaron a José? ¿Por qué estaba feliz cuando llegó a la carcél?

7. ¿Cómo empezó a pintar de nuevo?

8. ¿Qué situación le inspiró a pintar *Subsiding Demons*? ¿Por qué escogió ese título?

9. ¿Cómo es la palmera en *Semilla* una representación del nieto de José?

10. ¿Cuál es la meta de José para el futuro?

4.14 Discusión

1. Después de leer la historia de José, se ve que las drogas eran una parte significativa de su vida desde su niñez. ¿Qué causó esta dependencia: el ambiente de Harlem, la falta de apoyo de sus padres o la pobreza? ¿Cómo sería posible vivir en esas circunstancias y no acudir a las drogas? Repase los momentos importantes de la vida de José y haga una lista de aquello que no habría ocurrido si no hubiera usado las drogas. ¿Cree Ud. que esas experiencias le han ayudado a ser el tipo de pintor que él es ahora? ¿Por qué?

2. José Ríos es un artista bastante reconocido, con dos páginas web que contienen una galería muy variada de sus obras. Visite los siguientes sitios (www.joserios.com y www.joserios.net) y finja que está en una galería de arte. ¿Cuál de las pinturas es su favorita? ¿Por qué? ¿Cómo refleja esta pintura las circunstancias de la vida de José Ríos? Imprima la imagen de alguna de las pinturas de José y adoptando el papel de un crítico de arte, explíquesela al resto de la clase. Trate de hacer una conexión entre su vida y su arte.

Carlos Morton

°**afrontó:** faced

°**se trasladó:** moved

°**conjunto:** group

°**piezas de teatro:** plays

°**lucha:** fight

Carlos es un dramaturgo que puede expresar bien con conocimiento de primera mano la experiencia chicana. Comparte su talento con estudiantes en la Universidad de California en Riverside.

Mi nombre es Carlos Morton. Yo debería haberme llamado Carlos Pérez López, porque el verdadero apellido de mi padre era Pérez y el de mi madre es López, pero cuando nací me pusieron Charles Morton. Pero ése es otro cuento y tiene que ver con mi abuelo, Carlos Pérez. Él nació en Pachuca, México, pero se fue a Chicago para buscar trabajo en el ferrocarril. Allí afrontó° muchas dificultades a causa de su ascendencia mexicana reflejada en su apellido, Pérez. Un día mi abuelo estaba pasando por la calle, pensando en sus problemas, cuando de repente vio un anuncio de Morton Salt, el que presenta una niña rubia tirando una lluvia de sal diciendo las palabras *"When it rains, it pours."* Afortunadamente, el cambio de nombre le trajo mejor suerte y Charles Morton pudo conseguir trabajo por fin.

Nací en Chicago en 1947 y empecé una vida que cruzaba muchas fronteras porque mi padre era soldado en el ejército estadounidense. Nuestra familia se trasladó° de Chicago a otras ciudades de los Estados Unidos y también a países como Panamá, India y Ecuador.

Después de la escuela secundaria, trabajé en Chicago con el conjunto° Second City Company, que se dedicaba a la improvisación teatral. Tenía 18 años y cuando supe que los actores también escriben a menudo, empecé a escribir poesía y piezas de teatro°. Al pricipio usé las conversaciones de amigos y otros conocidos como material para escribir mis obras. A veces aquéllos a los que incluí se enojaron conmigo cuando oyeron sus propios relatos en el teatro.

Mi interés en los derechos humanos empezó en 1968, en la Democratic National Convention de Chicago. Estaba trabajando con el equipo de cámara de Peter Jennings en Lincoln Park y hubo una lucha° entre los que protestaban

°**palos:** sticks

°**me marginé:** I dropped out

°**socio:** member

°**citación:** subpoena, summons

°**había extrañado:** I had missed

°**desarrolla:** develops

en contra de las medidas del gobierno y la policía de Chicago. Allí vi que la policía usaba sus palos° brutalmente sin diferenciar entre los protestantes y los que simplemente estaban en el área por casualidad. Después de verlo todo y escuchar los discursos de los políticos, empecé a tener dudas acerca de la guerra en Vietnam. Esa semana en Chicago me produjo un cambio total. En un acto de rebelión, dejé mi trabajo y me marginé° de la sociedad. Dejé de llevar trajes y corbatas y me dejé el pelo largo. Con un grupo de amigos empecé a leer obras de autores revolucionarios negros, como Eldridge Cleaver. También escribí poesía de protesta. Chicago me parecía demasiado violento y en un intento por contestar algunas cuestiones acerca de la vida misma, me fui a Maui, en el Pacífico. Allí cambié mi nombre de Charles a Carlos Morton.

Volví a los Estados Unidos en 1970 y empecé a estudiar en la Universidad de Tejas en El Paso. Llegué durante el movimiento chicano y me uní a MECHA (Movimiento Estudiantil Chicano de Aztlan). Como socio° de esa organización, protesté en las calles, ayudé a tomar posesión de un edificio administrativo de la universidad y recibí una citación° por escribir un artículo acerca de la brutalidad policial en el periódico de la universidad.

Mientras que vivía en Texas, decidí mejorar mi español y aprender más acerca de México y mis raíces. Exploré México en autobús y también viajé por Colombia y Perú. Visité Bolivia, Argentina, Uruguay, Brasil y Surinam en ocho meses. Durante esos 8 meses, por primera vez experimenté el hambre y la opresión. Cuando regresé me di cuenta de que había extrañado° mucho a mi familia, a mis amigos y mi patria.

Me gradué de la Universidad de Texas en El Paso con una licenciatura en inglés y me mudé a Nueva York buscando trabajo como periodista. Trabajé de taxista para mantenerme y era evidente que no estaba escribiendo sino manejando todo el día. Obtuve una beca para estudiar en la Universidad de California, en San Diego. Para mi tesis de maestría en esta universidad escribí *Rancho Hollywood,* una obra de teatro que desarrolla° las relaciones entre los mexicanos y los estadounidenses.

Después de asistir a la escuela de graduados de la Universidad de California, recibí una maestría en Arte Dramático en 1979. Luego estudié un doctorado en Arte Dramático en la Universidad de Texas, en El Paso. Ahora enseño en la Universidad de California, en Riverside, donde soy jefe del Departamento de Teatro. Vivo allí con mi esposa, Azalea del Istmo de Tehuantupec, y mis dos hijos.

Durante toda mi carrera he escrito sobre el problema fundamental de los chicanos: la identidad. No somos mexicanos ni estadounidenses, sino una mezcla de las dos culturas. Además de explorar la cuestión de identidad he tratado temas como la desigualdad, la discriminación y los problemas socio-económicos que persiguen a los chicanos.

Una de mis obras más escenificadas es *Johnny Tenorio* , obra que empecé a representar en 1983. La he revisado muchas veces y la he puesto en escena en teatros de los Estados Unidos, Europa y México. La base de la obra es el drama español de 1844, *Don Juan Tenorio,* de José Zorrilla cuyo tema es el mito de Don Juan. Sin embargo, esta versión es verdaderamente chicana. Aunque todo el mundo conoce el mito de Don Juan, el donjuanismo es un fenómeno muy común en la comunidad chicana. *Johnny Tenorio* tiene lugar en un bar de Texas, pero podría tratarse de cualquier bar de un barrio latino de los Estados Unidos. El tiempo es el Día de Los Muertos cuando se recuerda la vida de

°**apuesta:** bet

°**propósito:** purpose

°**chichimeca, zapoteca, yaqui, tolteca o maya:** tribes native to Mexico
°**hacerse chilango:** to become a person from Mexico City

Johnny Tenorio, el chicano. En una serie de escenas retrospectivas se ve que Johnny y su amigo compiten para ver quién puede seducir a más mujeres. Johnny se va a Nueva York y gana la apuesta°. Al morir no se arrepiente y la pieza termina con un ambiente de alegría con mucha música y danza.

En 1995 escribí una radionovela, *Eres un sueño,* dirigida especialmente a una audiencia de inmigrantes mexicanos. La radionovela narra las experiencias de unos inmigrantes en Los Estados Unidos en una serie de 60 viñetas de 15 minutos. El proyecto fue fundado por el Gobierno de México para que los inmigrantes se sintieran orgullosos de su herencia y aumentara su autoestima. El propósito° de la serie es informar a los mexicanos en los Estados Unidos de sus derechos y raíces culturales, y ofrecerles estrategias para combatir sus problemas aquí. Mi meta era que la gente se organizara en una verdadera comunidad para luchar contra el racismo. La serie traza las vidas de los protagonistas, Gerardo, Cordelia (Cordy) y sus amigos, mientras confrontan sus problemas como chicanos en los Estados Unidos. La serie toca temas tales como la educación, el machismo, el alcohol y las drogas, la migra, el SIDA y el donjuanismo. Está escrita en el español que habla la clase obrera, junto con la jerga de los jóvenes urbanos.

Al hablar de mis obras se puede ver la influencia de mi vida en la frontera entre dos culturas: la mexicana y la estadounidense. Además de haber pasado tiempo en México y Latinoamerica, he vivido en muchas ciudades como Laredo, San Antonio, El Paso, San Francisco y Chicago. Me siento a gusto en todas. En cualquier momento se habla inglés o español; se come tacos o hamburguesas. Mi nombre muestra esta doble ciudadanía cultural. Soy chicano. El chicano no puede ser anglosajón, no puede hacerse gringo; no quiere ni puede porque por sus venas corre sangre chichimeca, zapoteca, yaqui, tolteca o maya°. Y tampoco puede regresar a México y hacerse chilango°, es imposible.

4.15 Comprensión

1. ¿Dónde vive Carlos Morton ahora?
2. ¿Por qué cambió su nombre el abuelo?
3. ¿Cómo es que pudo visitar tantos países?
4. ¿Qué aspecto de la Democratic National Convention hizo que cambiara su vida?
5. ¿Cómo podemos describir a Carlos mientras que era estudiante en El Paso?
6. ¿Cuál es la cuestión más significativa para los chicanos?
7. ¿Qué hace un Don Juan?
8. ¿Cómo es el español de la radionovela? ¿Por qué?
9. ¿Cuáles son las raíces del chicano?

4.16 Discusión

1. Carlos produjo una serie acerca de los problemas de los chicanos. Repase la lectura y haga una lista de los problemas que afrontan los chicanos. ¿Cómo se comparan estos problemas con los de los estadounidenses en general? ¿Son los mismos o son diferentes? ¿Cuáles son los

problemas que sólo pertenecen a los estadounidenses? ¿Qué problemas tienen ambos grupos?

2. Al principio del siglo XX, se produjo una oleada de inmigrantes de varios países europeos.Estos inmigrantes trataron de asimilarse a la cultura existente y llegar a ser americanos. ¿Cree Ud. que los nuevos inmigrantes quieran asimilarse tanto? ¿Por qué? ¿Cuál es la diferencia? ¿Hay diferencias entre grupos de inmigrantes como los chicanos, los puertorriqueños, los vietnamitas y los del Oriente Medio?

4.17 A repasar

1. Se dice que la formación de una persona depende de la totalidad de las experiencias que haya tenido. En este sentido, influye todo lo que una persona ve u oye, y también lo que expresa. Los artistas de este capítulo han tenido experiencias muy ricas. Adriana Cobo vivió en Chile y emigró a los Estados Unidos. Carlos Morton vivió en Chicago y viajó por muchas partes del mundo. Al López se parece a muchos puertorriqueños que salieron para los Estados Unidos, regresaron a Puerto Rico y volvieron a entrar a los Estados Unidos. José Ríos vino a los Estados Unidos cuando era niño y se quedó viviendo muchos años en Harlem. Repasen las respuestas que dieron sobre sus propias obras de arte y traten de determinar las experiencias que han influido en su creación. ¿Se trata del mismo tipo de experiencias que las que tuvieron los autores sobre los que Ud. ha leído en este libro? ¿Son experiencias similares a las de sus músicos favoritos? En su vida, ¿qué experiencia ha tenido el mayor impacto? ¿Ha sido el amor, la muerte, un temor o un acontecimiento como el 11 de septiembre? Razone su respuesta.

G **2.** Hoy día muchas comunidades se dan cuenta de la importancia del arte en la vida de la gente. Hay comités que se encargan de seleccionar proyectos artísticos y de proporcionarles fondos a sus creadores. En un grupo pequeño de 3 ó 4, hagan el papel de tal comité. Uds. ya han decidido que los siguientes proyectos son los mejores pero tienen que seleccionar el que recibirá el dinero. Éstos son los proyectos: (1) un conjunto que canta canciones para niños. Sus temas son la autoestima y el respeto hacia los demás; (2) una escultora que usa materiales reciclables para construir figuras de tamaño grande que se colocarán en un parque (3) un pintor que hace murales al estilo de Diego Rivera sobre los edificios de su ciudad. Después de llegar a una decisión, Uds. deben presentar sus razones a los otros grupos de la clase.

Estructuras

Pronombres relativos

que, el/la/los/las que, quien(es), el/la cual, los/las cuales and lo cual

Relative pronouns combine two sentences that share a common element, such as a noun or a pronoun. For instance:

- Víctor es mi primo.

- Víctor vive en Chicago.

Víctor, quien es mi primo, vive en Chicago.

que/quien

que *(that, which, who, whom)* is the most frequently used relative pronoun. It can refer to people and things. Unlike the English *that*, **que** is never omitted.

Que is used in both restrictive and non-restrictive relative clauses. By restrictive clause, we understand that the adjective clause functions to restrict or distinguish. Restrictive clauses are not set off by commas. For example: The book that I bought yesterday (*el libro que compré ayer*) from other books that I bought at other times.

los programas que vi ayer

un hombre que vive en Nueva York

un hombre que conocemos bien

Note that *quien(es)* must be used for whom after a preposition even in a restrictive clause.

un hombre de quien hablamos mucho

quien and quienes *(whom)* refer only to people and are often used after a preposition both in restrictive and non-restrictive clauses.

Lucía, **a quien** vi anoche, es directora de cine.

El/la cual and **los/las cuales** *(which, who, whom)* can refer to people and things. They agree in number and gender with their antecedent, the specific noun that they stand for. **El/la cual and los/las cuales** are used for the same function as **que** and **quien/quienes**:

Los libros de García Márquez, **los cuales (que) so**n muy populares, han sido…

Todavía creo en las causas **por las cuales (que)** lucho

Note that **el/la cual and los/las cuales** only appear in restrictive clauses after a preposition.

Los libros de García Márquez, los cuales son muy populares, han sido traducidos a varios idiomas.

Éstas son las razones por las cuales querían emigrar.

La ciudad de Nueva York, en la cual viven muchos puertorriqueños, es una de las ciudades más grandes del mundo.

La Guerra hispanoamericana en la cual los Estados Unidos ganó mucho territorio duró muy poco.

lo cual

is used for which when the antecedent is not represented by a specific noun but rather a whole idea or situation expressed in the sentence that introduces it.

For example. *Mi primer semestre me suspendieron en cuatro materias, lo cual les tenía muy preocupados a mis padres.* It is not the four subjects that had my parents worried but the situation of my failing them during my first semester.

el/la que, los/las que, lo que

el/la que, los/las que are used in Spanish to introduce restrictive clauses with a meaning roughly equivalent to what is expressed in English as "the one who" or "the ones who" for example. *Mi compañero de cuarto, el que viene de Los Ángeles, se va a California para las vacaciones de primavera.* (My roommate, the one from Los Angeles, went off to California)

lo que

means what in sense of "that which," direct object of the main clause verb. For example: *No entiendo lo que dijiste.* Note that in conversation, native speakers will often use the interrogative what (*qué*) to serve this function.

cuyo

Cuyo *(whose, of which)* expresses possession. This relative pronoun introduces both restrictive and non-restrictive clauses.

García Márquez es un novelista **cuyos** libros han sido traducidos a varios idiomas

Note that **cuyo a**grees in gender and number with the noun it introduces, the thing owned and not the owner. Do not confuse **cuyo** with the interrogative expression **de quién(es)** that is used when someone asks or wonders to whom something belongs. *Quisiera saber de quiénes son esos libros.*

Práctica

Writing with sophistication and style: combining sentences

4.18 Al López, un rapero puertorriqueño, y Adriana Cobo, una escultora chilenoamericana

Haga Ud. una oración de cada par de oraciones empleando el pronombre relativo entre paréntesis.

MODELO: El conjunto de Al López es Barrio Band. Los conciertos de Barrio Band son muy populares. (cuyos)

El conjunto de Al López es Barrio Band cuyos conciertos son muy populares.

1. El papá de Al no ganaba mucho en la fábrica en Nueva York. Por eso decidieron mudarse a California. (lo cual)

2. Al vio un clasificado en el periódico. En el clasificado una escuela buscaba un intérprete. (el cual)

3. Adriana es una escultora. Sus obras combinan su amor por el arte con su amor por las ciencias. (cuyas)

4. Guadagnucci es un escultor italiano. Guadagnucci le ha inspirado a Adriana. (que)

5. Los etruscos usaban técnicas primitivas. Esas técnicas son parecidas a las que emplea Adriana. (que)

4.19 La vida de Miriam Sagasti, una ilustradora peruanoamericana

Ahora haga una oración de cada par de oraciones, empleando el mejor pronombre relativo. Utilice los siguientes pronombres relativos: lo cual, los cuales, las cuales, que. Trate de eliminar las palabras en negrilla

MODELO: Miriam Sagasti es ilustradora de libros. **Esos libros** son mayormente para niños. (que)

Miriam Sagasti es ilustradora de libros que son mayormente para niños.

1. El esposo de Miriam nació en Washington. **El esposo de Miriam** conoció a Miriam en Lima.

2. Los niños eran muy jóvenes. Por **eso** Miriam quería trabajar desde la casa.

3. En los últimos 6 años se han publicado 12 libros. Miriam ha ilustrado **esos libros**.

4. Miriam hizo muchos estudios. **Todos los estudios** le ayudan con su trabajo.

5. El marido de Miriam cambió de trabajo. Por **eso** se mudaron a Carolina del Norte.

El subjuntivo para expresar emociones y deseos

The subjunctive mood (present subjunctive, *hable, hables, hable / viva, vivas, viva / tenga, tengas*) is used in relative clauses when the main clause has a different subject and expresses emotion or desire.

Espero que la casa editorial me **publique** el libro.

Me alegro de que los niños latinos **mantengan** contacto con su cultura natal.

Me sorprende que no **haya** tantos movimientos estudiantiles como antes.

Es una lástima que algunas personas de este país **maltraten** a los ilegales.

Quiero que **mejore** la comunicación con los latinos.

Los recién llegados sueñan con que los jefes les **paguen** mejor.

Note that where there is no subject change, the infinitive is used.

Me alegro de **estar** contigo.

Espero **ser** médico algún día.

Quiero **investigar** el problema.

Me gustaría **vivir** en Nueva York.

Los recién llegados sueñan con **tener** carros.

Práctica

4.20 *¿Cúal es su reacción ante las historias de los artistas de este capítulo? Vuelva a escribir sus apuntes sobre los individuos incluyendo su reacción de la siguiente lista. Siga el modelo*

> Me sorprende que
> Me alegro de que
> Es una lástima que
> Ojalá que

MODELO: Hay muchos alcohólicos y drogadictos en Nueva York.

Es una lástima que haya muchos alcohólicos y drogadictos en Nueva York.

1. Los chicanos se sienten muy orgullosos de su cultura.

2. José persigue una carrera en las artes.

3. Muchos jóvenes tienen problemas con las drogas.

4. Los latinos jóvenes no conocen a Tito Puente.

5. *Rancho Hollywood* refleja las relaciones entre los mexicanos y los estadounidenses.

6. Carlos explora el problema de la identidad.

7. El donjuanismo es algo común en la comunidad chicana.

8. Carlos se siente a gusto en todas las ciudades.

4.21 ¿Qué quieren José Ríos y Carlos Morton?

Escriba oraciones completas sobre José Ríos y Carlos Morton siguiendo los siguientes modelos. Tenga cuidado a la hora de usar el subjuntivo o infinitivo en sus oraciones

MODELOS: Carlos / querer / vivir / en Chicago

Carlos quiere vivir en Chicago.

Carlos / querer / los chicanos / sentirse orgullos de su cultura

Carlos quiere que los chicanos se sientan orgullosos de su cultura.

1. José / querer / vencer su adicción a las drogas

   _____

2. José / no querer / los jóvenes / tomar drogas

   _____

3. José / querer / los jóvenes / estudiar arte

   _____

4. José / querer / comenzar / un programa de arte

   _____

5. Carlos / querer / expresar la experiencia chicana

   _____

6. Carlos / querer / sus obras / reflejar la cultura chicana

   _____

7. Carlos / querer / su nombre / mostrar las dos culturas

   _____

Destrezas

 A escribir

Muchos escritores deciden tratar un problema personal o social en sus obras. Haga una lista de los posibles problemas personales o sociales que se le ocurran. Después escoja uno de ellos y piense en un diálogo entre dos personajes acerca de ese problema. ¿Quiénes serán los personajes del diálogo? ¿Cuál será el conflicto? Conteste las siguientes preguntas y luego escriba un dialógo basándolo en sus respuestas. Escriba primero el marco escénico y continúe el diálogo hasta alcanzar un punto determinado del conflicto. Luego, intercambie su guión con un/a compañero/a de clase, quien debe terminar el diálogo y ofrecer una resolución mientras Ud. hace lo mismo con el suyo.

MARCO ESCÉNICO: ¿Dónde tiene lugar el diálogo? ¿Cómo es el lugar donde sucede? ¿En qué estación del año transcurre la acción y a qué hora del día? ¿...?

PERSONAJES: ¿Quiénes son los personajes? ¿De dónde son? ¿Qué edad tienen? ¿A qué se dedica cada uno/a? ¿Cómo son? ¿Cuáles son sus esperanzas, sueños y sentimientos hacia al futuro? ¿Qué relación existe entre estos dos personajes? ¿Qué conflicto tienen?

Estrategia de escribir: El guión

Mientras prepara su guión, no se olvide de que esta forma de escritura es muy diferente a los ensayos que normalmente escribe. Asegúrese de tener en cuenta las siguientes características del guión cuando escribe el suyo.

El guión...

- incluye una conversación entre dos o más personas.

- siempre que habla un personaje se escribe en otra línea.

- es espontáneo y se utilizan frases cortas y sencillas.

- suele tener frases sin terminar.

- además de la conversación, también incluye una descripción del escenario, la acción, las emociones, los sonidos, etc.

2 **4.23 V ¿Qué haría Ud.?**

Con un/a compañero/a de clase contesten las siguientes preguntas.

1. ¿Qué tipo de películas le gusta? (Por ejemplo: la comedia negra o romántica, el drama, las películas de acción, las películas fantásticas o de ciencia ficción, los dibujos animados, las películas de terror, etc.) ¿Le gusta ver diferentes tipos de películas dependiendo de quién lo/la acompaña al cine?

2. En su opinión, ¿quiénes tienen más influencia en la calidad de una película, el/la director/a o los actores? ¿Por qué?

3. ¿Presta mucha atención a las reseñas de los críticos de cine? ¿Generalmente está Ud. de acuerdo con los críticos o no? ¿Qué películas le han gustado a Ud. que no les hayan gustado a los críticos?

Ahora, en parejas, adopten los papeles de dos críticos/as de cine. Escojan una película popular que los/las dos hayan visto. A uno/a de ustedes le gustó pero al/a la otro/a no. Deben apoyar sus opiniones con información sobre la actuación, la dirección, la trama, el final, etc.

Comprensión auditiva

Miriam Sagasti, ilustradora de libros para niños, habla de una serie de libros

G **4.24 Antes de ver el video**

En grupos de tres o cuatro, háganse preguntas sobre sus experiencias con libros juveniles.

¿Te acuerdas de los libros que tenías cuando eras muy joven? ¿Te acuerdas de algunos títulos?

¿Los leías tú o te los leían tus padres?

¿Te acuerdas de las ilustraciones? ¿Cómo eran?

¿Tenías una ilustración favorita? Descríbela.

4.25 Primera proyección - Comprensión

Después de ver el video por primera vez: conteste las siguientes preguntas escogiendo la mejor respuesta:

1. ¿Cuántos libros hay en la serie?
   a. 5 **b.** 6 **c.** 7

2. ¿Cuántos libros de la serie se tradujeron al español?
   a. 3 **b.** 4 **c.** 6

3. ¿Cuál fue el primer libro de la serie?
   a. *Somos médicos* **b.** *Somos bomberos* **c.** *Soy piloto*

4. Los libros de la serie están imprimidos en …
   a. papel transparente **b.** cartón duro **c.** cuero grueso

5. La serie de libros es para niños …
   a. recién nacidos
   b. mayores de 10 años
   c. bien chiquitos

4.26 Segunda proyección - Comprensión

Después de ver el video por segunda vez, conteste las siguientes preguntas escogiendo la mejor respuesta:

1. La ilustradora vivió en …
   a. Miami **b.** Washington **c.** Nueva York

2. Según la ilustradora, los detalles de las ilustraciones en los libros para niños deben ser …
   a. blanco y negro **b.** fantásticos **c.** auténticos

3. Para investigar los detalles para las ilustraciones de *Somos bomberos*, la ilustradora …
   a. leyó revistas para bomberos
   b. fue a la biblioteca
   c. fue a una estación de bomberos

4. Para investigar los detalles para las ilustraciones de *Soy astronauta*, la ilustradora …
   a. fue a Texas para hablar con los científicos de NASA
   b. escribió al Museo Aeroespacial en Washington
   c. escribió a NASA

5. ¿Qué título no es parte de la serie?
   a. *Somos médicos* **b.** *Somos dentistas* **c.** *Soy piloto*

G 4.27 Consideraciones

En grupos de tres o cuatro, háganse las siguientes preguntas

¿Te gustaría hacer ilustraciones para niños? ¿Por qué?

¿Qué te gustaría más: hacer las investigaciones o dibujar las ilustraciones? ¿Por qué?

De todos los cuentos para niños que conoces, ¿para qué cuento te gustaría más hacer las ilustraciones? ¿Cómo serían tus ilustraciones?

Lectura

¡YO!

JULIA ÁLVAREZ

Julia Álvarez dice que su caso es diferente al de otros escritores latinos de este país. No inmigró a los Estados Unidos ni tuvo que aprender un idioma nuevo. Más bien nació en Nueva York y se fue a la República Dominicana casi inmediatamente. Con sus tres hermanas y sus padres regresó a los Estados Unidos cuando tenía 10 años a causa de las actividades políticas de su padre en la lucha contra el dictador, Rafael Trujillo. Álvarez se considera estadounidense, pero en sus obras se nota la influencia de la cultura dominicana, de la estadounidense y la síntesis de las dos.

En la escuela secundaria decidió que quería ser escritora y se graduó de Middlebury College con un BA y también recibió un MFA de Syracuse University y Bread Loaf School of English. Su experiencia y la de sus hermanas adaptándose a la cultura estadounidense es la base de sus obras. Cuando regresó a los Estados Unidos, estaba muy emocionada, pero luego empezó a echar de menos al resto de la familia que se quedó en la República Dominicana. También a sentir la marginación y el prejuicio aquí. Encontró refugio leyendo y escribiendo acerca de sus experiencias. Su novela *How the Garcia Girls Lost Their Accents*, publicada en1991 es la más famosa. También ha publicado libros de poesía. Su novela de ficción histórica, *In the Time of the Butterflies,* de 1994, relata la vida de las hermanas Mirabal, quienes murieron asesinadas en los años 60 cuando Trujillo era dictador. Esta obra fue llevada al cine y cuenta con actores como Salma Hayek y el cantante Marc Anthony.

La novela *¡Yo!*, publicada en 1997, es una serie de cuentos acerca de Yolanda García, más conocida como Yo, una chica dominicana que viene con sus hermanas a vivir a Nueva York. Yolanda es escritora, aunque no escribe acerca de su vida directamente. Lo interesante de *¡Yo!* es que cada capítulo lo narra alguien que ha tenido contacto con Yolanda. El siguiente extracto corresponde al último capítulo de esta novela. En él oímos la voz del padre de Yo dándole su bendición. Éste es un momento muy significativo para una joven como Yolanda, ya que la cultura latina aprecia los conceptos de la familia y el respeto hacia los antepasados. La parte en que el padre describe la experiencia de vivir bajo un dictador se parece a la experiencia del padre de Julia, un doctor que huyó de la República antes de ser arrestado por sus acciones políticas. Julia está casada y es madre de dos hijos. Ahora es profesora de inglés en Middlebury College.

4.28 Antes de leer

Al comienzo de la novela, la hermana de la narradora está escuchando un programa de radio en que la narradora está explicando como la literatura es el espejo de la vida. Su familia está bastante enojada porque los incidentes de su vida aparecen en los libros de Yolanda. Ellos creen que ella ha hecho públicos sus secretos y otros detalles de su vida. Si Ud. fuera escritor(a), ¿incluiría algún incidente familiar en sus obras? Describa uno. ¿Tendría vergüenza alguien? ¿Por qué?

¡YO!

Julia Álvarez

"El padre"

°**apegado:** fond of

De todas mis hijas, siempre me he sentido más apegado° a Yo [Yolanda, la hija]. Mi esposa dice que es porque nos parecemos mucho… Pero ésa no es la razón por la cual me siento tan apegado a Yo, no.

°**orlado:** edged
°**encaje:** lace

Me escribe una o dos cartas a la semana. A veces incluye alguna vieja fotografía en blanco y negro con borde orlado° como si todos los recuerdos se merecieran un mantelito de encaje° en el cual reposar… . De repente las cartas no llegan. Primero pienso que está muy ocupada con sus novelas y sus clases y el nuevo esposo que es un hombre muy agradable. Pero pasan dos, tres semanas y no llegan cartas con las preguntas imposibles que tanto me gustan. Le pregunto a mi esposa, que ya le ha vuelto a dirigir la palabra a Yo tras perdonarla por su última novela, le pregunto qué sabe de nuestra Yoyo. —Doug [su esposo] dice que está triste—me dice mi esposa. Parece que fue a una conferencia que hubo en su universidad y un crítico famoso dijo que los de la generación de Yo que no han tenido hijos se han suicidado genéticamente… . Le escribo y le digo: "Hija mía, tu padre está muy orgulloso de ti. Tú has dado a la luz libros para generaciones futuras." No menciono nada de que estoy enterado de sus sentimientos. Y trato de alabarla para que entienda que sus libros son sus hijos, y para mí, son mis nietos.

—No sabes cuánto significa para mí lo que me escribiste—me dice. —Siento mucho que no te he escrito últimamente. He estado un poco deprimida… . —Todos tenemos nuestro destino—le digo. Y se queda en silencio porque sé que escucha en mi voz la manera como sabemos cuándo alguien nos habla de algo que conoce muy adentro—. Mira a tu papá, que en 1939 se tuvo que ir a Nueva York sin un centavo en el bolsillo.

Lo importante es que yo pensaba que no iba a poder ejercer de médico de nuevo. Que había desperdiciado mi educación. Pero ése era mi destino. Y a pesar de que todo se me vino abajo durante ese tiempo, finalmente mi destino se impuso. —Y tú, hija mía—añado aprovechando que me escucha con atención,—tu destino es contar historias. Es una bendición poder vivir tu destino.

—Así que le digo a Yo que le voy a dar mi bendición cuando nos veamos el día de Acción de Gracias.

Después que cuelgo, ensayo mentalmente cómo será esa bendición. Tiene que ser como un cuento para que Yo se la crea. Así es que le voy a contar la historia de cómo me di cuenta de que su destino era hacer cuentos. Ella tenía cinco años. Ésta es una historia que he mantenido en secreto porque es también la historia de mi vergüenza, de la que no me puedo deshacer. Porque vivíamos bajo el terror, yo reaccioné con terror. Le pegué. Le dije que nunca jamás debía contar historias. Y tal vez es por eso que ella nunca ha creído en su propio destino, y por lo que yo tengo que regresar a ese pasado y soltar el cinturón y ponerle mis manos sobre la cabeza. Tengo que decirle que me equivoqué. Tengo que levantar esa antigua prohibición.

Poco después de establecernos en la República [Dominicana] yo me reintegré a mis actividades políticas de la resistencia. A pesar de que supuestamente el régimen se había liberalizado, y por eso había recibido un indulto°, en realidad nada había cambiado. En cierta manera, las cosas habían empeorado. Se estableció un cuerpo policiaco secreto llamado el SIM, y por la menor infracción desaparecían personas a diestra y siniestra°.

La pura verdad es que me uní° a la resistencia. Que involucré° a familiares de mi esposa. Que cometí pequeños actos de subversión. Pero era sumamente cuidadoso. Como un exiliado indultado, sabía que me vigilaban. Así que no me ofrecía de voluntario para operaciones mayores. Pero si alguien que iba rumbo a la frontera necesitaba escondite° por una noche, yo ofrecía mi casa. Cuando había que distribuir panfletos de grupos exiliados, yo lo hacía desde las varias clínicas donde trabajaba. Y tenía un arma ilegal. Pero a decir verdad: no tenía aquella arma escondida para volarle la cabeza° al dictador. No. Es que me gustaba ir a cazar guineas° en los montes cerca de Jarabacoa. Los campesinos que yo atendía gratis en las zonas rurales me pagaban mostrándome los mejores cotos°. Así que yo mantenía mi calibre 22 bien engrasada y lista y escondida bajo unas tablas sueltas en el piso de mi lado del clóset.

Digo *mi lado,* ya que aquel armario se abría por un lado desde nuestro dormitorio, y desde mi estudio por el otro. Era un lugar seguro para guardar cualquier cosa, ya que a nadie le era permitido entrar a mi estudio, ni siquiera a las sirvientas…. Y en esta habitación se me metía la pequeña Yo. A menudo le encontraba debajo del escritorio con uno de mis libros de medicina. Una vez le pregunté por qué le interesaban tanto los enfermos. "Una niña tan linda como tú debe andar por ahí, divirtiéndose con sus primas." Me miró, y aun en aquella época yo sentía que ella podía ver hasta el fondo de mi alma. "Es divertido", afirmó con un serio movimiento de cabeza. —¿Qué estás diciendo? —había notado que movía los labios y repetía un interminable murmullo mientras pasaba las páginas. —Les estoy haciendo cuentos a los enfermos para que se sientan mejor.

Pero como sucede a menudo cuando lo prohibido es permitido, Yo perdió interés en explorar mi biblioteca. Una de las razones es que había llegado una nueva atracción a nuestra calle, un pequeño televisor en blanco y negro en casa del general. Yo había visto uno hacía años en la Feria Mundial de Nueva York, antes de establecerme de nuevo en la isla…. Nosotros no teníamos uno, ni tampoco la familia de mi esposa, que tenían los medios económicos para comprarlo. Hubiera sido un lujo superfluo ya que la programación era muy limitada la única estación televisora está en manos del Estado.

°**indulto:** pardon

°**diestra y siniestra:** right and left
°**me uní:** I joined
°**involucré:** I involved

°**escondite:** hiding place

°**volarle la cabeza:** blow his head off
°**guineas:** pheasantlike birds

°**cotos:** game preserve

No sé cómo mi esposa se enteró de lo del rifle—¿o sería yo quien se lo dije? —Bueno, de un modo u otro, ella se dio cuenta de que yo me había metido de nuevo en la resistencia. Se puso trágica… . Estaba al borde de la histeria, y fueron las niñas quienes sufrieron las consecuencias. Especialmente Yo, quien a menudo encontraba en piyama, exiliada en su dormitorio por infracciones que, luego cuando mi esposa me las contaba, me parecían insignificantes.

Lo que más líos le causaba a Yo eran sus cuentos. Una vez …sus abuelos fueron de viaje a Nueva York, lo cual hacían a menudo con el pretexto de alguna enfermedad que solamente los médicos estadounidenses podían curar. Mi Yo regó° la historia entre las sirvientas que les iban a cortar la cabeza a sus abuelos. En lo que aclaramos el cuento, ya la cocinera se había ido despavorida° pensando que a ella también la iban a decapitar por prepararle la comida a los traidores. —¡No debes decir tales cosas!—. Mi esposa la sacudió por un brazo. En ese momento fue cuando ella se dio cuenta del daño que aquel libro de cuentos le había hecho a la niña.

Poco después de ese cuento ocurrió lo otro. Ese sábado por la noche íbamos a una gran fiesta en la casa de Mundo, que vivía al lado nuestro. Las niñas estaban todavía en la casa del general viendo una película de vaqueros cuando empezamos a vestirnos. Estábamos listos a cruzar hacia la casa de Mundo cuando escuchamos a las niñas y a Milagros [la sirvienta] subir por el paseo. Entraron como relámpago a nuestra habitación. Luego de un leve golpecito en la puerta, un gesto de buenos modales que les habíamos enseñado. …solo Yo se quedó atrás, cerca de la puerta. ¿Cómo está mi doctorcita? le pregunté en broma. Fue entonces cuando Carla espetó° "Ay, Papi, no sabes el cuento que hizo Yoyo." -Sí—dijo Sandi.—. ¡El general Molino le dijo que nunca debía decir esas cosas! Mi mujer palideció° de tal modo que hizo resaltar° de modo sobrenatural el colorete que se había puesto en las mejillas. Con la voz lo más calmada posible, dijo "Ven y cuéntale a mami qué fue lo que le dijiste al general Molino." La cara de Yoyo era un panorama de terror. Parecía que por fin se había dado cuenta de que un cuento podía matar, tanto como curar a alguien.

Parece que el general y su esposa y Milagros y las niñas estaban viendo una película de vaqueros. Yo estaba sentada en las piernas del general… cuando uno de los vaqueros se puso el rifle al hombro para dispararles a los matones°, el general le dijo "¡Ay, mira qué escopeta más grande Yoyo!"… . Y Yo le salió con una de las suyas "¡Mi Papi tiene una escopeta más grande que ésa!"

Y el general dice "¿O?"

Y Milagros reportó que le había hecho señas° con los ojos a la niña para que retirara lo dicho. Pero no. Una vez que Yo se metía en un cuento, no había Dios que la detuviera. "Sí, mi Papi tiene, muchas muchas escopetas grandes escondidas en un lugar que nadie las puede encontrar."

Y el general dice ¿O?

…Y entonces ésta [YoYo] dice "Mi Papi va a matar a todos los malos con estas escopetas, y el general dice qué malos, y ésta dice el sultán malo que gobierna en estas tierras y todos los guardias que lo protegen en su palacio grande. Y entonces el general dice Yoyo tú no quieres decir eso. Y ésta …dice sí y El Jefe también y usté mismo… ."

De la boca de mi mujer se escapó un aullido° como nunca antes había escuchado. El terror se retrató en los ojos de mis hijas. Las tres inocentes comenzaron a llorar. La culpable trató de escaparse por la puerta. Pero Milagros

---

°**regó:** scattered around

°**despavorida:** terrified

°**espetó:** surprised with a remark

°**palideció:** paled
°**resaltar:** stand out

°**matones:** bullies

°**había hecho señas:** had signaled

°**aullido:** howl

°**aguantó:** held

°**fondillo:** behind

la agarró por el brazo y la trajo hacia mí… . La metimos en el baño y abrimos el agua de la ducha para que no se escucharan sus gritos. Mi esposa la aguantó° y yo dejé caer el cinturón sobre su cuerpo una y otra vez, no con toda mi fuerza o la hubiera podido matar, pero con la fuerza suficiente para dejarle marcas en el fondillo° y las piernas. "Esto es para que aprendas tu lección—le repetía. ¡No debes hacer cuentos nunca más!"… .

Tal vez le dije en aquel entonces que su papá sentía mucho lo que había hecho. No lo sé. En mi recuerdo de aquel momento, no hay palabras. Sé que la abracé y que ella lloró, y luego, como un relámpago furioso, pasan cuarenta años, y ella está al otro lado de la línea telefónica, llorosa, preguntándose cómo puede estar segura de que su destino sea contar cuentos.

Le he prometido una benidición para quitarle las dudas. Una historia cuyos verdaderos detalles no se pueden cambiar. Pero puedo añadir mi propia invención—por lo menos eso he aprendido de Yo—: se puede hacer un nuevo desenlace con lo que ahora sé.

Regresemos a aquel momento. Entremos en aquel baño…Yo abro el agua de la ducha. Su madre se sienta en el inodoro para someter a Yo. Recuerda lo de Isaac atrapado en la roca y su padre Abraham alzando el cuchillo de carnicero. Yo levanto el cinturón, pero entonces, como he dicho, pasan cuarenta años, y mi mano baja suavemente y descansa sobre la cabeza medio canosa de mi hija.

°**apuro:** haste

Yo le digo "Hija mía, el futuro ya ha llegado y tanto apuro° que teníamos porque llegara! Dejémoslo todo atrás y olvidemos tantas cosas. Ahora somos una familia huérfana. Mis nietos y bisnietos no sabrán el camino de regreso a menos de que tengan una historia. Cuéntales de nuetro viaje. Cuéntales del corazón secreto de tu padre y deshaz los viejos entuertos°. Mi Yo, abraza tu destino. Te doy mi bendición. Compártela."

°**entuertos:** injustices

4.29 Comprensión

1. ¿Por qué están tan unidos el padre y la narradora?
2. ¿Qué información incluye la narradora en las cartas a su padre?
3. ¿Por qué parece que Yolanda está triste? ¿Cómo la consuela su padre?
4. Según el padre, ¿cuál es el destino de la narradora?
5. Con respecto a la casa, ¿cuál es la prohibición del padre?
6. ¿Por que cree el padre que nada había cambiado en la República Dominicana?
7. ¿Para qué usaba el padre su arma ilegal? ¿Dónde la escondía?
8. ¿Qué hacía la protagonista con los libros de su padre?
9. Según el padre, ¿por qué no tenían televisor?
10. ¿Cuál fue la reacción de la madre al enterarse de lo del rifle?
11. ¿Qué cuento inventó Yolanda acerca de sus abuelos?
12. ¿Qué hacían las chicas en la casa del general?
13. ¿Qué secreto le reveló la protagonista?
14. ¿Qué cuento le inventó al general? ¿Por qué era peligroso?
15. En el baño, ¿qué le hacían a la narradora los padres?
16. ¿Qué esperaba el padre que hubiera hecho?

4.30 Discusión

1. El padre de Yolanda cree que el destino de su hija es escribir cuentos. ¿Cree Ud. que cada persona tiene un destino con respecto a su futuro profesional o el tipo de vida que va a llevar? ¿Quién o qué controla el destino de alguien? ¿Hay destinos que lleven a alguien a un resultado malo? ¿Es posible cambiar su destino? ¿Qué pasaría si una persona no siguiera su destino?

2. El padre de la protagonista la castigó pegándole con un cinturón. ¿Cree Ud. que un padre debe castigar a un/a hijo/a de tal manera? ¿Lo harían sus padres? ¿Lo haría Ud.? ¿Debe otra persona (un pariente, una niñera o una maestra) castigar a un/a niño/a? ¿Qué otros métodos pueden cambiar un mal comportamiento?

3. El padre de Yolanda se reintegró a las actividades políticas de la resistencia porque no apoyaba el régimen del dictador Trujillo. ¿Qué tipo de actos de resistencia hacía el padre? ¿Qué tipo de acciones serían más subversivas que las que hizo el padre de Yo? ¿Cree Ud. que alguien deba poner en peligro a su familia por sus convicciones políticas? Haga una lista de los valores o convicciones importantes en los Estados Unidos. ¿Por qué lucharía Ud.? ¿Cuánto haría Ud.? ¿Sería espía? ¿Asesinaría a alguien? Razone sus respuestas.

 ### 4.31 Composición

1. A Yolanda le encantan los cuentos. Su padre indica que un cuento es la mejor manera de comunicarse con ella. Por otro lado, a ella le gusta tomar un incidente de la vida de su familia y transformarlo en algo más dramático e interesante. Escriba Ud. unos párrafos acerca de algo que ocurrió en su propia familia. Trate de mencionar los elementos más básicos o necesarios para comprender la situación. Luego cambie su párrafo con uno de sus compañeros de clase. Ahora Ud. será el escritor que añade detalles y un sentido de drama. Use su imaginación. Debe ampliar el párrafo para que tenga el mismo tema pero que sea más descriptivo y más misterioso, divertido o dramático.

Entrevista

Entreviste a un/a artista, escritor/a o músico/a latino/a de su comunidad. (Si necesita ayuda puede repasar las sugerencias del capítulo preliminar en página 23.) Debe incluir en su entrevista los siguientes temas:

- personas o eventos que influyen su obra
- cuándo y cómo descubrió que tenía talento
- su mejor obra
- cómo ha cambiado su obra desde el tiempo en que realizó su primera obra
- herramientas especiales que utiliza
- su inspiración o motivación

Después de la entrevista, escriba un texto biográfico al estilo de los que se encuentran en este capítulo.

 Si Ud. no puede hallar a una persona latina en su propia comunidad, use el video "**Entrevista virtual: Miriam Sagasti.**" Luego, escriba un texto biográfico basado en la información del video.

Capítulo 5
Los trabajadores

COMUNICACIÓN

Hacer sugerencias
y recomendaciones

Hablar del trabajo

Persuadir a otros

ESTRUCTURAS

Repaso del subjuntivo

El subjuntivo para persuadir
y hacer sugerencias

Infinitivo o subjuntivo

El subjuntivo para expresar
duda

CULTURA

Los trabajadores
latinos en los
Estados Unidos

El Día de Acción de
Gracias con sabor
latino

Encuentros

°**caña:** sugar cane
°**fontanería:** plumbing
°**proveyó:** provided

°**tumbar:** knock down
°**murciélagos:** bats

°**compañía de seguros:** insurance company
°**fisioterapia:** physical therapy

Primer encuentro: María Sustache

María Sustache trabaja en una cafetería escolar en Richmond, Virginia.

Nací el 3 de marzo de 1953 en Yabucoa, Puerto Rico. Fui la última de cuatro hijos. Mi padre era cortador de caña° y mi madre era ama de casa. Éramos tan pobres que no tuvimos ni fontanería° ni electricidad en la casa hasta que yo ya estaba en séptimo grado. Terminé mis estudios de secundaria en la Escuela de Teodoro Aguilar Mora en 1971. Mi hermana mayor es la única que estudió en la universidad y eso fue porque una familia le proveyó° los medios económicos que necesitaba. Ahora ella es maestra en una escuela primaria. Cuando terminé mis estudios de secundaria, empecé a trabajar en RG Reynolds, una compañía que fabricaba cigarrillos en Puerto Rico. Allí fue que conocí a mi futuro esposo, Héctor González, cuya familia era tan pobre como la mía. Nos hicimos novios y a los 2 años nos casamos. En aquella época ganábamos entre los dos $128 a la semana. Seguí trabajando por 7 años después de que nos casamos, hasta que tuve a mi hija Maribella, la pequeña de la casa. Cuando ella nació, nuestro hijo Iván ya tenía 4 años de edad.

Con el terreno que nos dio mi padre construimos una casa de madera. Luego la tuvimos que tumbar°, porque en ella vivían murciélagos° y en su lugar construimos una casa de cemento. En el año 1990 mi esposo Héctor consiguió un trabajo en Richmond, Virginia, en Hauni Richmond. Desde entonces ha estado trabajando en el mismo lugar. Mudarnos a Virginia fue una decisión muy difícil, pero sirvió de mucho para mis hijos y por eso no me arrepiento.

Nuestros dos hijos terminaron sus estudios universitarios y ahora están trabajando. Mi hijo se encarga de los clientes de habla española en una compañía de seguros° y mi hija acaba de terminar sus estudios en fisioterapia°. Mi esposo también ha sacado su carrera universitaria. En mi caso, he estado trabajando en una cafetería escolar, cocinando y sirviendo la comida, desde 1993. Me gusta el trabajo porque siento que estoy ayudando a otras personas. También siento que estoy contribuyendo al país y al estado, aunque mi posición sea más humilde que otras.

Tengo mi propio coche, nosotros tenemos nuestra propia casa y mi esposo es piloto. Así que tenemos nuestra propia avioneta. Para relajarme, me voy con mi esposo a caminar y a disfrutar de la naturaleza, de las flores y de los pajaritos, de la belleza del cielo en la noche estrellada y de las pequeñeces que existen a nuestro alrededor. Gracias a Dios, hemos podido sacar adelante a nuestra familia aquí en los Estados Unidos, a pesar de haber tenido dificultades económicas en Puerto Rico, y de haber tenido alguna que otra pelea con nuestros hijos. También hemos podido ayudar a nuestros padres económicamente. Mi meta es tener nietos y poder educarlos de la misma manera que mis padres me educaron y que yo eduqué a mis hijos. Si pudiera seguir estudiando, aprendería sobre otras culturas. Me gustaría poder enseñar a mis niños que no toda la gente piensa y vive de la misma forma; que hay tantas otras maneras de ver este mundo.

5.1 Comprensión

1. ¿Cómo fue posible que la hermana mayor de María asistiera a la universidad?
2. ¿Cuándo dejó de trabajar en R.G Reynolds?
3. ¿Por qué se mudaron a Virginia María y su marido?
4. ¿Qué tipo de trabajo hacen sus hijos?
5. ¿Qué hace María en sus ratos libres?

5.2 Discusión

1. María dice que su familia era muy pobre. ¿Era una familia rural o urbana? ¿Qué información nos da para mostrar que ellos eran realmente pobres? ¿Qué criterios establecería Ud. para diferenciar una familia rural y una urbana? Compárelos con sus compañeros, y prepárese para discutirlos con toda la clase.

2. María dice que sólo asistió a la escuela secundaria mientras que su esposo logró estudiar en la universidad. ¿Cuáles serán algunas razones por las que ella terminó sus estudios y su esposo siguió estudiando? ¿Es común en los Estados Unidos que en una pareja el esposo tenga más oportunidades de mejorar su educación? Explique su respuesta. ¿Qué podemos inferir sobre el papel de la mujer en las familias latinas y en las estadounidenses?

3. María dice que su meta es educar a sus hijos de la misma manera que sus padres la educaron. Parece que hay un contraste entre su falta de educación universitaria y la educación de sus hijos. Cuando María cuenta cuál es su meta, es evidente que María no está hablando de la educación conseguida en una univerdad. Vuelva a leer acerca de la vida de María y piense en los valores que sus padres le enseñaron. ¿Cuáles serán? ¿Qué valores pueden ser más importantes que una educación universitaria?

5.3 Composición

María dice que en su juventud, la familia no tenía ni fontanería ni electricidad. Nuestros hogares tienen todo tipo de comodidades que no apreciamos lo suficiente. Quizás si desaparecieran, no daríamos por sentado que las tenemos como si fuera la cosa más natural del mundo. Pregúnteles a sus padres y a sus abuelos qué cosas faltaban en sus hogares cuando eran jóvenes. ¿Qué piensa Ud. de esas cosas? ¿Podría vivir sin ellas y estar contento? Piense en 3 cosas de su hogar que Ud. no podría dejar de usar. Escriba una composición describiendo estas cosas y mencionando por qué son necesarias para Ud. Luego, describa aquello que los otros miembros de su familia no podrían ceder. ¿Tienen estas cosas valor sentimental, material o práctico? Razone sus respuestas.

Vocabulario esencial

El empleo

el ascenso	*promotion*
el aumento	*raise*
el descanso	*break*
el día de paga	*payday*
el/la empleada	*employee*
el empleo	*employment, job*
el entrenamiento	*training*
la evaluación	*evaluation*
el/la gerente	*manager*
el horario de trabajo	*work schedule*
las horas extraordinarias	*overtime*
el/la jefe/a	*boss*
el oficio	*trade, craft*
el puesto	*position, job*
el salario mínimo	*minimum wage*
el salario, sueldo	*pay, wage, salary*
el seguro médico	*health insurance*
la seguridad social	*social security*
el sindicato	*labor union*
el/la supervisor/a	*supervisor*
el/la temporero/a	*seasonal worker*
tiempo completo	*full-time*
tiempo parcial	*part-time*
el/la trabajador/a, obrero/a	*worker*
trabajar por horas	*to be paid by the hour*
el trabajo estacional	*seasonal work*
las vacaciones	*vacation*

El desempleo

estar en paro, estar desempleado	*to be unemployed*
parado	*unemployed person*
paro, desempleo	*unemployment*
subsidio de paro	*unemployment benefit*
dejar de + infinitivo	*to quit*
despedir	*to fire*

El retiro

retirarse	*to retire*
jubilación, retiro	*retirement*
pensión	*retirement pension*
jubilación anticipada	*early retirement*
plan de jubilación	*pension plan*

Práctica

5.4 *Complete las frases con palabras de la lista de vocabulario.*

1. Mi jefe me hizo el/la _____ anual hace una semana. Espero que me dé un/una _____ para que pueda comprar un coche nuevo.

2. A Juan, le gustaría tomar cursos en la universidad, pero su _____ no se lo permite.

3. Tengo un empleado en mi departamento que nunca llega a tiempo. Lo voy a tener que _____ mañana.

4. Ya que hay tantas dificultades con la economía del país, el número de _____ es muy alto.

5. Me alegro mucho de que hoy sea _____ porque no me queda ni un centavo.

6. María ya tiene tantos años con la compañía que puede _____. Piensa mudarse a Florida para pasar más tiempo con sus nietos.

7. Este año mi familia y yo vamos a pasar los/las _____ en Acapulco.

G **5.5** *Escriba un párafo describiendo su trabajo ideal. Utilice por lo menos diez de los términos de la lista de vocabulario anterior. Luego, haga una lista de las características del trabajo junto con otros tres compañeros. Ordenen los elementos de la lista según la importancia que tengan para el grupo.*

2 **5.6** *Descríbale a un/a compañero/a de clase uno de los trabajos de la siguiente lista sin mencionar el nombre, de forma que el/la otro/a estudiante pueda adivinar qué trabajo es. Luego, su compañero/a debe describirle a usted otro trabajo. Sigan haciendo lo mismo hasta que terminen la lista.*

MODELO: e1: Me dieron el trabajo aunque no tengo experiencia.
         e2: Eres camarero.
         e1: No, no soy camarero. Pero, sí trabajo en un restaurante.
         e2: Eres cocinero.
         e1: No, no soy cocinero. Pero, sí trabajo en un lugar donde cocinan hamburguesas.
         e2: Eres cajero en McDonald's.
         e1: Sí

camarero/a

secretario/a

carpintero/a

taxista

plomero

electricista

cocinero/a

manicuro/a

mecánico/a

Cultura

5.7 Estrategia de leer: Conectar ideas

Se supone que el próposito de la lectura de un texto informativo, como un artículo de periódico, es informarle al lector. Según la estrategia de lectura mencionada en el Capítulo 4 sabemos que el primer párrafo introduce un tema determinado y contesta las preguntas: quién, qué, cuándo, dónde y por qué. En los párrafos que siguen, el escritor desarrolla este tema añadiendo detalles que apoyan lo que ha dicho en el primer párrafo; es decir, la función de los párrafos que siguen al primero es amplificar el tema presentado por el escritor. Nuestra tarea, como lectores, es preguntarnos cuál es la idea principal de cada párrafo y tratar de relacionarla con el tema principal de la lectura. ¿Cuál es la idea principal del segundo párrafo? Trate de escribirla en una frase breve. Después de hacer este proceso con todos los párrafos, habrá obtenido un resumen de la lectura.

Pollo capón, tamales y frijoles en la Acción de Gracias de latinos en los EE.UU.

LAURA BONILLA
AGENCE FRANCE PRESSE - Spanish, 23 DE NOVIEMBRE DEL 2001

°**arándanos:** cranberries
°**gallinas indias:** hens
°**pollos capones:** capons
°**frijoles charros:** a bean dish with pork, sausage, ham and spices
°**arroz guisado:** rice cooked with spices

°**agregando:** adding
°**otorgan:** give

Más de 40 millones de hispanos que residen en los Estados Unidos festejan a su manera el Día de Acción de Gracias (Thanksgiving), reemplazando el pavo relleno con salsa de arándanos° y el pastel de calabaza estadounidenses por gallinas indias° y pollos capones°, frijoles charros°, arroz guisado°, tamales y pastel de plátanos con mermelada.

El Día de Acción de Gracias, que es el cuarto jueves de noviembre da comienzo a un fin de semana largo de cuatro días, es la fiesta del encuentro familiar, una tradición exclusivamente estadounidense donde muchos atraviesan el país para reunirse con la familia, aun más que en Navidad.

La numerosa población latina aprovecha la ocasión para juntarse con familiares y amigos y comer a lo grande, agregando° a la mesa platos típicos de sus países de origen, aunque muchos no otorgan° un significado religioso a la celebración.

°**habanero:** relating to Havana
°**rancheras:** type of Mexican music

°**regado:** watered

°**sazón criollo:** Creole seasoning
°**mojo:** a broth or sauce
°**adobo:** a broth or sauce used to season meat
°**entremeses:** side dishes

°**horchata:** drink made with water, sugar, and crushed almonds, tiger nuts, or rice

°**caja:** cash register

°**resaca del vino:** a hangover from drinking wine

El barrio bohemio y latino de Washington, Adams Morgan, está semi-desierto el viernes, igual que el resto de la ciudad. El restaurante peruano "Casa Blanca: all you can eat" y el habanero° "Rumba Café" están cerrados. Pero las rancheras° a todo volumen y el olor a pescado y banana frita revelan que el salvadoreño "Combinación" está abierto. Arturo Canales, un mexicano de 29 años que trabaja allí, dijo a la AFP que celebró la Acción de Gracias el jueves de noche con amigos, a quienes les cocinó cesina (carne enchilada), frijoles charros y tortillas, un banquete que fue regado ° con cerveza Corona.

La tradición estadounidense ordena cocinar como para un batallón. El pavo y todo lo que lo acompaña debe durar por lo menos hasta el lunes en el país donde reina "la cultura de los restos".

Joe Báez, un puertorriqueño que vive en Washington hace más de 15 años, cocinó para 34 personas un "pavochón", un pavo de más de 10 kilos, "relleno con stuffing gringo", pero bañado durante un día en sazón criollo°: mojo°, mucho ajo y pimienta, adobo° y sofrito de recado (una hierba caribeña de fuerte sabor).

A partir de la segunda generación, los latinos "celebran la fiesta de una manera más gringa", explico Báez, pero los entremeses° son en general típicos del país de origen de los padres. En su caso, arroz guisado, habichuelas, ensalada y para tomar, horchata°. De postre, el pastel de calabaza es sustituido por "pastelillitos de guayaba, piña y papaya".

"En nuestras fiestas hay mucho chiste, mucha plática, no se habla de trabajo ni se prende la televisión para ver fútbol americano", como hacen muchos estadounidenses, observó.

Raúl Díaz, un guatemalteco de 26 años, atiende la caja° del mercadito latino Peña, en el barrio 'bohemian chic' Dupont Circle. Aunque en su casa sólo son tres, cocinaron dos pollos capones rellenos con vegetales y un pato con marinada de naranja agria, "frijolito volteado", arroz, yuca con chicharrón y ensalada de verduras con mayonesa.

"En mi país esto no se celebra, pero respetamos las costumbres de acá, y quisimos con mi hermano y mi cuñada hacer una cena especial para pasarla bien", contó, todavía con resaca° del vino español degustado la víspera.

La tienda Peña no vende pavos, ya que los latinos prefieren gallinas indias o pollos capones para hornear, explicó Díaz. Esta semana se vendieron allí más de 100, mientras que en todo el país se sacrificaron unos 45 millones de pavos.

"La gallina india es más rica, es gorda, está criada en el campo y no en la granja", precisó Osmin Rudy Alfaro, un salvadoreño de 27 años que hace nueve vive en Adams Morgan, donde trabaja en el café Tryst.

"Cenamos gallina india rellena y ensalada, tamales con carne y frijoles blancos, y también arroz, y hasta champaña, para dar las gracias a Dios por todo lo bueno y todo lo malo", contó.

Alex Flores, otro salvadoreño de 23 años, sólo comió los restos de una cena especial de Acción de Gracias para 200 personas celebrada en el Hotel Hilton, en cuya cocina trabaja. Pero en casa, optó por los camarones entomatados.

°**embajada:** embassy

°**zapallos:** squash

°**pebre:** sauce made of pepper, garlic, parsley and vinegar

Los estudiantes chilenos de Washington y sus alrededores fueron invitados a cenar el jueves por la embajada° de su país. "Comimos pavo con puré de zapallos° y de papas, y el toque chileno lo dio el pebre° (preparación picante de cilantro y cebolla, entre otros) y el vino", informó el cónsul Iván Favero.

La Acción de Gracias nació en 1621 en Plymouth, Massachusetts, cuando los colonizadores británicos compartieron cuatro pavos salvajes junto con los nativos para agradecer a Dios por su destino.

5.8 Comprensión

1. ¿Se celebra el día de Acción de Gracias por todo el mundo? ¿Por qué?
2. ¿Cómo celebran los latinos este día?
3. ¿Celebró Arturo Canales el día de Acción de Gracias? Explique qué hizo ese día.
4. ¿Por qué era distinto el pavo que cocinó Joe Báez?
5. Según Joe Báez, ¿cómo añaden los latinos su toque personal a la comida?
6. Además de la comida, ¿en qué se diferencia la celebración de Acción de Gracias de los latinos de la tradicional estadounidense?
7. ¿Por qué no preparan un pavo muchos latinos?

5.9 A explorar

Los latinos de los Estados Unidos celebran el día de Acción de Gracias a su manera incluyendo platos de su país de origen al menú tradicional. ¿Qué rasgos de la cultura hispana han contribuido a la Navidad en los Estados Unidos? ¿Qué celebraciones hispanas se han añadido a la cultura de los Estados Unidos? Escoja una de las celebraciones hispanas (como el Cinco de Mayo, el Día de la Raza o el Día de los Muertos) y busque información en Internet acerca de su origen y cómo se celebra en los Estados Unidos. Después en grupos pequeños, preparen informes orales sobre el origen de la fiesta, su comida, las costumbres y su arte. Si baja imágenes de Internet, su presentación será más interesante y animada. El resto de los estudiantes escucharán los informes y escribirán artículos de estilo periodístico, como si fueran reporteros que presenciaron la celebración. En grupos pequeños, según la fiesta que vayan a describir, los "periodistas" deben entrevistar a los "expertos" de esa fiesta para conseguir más detalles o para pedir que les aclaren alguna duda.

A conocer

5.10 A presentar

En este capítulo, hay un grupo de trabajadores cuyos trabajos presentan una gran variedad de servicios ofrecidos a la comunidad. Ud. conocerá a una manicura que ayuda a sus clientes a estar más bonitas. También hay otra mujer que tiene un tipo de trabajo relativamente nuevo: el de ayudar en la prepación de álbumes de recortes°. El hombre es instalador de oficinas. Generalmente nadie piensa en cómo se transforma un cuarto vacío en un sitio con estantes, escritorios, lámparas y tecnología.

°**álbumes de recortes:** scrapbooks

G   En un grupo pequeño, lean las siguientes citas y traten de decidir de quién es cada una. Al leer la oración, consideren el sexo de la persona, su edad posible, su origen y lo que se puede inferir acerca de su vida. Comparen las respuestas de su grupo con las de los otros grupos. ¿Qué cita le sorprende más? ¿Por qué?

1. "...trabajé en el servicio de limpieza de un hotel..."
2. "...lo qué más me gusta del trabajo es tratar con la gente..."
3. "...lo que hago es un arte..."

John Zapata

Caroline Cabrera Prado

Rosa Cabrera*

*En este capítulo, Ud. conocerá a tres personas con el apellido Cabrera. Es coincidencia que todos tengan el mismo apellido. No son parientes.

°**halagador:** flattering

°**láminas:** engraving

John Zapata

John salió de Colombia en busca de una tierra con más oportunidades para sus hijos y él mismo. Con su trabajo duro, ha encontrado el éxito.

La decisión más difícil que he tomado en mi vida fue la de venirme a este país, vivir en una nueva cultura, encontrarme con algo que no sabía cómo era. La única referencia que tenía de este país era lo que había visto en películas y ahí todo se veía muy bonito. Pero todo cambió cuando llegué. A pesar de que ésa fue la decisión más dura que tomé a la edad de tan sólo veinte años, creo que tomé la decisión correcta. Sobre todo teniendo en cuenta la situación que se presentaba en nuestro país. No veía un futuro halagador° allí. No sé qué estaría haciendo si me hubiera quedado; no sé que habría pasado en mi vida puesto que las ventajas en Colombia son muy pocas. Y gracias a Dios aquí las oportunidades son bastantes si uno las aprovecha al máximo. Y creo que las he aprovechado al máximo.

Mi primer trabajo en este país fue en una fábrica en la cual cromábamos las partes de los carros para diferentes compañías. Fue una experiencia agradable porque en mi país yo trabajaba en un negocio familiar y nunca había trabajado para alguien independiente. Y fue bonito. Empecé a ganar mi primer sueldo con mi propio sudor, con mi propio esfuerzo. Era un trabajo interesante. Desde ese entonces, he tenido varios tipos de trabajos. Fui cromador en una fábrica, también trabajé en el servicio de limpieza de un hotel. Además de la limpieza, el trabajo requería que me ocupara un poco del mantenimiento del hotel reparando pequeñas cosas como bombillos, puertas, etc. También tenía que arreglar reuniones para conferencias y cosas por el estilo. Después del hotel, trabajé en una fábrica de láminas° y actualmente soy instalador de oficinas.

Cuando llegué a este país viví primero en Nueva York. Viví allá por aproximadamente ocho años, en una ciudad llamada White Plains que está a las afueras del Bronx. Me gustó mucho. La vida en White Plains es totalmente diferente a la vida en Colombia. En Nueva York uno encuentra gente de todas partes y

el inglés que se escucha varía mucho en el acento debido a que la gente que lo habla viene de diversos países. La forma de vida en Nueva York es también diferente al ser más rápida, más acelerada. La ciudad en sí es bien interesante y siempre hay mucho que hacer; especialmente en los fines de semana hay muchas actividades. Nueva York es increíble. Desgraciadamente, el índice de criminalidad es un poco alto. Además, muchas veces los trabajos que uno tiene allá no pagan lo suficiente como para cubrir los gastos diarios, a no ser que uno tenga una buena carrera y consiga un trabajo bien pagado. Pero si no, vas a ser como un inmigrante más en esa gran manzana que es inmensa. Pero fue una experiencia muy linda. Desafortunadamente, no pudimos estar viviendo más tiempo allá.

Ahora vivo en New Hampshire, gracias a un amigo que se enteró de que yo estaba en este país y se comunicó conmigo. Cuando vivíamos en Nueva York nos hizo una visita. Vio como me estaba yendo allí y me sugirió la idea de venirme a New Hampshire. Me dijo que como yo tenía familia, aquí tendríamos más oportunidades, especialmente mis hijos cuando crecieran. La vida en Nueva York era muy cara y decidimos mudarnos. Así que, lo que más me motivó a venirme a New Hampshire fueron las ganas de llegar a un estado diferente para tratar de darles a mis hijos la oportunidad de vivir sus sueños.

Todos los niños tienen sueños. Yo de niño soñaba con ser policía, soñaba con ser abogado, soñaba con ser…prácticamente todo. Pero uno de mis grandes sueños era ser jugador profesional de fútbol, algo que desafortunadamente no tuve oportunidad de hacer. No tuve a nadie que me aconsejara cómo lograr esta meta. Yo creo que éste ha sido uno de los sueños frustrados de mi vida. Por eso ahora trato de envolverme un poco por los lados y tal vez …no sé a lo mejor todavía tengo tiempo. Ojalá que pronto surja algo para que pueda seguir dedicándome al fútbol.

En este país el fútbol es algo diferente al de nuestros países. He jugado en varios equipos, tanto en Nueva York como aquí en New Hampshire, y me ha gustado, aunque me parece que los equipos de aquí no van al mismo nivel que en Sudamérica. El nivel de aquí es un poco más bajo porque el fútbol se está convirtiendo ahora en un deporte popular, lo cual es bueno porque aquí hay buenas instalaciones para practicar deportes. Además, hay medios económicos disponibles para formar una buena liga y un equipo con una buena estructura. Eso me motiva, sobre todo porque mi meta sería ser entrenador más adelante y tratar de hacer algo bueno por los muchachos. La verdad es que me gusta enseñar a los niños. De hecho he sido técnico° voluntario en una liga que hay aquí en esta ciudad. Me gusta aunque los técnicos que van allá no saben prácticamente nada de qué están hablando cuando están hablando de fútbol porque ellos tal vez nunca lo han vivido. En Latinoamérica, los niños aprenden desde muy jóvenes a jugar al fútbol, pero aquí aprenden más sobre este deporte consultando la computadora o a sus amigos que practicando con la pelota. Me gustaría que los niños aprendieran a jugar al fútbol bien y más adelante, que el futuro para ellos sea brillante en el mundo del deporte. Yo lo único que quiero es que la gente siga yendo a los estadios patrocinando° a estos equipos. Ojalá que sea así y que vaya creciendo la popularidad del fútbol en este país.

°**técnico:** coach

°**patrocinando:** sponsoring

5.11 Comprensión

1. ¿Por qué John decidió mudarse a los Estados Unidos?
2. ¿Por qué le gustó tanto el trabajo de cromar partes de carros?
3. ¿Qué otros trabajos ha tenido?
4. ¿Por qué piensa que Nueva York es una ciudad tan distinta?
5. ¿Cuáles son algunas desventajas de vivir en Nueva York?
6. ¿Cuál es el sueño frustrado de John que se menciona en el texto?
7. ¿Qué quiere hacer John para que el fútbol llegue a ser más importante en los Estados Unidos?
8. ¿En qué sentido es su habilidad diferente a la de los otros técnicos?

G 5.12 Discusión

Hablen en grupos de tres o cuatro alumnos.

1. Además de ser cromador, John ha realizado varios trabajos diferentes. ¿Trabaja Ud. ahora? ¿Cuál fue su primer trabajo? ¿Trabajó Ud. a tiempo completo o a tiempo parcial? ¿Fue un trabajo profesional o trabajó de obrero? ¿Qué se necesita para conseguir un trabajo en una fábrica, una oficina, una escuela, un hospital? Cuándo busca Ud. un trabajo, ¿cuál es lo que más le importa: el salario, los beneficios, el lugar donde está el trabajo o cuántas horas debe trabajar? Si Ud. tuviera como John un/a esposo/a e hijos, ¿vivirían en Nueva York o en New Hampshire?

2. Uno de los grandes sueños de John era ser jugador profesional de fútbol. Éste es un sueño típico de muchos niños. En su opinión, ¿por qué quieren ser los niños atletas profesionales? Y las niñas, ¿qué quieren ser ellas? ¿Hay un sueño típico de niñas? ¿Qué sueño tenía usted cuando era niño/a? ¿Todavía tiene esperanzas de poder realizarlo? ¿Por qué? Si usted tiene sueños diferentes ahora, ¿en qué han cambiado? Si Ud. pudiera ser jugador/a profesional o maestro/a en Nueva York, ¿qué preferiría ser?

3. Según John, el fútbol todavía no es tan popular en los Estados Unidos como en otros países. En la clase, ¿hay alguien que juegue al fútbol? ¿En qué se parecen el fútbol y el fútbol americano? ¿Cuáles son las diferencias más importantes? Teniendo en cuenta el número de latinos que viven en los Estados Unidos ahora, ¿cree Ud. que el fútbol llegará a ser tan popular como el fútbol americano? ¿Por qué?

°**involucrarme:** to involve myself

Caroline Cabrera Prado

Caroline es una peruana que dejó un trabajo en un laboratorio para abrir su propio negocio. Su meta es abrir aun más tiendas en el futuro.

Lo que más me gusta del trabajo que tengo actualmente es que puedo comunicarme con la gente. Me encanta involucrarme° mucho en la vida de la gente, saber lo que piensan, que me cuenten cómo se sienten y lo que ocurre en sus

°**entretengo:** I am
entertained

vidas. Me encanta escuchar también. Aparte de eso he encontrado que hacer el trabajo que hago es un arte. Me encanta la creatividad. Me entretengo°, me relaja y también me alegra que el cliente se sienta a gusto.

En comparación con el lugar donde trabajaba antes, acá el ambiente es mucho más calmado. No tengo tanta presión como cuando estaba en el laboratorio, trabajando con números que indicaban la contaminación del aire y del agua. Allí me ocupaba de que las computadoras estuvieran funcionando bien. Si había necesidad, ayudaba al químico.

Cuando dejé de trabajar allí, decidí estudiar para ser *nail tech*, o manicura, como se diría en español. Aprendí todo lo que hay que saber sobre las uñas. Nos enseñaron cómo hacer diferentes tipos de uñas esculpidas con acrílico y fibra de vidrio. También aprendí a decorar las uñas con distintos co-

°**diseños:** designs

lores y formas. Estos diseños° de uñas son mucho más atrevidos que los comunes y algunas mujeres los prefieren para ocasiones especiales. Ahora trabajo con todo lo que esté relacionado con la manicura y pedicura, es decir, los pies y las manos.

Nunca pensé hacer lo que estoy haciendo, pero en Perú nos damos cuenta de que nunca puedes decir que no. Me encanta todo lo relacionado con la belleza y el cuidado de las manos. Siempre me ha gustado este tipo de cosas. Bueno, siempre he tenido las uñas largas, pintadas y bien cuidadas. En general, me gusta cuidar mi estética y estar siempre bien arreglada. Cuando me metí a la academia no sabía bien de qué se trataban los cursos. Pasé la primera semana sin enterarme de lo que pasaba a mi alrededor. Y ahora me encanta, me parece un trabajo muy bonito y me resulta sencillo hacerlo. Poco a poco fui aprendiendo más cosas en la academia. En total éramos un grupo de cuatro chicas y, cuando ya habíamos aprendido bastantes técnicas, comenzamos a diseñar un nuevo estilo de uñas. Sacamos un estilo graciosísimo y todas nuestras compañeras querían aprenderlo. Dentro de todo me sentí muy realizada y le

°**toque:** touch

dimos un nuevo toque° a la academia. En realidad la creatividad del trabajo es muy bonita para mí. Creo que la manicura es todo un arte.

Lo único que no me gusta del trabajo es el olor fuerte que tienen los productos con acrílico. El olor es tan fuerte que a veces, cuando tengo tres o cuatro clientes seguidos, me resulta insoportable. Pero aparte de eso me fascina lo que hago y nunca me canso. Claro que me duele la espalda de vez en cuando, pero da igual, ¿no? Para mí es el trabajo ideal. La prueba está en que el tiempo se me pasa muy rápido, y eso es lo que ocurre cuando te gusta lo que haces.

Para el futuro, mi meta en lo que estoy haciendo es tener más negocios, porque si éste da plata podría abrir otros dos locales más. De repente podría contratar a otras manicuras, tal vez otras latinas, porque en los trabajos de cosmetología, manicura o peluquería hay muy pocas latinas. Aquí en Manchester, New Hampshire, mucha gente viene a tocarme la puerta a preguntar si cortamos el cabello porque muchas veces no se pueden comunicar con la peluquera en inglés. A veces la gente se siente más a gusto con su propia gente, especialmente cuando no hablas el idioma. Pienso también que esto puede ayudar a contribuir a la educación de hijos. Todo cuesta en la vida. Creo que la

°**desafío:** challenge

vida en sí es un desafío° constante, que siempre tienes que estar enfrentando diferentes cosas cada día, y hasta a ti mismo a veces. Pero siempre tienes que luchar para salir adelante porque es simplemente parte de la vida, ¿no?

5.13 Comprensión

1. ¿Qué es lo que le gusta a Caroline de su trabajo?

2. ¿En qué sentido es el trabajo de manicura diferente de su trabajo anterior?

3. ¿Qué aspecto de su trabajo no le gusta?

4. Según Caroline su trabajo es un arte ¿Cómo demostró su creatividad en la academia?

5. ¿Es ambiciosa Caroline? ¿Qué planes tiene para el futuro?

G 5.14 Discusión

Formen grupos de tres o cuatro alumnos y hablen sobre los siguientes temas.

1. Caroline dice que las latinas (y por extensión) los latinos prefieren visitar las tiendas cuyos dueños son otros latinos. ¿Por qué tienen estas preferencias cuando van a la peluquería o a hacerse la manicura, según Caroline? ¿Se les ocurren a Uds. otros servicios en los que la comunidad latina se sentiría más a gusto tratando con otros latinos? ¿Piensa Ud. que es mejor usar los servicios de una persona de su propia cultura? ¿Por qué?

2. Al hablar de su trabajo, Caroline dice: "El tiempo pasa rápido cuando te gusta lo que haces." ¿Está Ud. de acuerdo? ¿Ha experimentado Ud. esta sensación? ¿Cuándo? Describa las circunstancias. Cuando no le gusta lo que hace, ¿hace algo para que el trabajo sea más agradable? Explique qué es lo que hace o puede hacerse en este caso.

°**dañe:** harm

°**se esforzó:** worked hard

Rosa Cabrera

Rosa usa su creatividad todos los días para ayudar a otros a preservar sus memorias.

Conseguí el trabajo en Scrappy's por una amiga que se llama Melissa. Primero, ella me invitó a unas clases de *scrapbooking* donde nos enseñaron cómo poner fotos en álbumes, cómo diseñar páginas de fotos, etc., y me gustó. Como yo soy maestra de primer grado, en los veranos no trabajo. Así que, cuando me dijo que necesitaban ayuda en esa tienda, fui y me contrataron.

Lo que más me gusta del trabajo es tratar con la gente, con los que trabajan allí y también con los clientes. Aparte de eso, me gusta mucho ayudar a la gente con sus diseños. La tienda está llena de productos para hacer álbumes de recortes. Tienen varios tipos de papel sin ácido para que el papel no dañe° las fotos. Yo me encargo de poner precios en los productos que nosotros vendemos. También ayudo a los clientes que entran y necesitan ayuda para hacer una página o combinar colores con sus fotos.

Lo único que no me gusta es la cantidad de horas que trabajo, que son más de las que me gustaría, porque no puedo pasar tanto tiempo con mis hijos, con mi familia. El tiempo en la tienda pasa muy rápido, porque siempre hay algo que hacer; pero de todas formas algunos días se me hacen un poco largos. Entro a las nueve y media y salgo como a las seis de la tarde.

Siempre me gusta estar con mi familia, mis hijos y mi esposo. Aunque mi esposo me dice "Ándale, sal con tus amigas," yo pues prefiero estar con mi familia. Solemos salir en bicicleta al parque y también vamos al cine. Aparte de esas cosas me gusta pasar tiempo arreglando mis fotos y trabajando en mis álbumes. Lo hago como una o dos veces a la semana. En ocasiones, casi una vez al mes, me junto con unas amigas y lo hacemos en grupo. Nos reunimos en una de nuestras casas, cada quien trae comida y pasamos la tarde platicando y trabajando en los álbumes. Es un pasatiempo que me gusta mucho. Me relaja y me gusta revivir a través de las fotos los momentos vividos con mi familia. También creo que es importante que lo haga porque es una forma de guardar esos recuerdos para futuras generaciones. Para mí, la familia siempre viene primero, y quiero que así sea para mis hijos también.

Vivo aquí porque aquí nací y aquí está mi familia. No me gusta andar muy lejos de mis parientes porque estamos muy unidos. Mi papá nació aquí, en California, y mi mamá nació en Durango, México. Mi mamá vino de allá sin papeles al principio. Se esforzó° mucho para poder venir acá y aquí conoció a mi papá. Se casaron y me tuvieron a mí y a mi otra hermana.

Creciendo, mi primer idioma fue el español, porque siempre estaba con mi mamá y pues puro español hablaba ella. Todavía no había aprendido a hablar inglés. Ya lo aprendió pero al principio no hablaba mucho. Pero, el inglés también lo aprendí desde muy chiquita porque mis hermanos mayores…ellos llegaban de la escuela y hablaban inglés. Por eso, cuando entré en la escuela, se me hizo muy fácil el inglés.

Mis padres pensaron que era importante que aprendiéramos a hablar en español tanto como en inglés. En mi casa siempre hablábamos en español con mi mamá y luego afuera pues dependía de con quién hablabas. Si era con alguien que hablaba inglés, hablabas inglés; si era con alguien que hablaba español, pues hablabas español. Mi mamá siempre me platicaba de las ventajas que tenía saber dos idiomas. Y por eso estoy intentando enseñarles los dos idiomas a mis dos hijos. Mis hijos ya entienden todo pero hablan mucho más inglés que español. Tengo que insistir más en enseñarles español que mis padres, puesto que mi primera lengua y la de mi esposo es el inglés. Así que en casa hablamos en español para que nos oigan e insistimos en que ellos traten de hablar también. A veces si nos dicen algo en inglés no les prestamos atención hasta que nos lo dicen en español. Así practicamos y esperamos que aprendan a hablar bien los dos idiomas.

Creo que es muy importante que aprendan español porque les va a ayudar mucho cuando estén grandes y busquen trabajo. Especialmente viviendo en Texas, donde hay tanta gente hispana. Por otro lado, mi familia viene de México y la de mi esposo es de El Salvador, así que todos hablan español.

Hay muchas personas de ascendencia hispana que sí entienden el español, aunque no lo hablan porque sus padres no insistieron en ello cuando crecían. También hay mucha gente que a veces combina el inglés y el español. Eso aquí en Texas lo llaman "Tex-Mex." Por ejemplo, dicen cosas como "loquear" o "Tengo que loquear la puerta."

Creo que por estas cosas hay gente que cree que el idioma y la cultura se están perdiendo poco a poco. Pero, yo realmente no lo veo así. Creo que es más que se está cambiando. Bueno, imagino que la cultura de los mexicanos que llegan acá se transforma, que es diferente a la de México; sin embargo, no creo que estemos perdiendo nada, sino que estamos evolucionando. Por mi propia experiencia, no me parece que abandonemos las viejas tradiciones, sino que las seguimos celebrando y al mismo tiempo las mezclamos con las tradiciones de los Estados Unidos y con las de otros países. Por ejemplo, en el Día de la Coneja aquí los huevos están rellenos de dulce y siempre se esconden. Nosotros ponemos dinero en algunos o también hacemos unos huevos que se llaman

°**hoyito:** little hole
°**yema:** egg yolk
°**pegadura:** glue

°**tirárselos:** to throw them at each other

cascarones en los cuales ponemos confeti y los pintamos y luego pues los estrellamos en la cabeza de alguien. A veces ponemos harina también en vez de confeti. Para hacerlos haces un hoyito° chiquito arriba del huevo y sacas toda la yema°. Lo dejas secarse bien y luego lo pintas, lo llenas de confeti o harina, y lo tapas con papel delgado o pegadura°.

La tradición de los cascarones viene de México pero allá no tiene relación con la Pascua. Los venden en las calles cada vez que hay un festival en un pueblo. Supuestamente da buena suerte si alguien te rompe uno de eso huevos en la cabeza. Obviamente, esto no es lo que más les importa a los niños, ellos sólo se divierten tirándoselos°. Igual aquí a los niños les gusta jugar con los cascarones. Se me hace interesante que esta tradición esté evolucionando, que pase de nuestros abuelos a nuestros hijos.

5.15 Comprensión

1. ¿Cuáles son los dos trabajos de Rosa? ¿Por qué es posible que trabaje en Scrappy´s?
2. ¿Cuáles son los quehaceres de su trabajo?
3. Según Rosa, ¿es corto o largo su día? Explique su respuesta.
4. ¿Cómo es que su trabajo se extiende a su vida personal?
5. ¿Cómo aprendió ella a hablar inglés?
6. ¿Por qué cree Ud. que los hijos de ella hablan más en inglés que en español?
7. ¿Qué hacen en la familia de Rosa en el Día de la Coneja?

Ⓖ 5.16 Discusión

Hablen en grupos de tres o cuatro alumnos.

1. Rosa dice que los latinos no están perdiendo la cultura; dice que la cultura está evolucionando.¿Cuál es el ejemplo que nos da de la evolución de las tradiciones mexicanas en los Estados Unidos? ¿Conoce Ud. otros ejemplos de la evolución de la cultura mexicana?

2. Rosa mantiene que además de las tradiciones, la lengua española de los latinos estadounidenses está evolucionando. ¿Qué ejemplos nos da Rosa? ¿Qué otros ejemplo hemos visto de los cambios lingüísticos en el español que hablan los latinos estadounidenses? Como hemos visto en el capítulo preliminar, algunas personas llaman *spanglish* a esta evolución de la lengua española. ¿Cree Ud. que es una buena idea enseñar y usar este vocabulario nuevo o cree que sería conveniente evitar estos cambios y mantener la lengua fiel a las reglas y usos tradicionales?

5.17 A repasar

1. Como Ud. puede ver en la siguiente tabla, los individuos de este capítulo han trabajado en una variedad de puestos. Cada trabajo requiere una serie de habilidades y ofrece beneficios diversos. Algunos trabajos requieren entrenamiento, ya sea en un instituto o en

una escuela; puede durar un día, un año o más. La personalidad de la persona es importante también si tiene que trabajar de cara al público. Los beneficios pueden ser simplemente el salario, las horas de trabajo o la satisfacción personal.

Rellene la tabla con la información pedida.

Individuo	Trabajo	Entrenamiento	Personalidad	Beneficios
María	cocinera			
John	obrero de mantenimiento			
	instalador de oficinas			
Caroline	técnica de laboratorio			
	manicura			
Rosa	maestra de primer grado			
	dependiente de una tienda			
	de álbumes de recortes			

Después de considerar todos los trabajos, ¿cuál le gustaría hacer? ¿Por qué razón?

2. Muchas personas escogen una carrera según los beneficios económicos que les ofrecen mientras que otras optan por la satisfacción personal. Si su trabajo les da lo que estaban buscando, están contentos. Al hojear las 4 entrevistas, ¿le parece que estas personas están satisfechas en sus puestos de trabajo? Considere las razones por las cuales a cada uno de ellos le gusta su trabajo. ¿Tiene que ver con algo intangible o con algo más concreto, como el dinero? Piense en las metas que las personas entrevistadas tienen para el futuro. ¿Tienen que ver con mejorar su propia vida o con algo diferente? En sus propios planes para el futuro, ¿cuál es lo más importante? ¿Es posible seguir una carrera que combine los dos (la satisfacción personal y los beneficios económicos)? ¿Qué carreras lo harían posible?

Estructuras

Repaso del subjuntivo

El subjuntivo con expresiones de persuasión, sugerencia

Infinitivo o subjuntivo

El subjuntivo para expresar duda

Persuasion

In the last chapter we saw that we use <u>subjunctive</u> in the relative clauses of sentences when someone wants someone else to do something.

Quiero que tú <u>hables</u> español.

There are several other nominal clause verbs that are used to indicate persuasion such as request (pedir), suggest (sugerir), advise (aconsejar), and recommend (recomendar).

For example:

> *Les recomiendo a mis amigos que <u>hablen</u> los dos idiomas.*
> *Sugiero que <u>estudies</u> más.*
> *Le pido al jefe que me <u>dé</u> más dinero.*

There are also several impersonal expressions such as "it's important," *"es importante,"* that indicate persuasion; they can be used before an <u>infinitive</u> when making a general rule (it's important to study - *es importante <u>estudiar</u>*); but when persuading a specific person they require <u>subjunctive</u> (it's important that YOU study - *Es importante que tú <u>estudies</u>*)

For example:

> *Para Rosa es importante <u>hablar</u> los dos idioma*s
> *Para Rosa es importante que sus hijos <u>hablen</u> los dos idioma*s
> Es mejor <u>hablar</u> inglés en los Estados Unidos
> Es mejor que los latinos estadounidenses <u>hablen</u> inglés

Other impersonal expressions that work in this way with the subjunctive or infinitive include are: es preciso and, es necesario (it's necessary).

Doubt and uncertainty

When a nominal clause or impersonal expression indicates doubt, uncertainty, or denial the <u>subjunctive</u> must be used in the subordinate clause.

For example:

> Dudo que la mayoría de la gente <u>tenga</u> salarios muy altos en Guatemala.
> No es cierto que <u>haya</u> trabajo en México.
> Niego que <u>sea</u> así.

Note that impersonal expressions that indicate anything less than certainty require <u>subjunctive</u>.

> Es muy probable que las fábricas estadounidenses <u>necesiten</u> más trabajadores mexicanos.

Other impersonal expressions that require the subjunctive include: es fácil (it's likely), es posible, and es probable

But, if there is NO doubt or uncertainty, the <u>indicative</u> must be used

> Es cierto que no <u>hay</u> trabajo en México.
> Estoy seguro de que los obreros guatemaltecos <u>ganan</u> poco.
> Es obvio que los niños de los inmigrantes <u>deben</u> asistir a las escuelas.
> No hay duda de que <u>es</u> así.

Práctica

5.18 El fútbol en los Estados Unidos

John Zapata sueña con que el fútbol se juegue mejor y que llegue a ser un deporte más importante aquí en los Estados Unidos. Para lograr esa meta, ha preparado una lista de seis sugerencias dirigidas específicamente a los jóvenes. Cámbielas según el modelo:

MODELO: Es importante ver a los jugadores sudamericanos.

Es importante que los jóvenes vean a los jugadores sudamericanos porque aprenderán a jugar mejor.

1. Es necesario entrenar todos los días.
   Es necesario que los jóvenes _____ porque
   _____.

2. Es preciso hacer ejercicio.
   _____

3. Es importante comer bien.
   _____

4. Es importante no fumar.
   _____

5. Es necesario tener los mejores entrenadores.
   _____

6. Es preciso tener un espíritu deportivo.
   _____

5.19 Las dudas de un inmigrante recién llegado

Aquí habla Joel Barrera durante su primera semana en Los Ángeles. Está tan preocupado que ni siquiera puede hablar español. Se le ha olvidado distinguir entre el subjuntivo e indicativo Ayúdele rellenando los huecos con los verbos en subjuntivo o indicativo según corresponda.

No estoy seguro de que me (1)_____ (poder) entender bien los estadounidenses. Es cierto que yo no (2)_____ (hablar) muy bien el inglés. Es preciso que yo (3)_____ (aprender) a hablar mejor lo antes posible. Mis amigos me recomiendan que yo (4)_____ (tomar) una clase de inglés. El problema es que no tengo mucho tiempo; trabajo más de diez horas al día. Es cierto que (ellos) (5)_____ (tener) clases que se (6)_____ (dar) por la noche. Voy a asistir a una clase de inglés en la iglesia Bautista esta noche a las 8:00. Es muy probable que a esa hora yo (7)_____ (estar) algo cansado pero me hace ilusión empezar a tomar clases para mejorar mi inglés; estoy seguro de que no me (8)_____ (ir) a dormir en clase.

5.20 Los problemas más obvios de los obreros latinos y las soluciones posibles

Primero, complete la siguiente lista de los seis problemas más obvios de los obreros latinos en los Estados Unidos, teniendo cuidado al usar el indicativo o el subjuntivo:

LOS PROBLEMAS

1. Es cierto que en muchas escuelas en los EEUU no se habla español.
2. No dudo que los obreros _____
3. Es obvio que los jefes americanos _____
4. Estoy seguro de que _____
5. Es verdad que _____
6. _____

Ahora, complete la siguiente lista con sus sugerencias para que se solucionen los problemas anteriores. Preste atención al uso del indicativo o del subjuntivo:

LAS SOLUCIONES QUE YO SUGIERO

1. Recomiendo que los maestros estadounidenses aprendan a hablar español.
2. Es necesario que los obreros _____
3. Yo sugiero que los jefes _____
4. Es importante que el gobierno _____
5. _____
6. _____

Destrezas

 A escribir

Con el número creciente de inmigrantes que trabajan en este país, muchas compañías han decidido poner en práctica una política que requiere que sus empleados sólo hablen inglés en el lugar de trabajo. Imagine que recientemente una de las compañías en su área ha adoptado esta política. Ud. acaba de leer en el periódico que algunos empleados afectados están presentando sus quejas ante la corte. Ud. va a escribir una carta al/a la director/a del periódico explicando su postura respecto a esta cuestión.

G 1. En grupos pequeños discutan la situación presentada anteriormente. Hagan una lista de las razones por las cuales creen que una compañía decide poner en práctica la política de hablar solo inglés dentro de su compañía. Haga otra lista de las razones por las cuales creen Uds. que los trabajadores están en contra de dicha política.

2. Decida a quién prefiere apoyar en esta cuestión. Escriba su carta al periódico basándose en la lista de razones que escribió anteriormente. Acuérdese de apoyar cada punto con más información y ejemplos.

3. Cambie su carta con un/una compañero/a de clase. A continuación, debe escribir una respuesta a esa carta como si Ud. fuera el/la director/a del periódico contradiciendo o rechazando cada uno de los puntos expuestos por su compañero/a. También debe sugerirle otras formas de ver el problema para persuadirle y convencerle de que está equivocado/a.

Estrategia de escribir: Mapa semántico

Para organizar las ideas de su carta, una buena estrategia es crear un mapa semántico (como los que rellenó en los capítulos 2 y 3). Debe empezar con la idea que quiere apoyar en el centro. Después, incluya las razones por las cuales Ud. apoya la idea, y luego explique la importancia de sus razones.

2 5.22 ¿Qué haría Ud.?

Con un/una compañero de clase, prepare un diálogo entre un/a supervisor/a y uno/a de sus empleados. Use la siguiente información como base para su diálogo. Luego presente su diálogo a la clase con uno/a de Uds. haciendo el papel de jefe/a y el/la otro/a haciendo el papel de empleado/a. Piense en algún puesto de trabajo para el/la empleado/a o escoja uno de los siguientes: secretario/a, cajero/a en una tienda, mesero/a, trabajador/a de una fábrica de computadoras, carpintero/a, obrero/a de la construcción o vendedor/a de autos.

Supervisor/a: Cada año Ud. tiene que hacer una evaluación del trabajo de sus empleados. Para hacerla se junta con ellos para darles una oportunidad de explicarle cómo va su trabajo y cómo están intentando mejorar o ayudar a la compañía. Haga una lista de apuntes que pueda usar durante una entrevista para averiguar si hacen su trabajo como es debido. Durante su conversación deben hablar sobre su puntualidad, su entrenamiento, cómo se lleva con los otros trabajadores, etc. Después de esta entrevista, tiene que decidir qué porcentaje de su sueldo el/la empleado/a va a recibir como aumento.

Empleado/a: Durante su entrevista anual con su jefe/a, tiene que convencerle de que es Ud. tan eficaz en su trabajo que merece un aumento de sueldo. Debe incluir información sobre los años que lleva trabajando con la compañía, su puntualidad, cosa "extras" que ha hecho (como tomar cursos, entrenamiento especial, etc.) para mejorar su desempeño, proyectos especiales en los cuales está trabajando, su lealtad a la compañía, su actitud, etc.

Comprensión auditiva

Donaldo Cabrera, obrero de una compañía de construcción, habla del sistema del aire acondicionado en un edificio en el cual está trabajando.

G 5.23 Antes de ver el video

En grupos de 3 ó 4, hablen con sus compañeros de clase, haciéndose las siguientes preguntas sobre sus experiencias con la construcción de edificios.

La construcción de edificios

1. ¿Has visto la construcción de un edificio o una casa?
2. ¿Cuánto tiempo duró la construcción? ¿De qué materiales fue construido?
3. ¿Cuántos hombres trabajaron en el edificio?
4. Tomemos el ejemplo de una casa mediana de unos 2.200 pies cuadrados: ¿Cuánto tiempo dura la construcción? ¿Cuánto cuesta? ¿De qué depende el valor de la casa? ¿Cuáles son los materiales más caros o más baratos? Por ejemplo, ¿qué casa cuesta más, una de madera o una de ladrillo (brick)? ¿Cuáles son las ventajas y desventajas de los materiales que han mencionado? ¿Qué cambiaría si se tratara de un edificio "mediano-chico" de cuatro pisos y unos 30.000 pies cuadrados?

5.24 Primera proyección - Comprensión

Después de ver el video por primera vez, conteste las siguientes preguntas escogiendo la mejor respuesta:

1. ¿Cuántos años hace que Donaldo vive en los Estados Unidos?
   a. 5   **b.** 6   **c.** 7

2. Donaldo Cabrera es de ...
   a. El Salvador
   b. Costa Rica
   c. Guatemala

3. Los instaladores del aire acondicionado a veces trabajan en ...
   a. el techo
   b. las luces
   c. la chimenea

4. Las líneas de *supply* y *return* son de ...
   a. metal barato
   b. acero inoxidable
   c. cobre

5. Donaldo dice que el edificio en que están trabajando es para ...
   a. niños
   b. ancianos
   c. animales

5.25 Segunda proyección - Comprensión

Despúes de ver el video por segunda vez, conteste las siguientes preguntas escogiendo la mejor respuesta:

1. La compañía para la cual trabaja Donaldo le da un sueldo bueno y …
   a. seguros
   b. premios
   c. un carro

2. Donaldo aprendió a leer los planos …
   a. en un día
   b. fácilmente
   c. con mucha dificultad

3. Las desventajas del acero inoxidable son que …
   a. no es durable pero es caro
   b. es caro y muy pesado
   c. es caro y difícil de manejar

4. Las líneas de *return* sacan
   a. aire frío
   b. aire caliente
   c. malos olores

5. Donaldo dice que el edificio en que están trabajando es para …
   a. la universidad
   b. el gobierno
   c. el hospital

5.26 ¿Se acuerdan de todos los detalles?

1. ¿En qué estado de los Estados Unidos está trabajando Donaldo?
2. ¿Cuáles son las funciones del *return* y *supply*?
3. ¿Cuáles son las razones por las cuales le gusta mucho trabajar para su compañía?
4. ¿Qué tenía que aprender Donaldo para poder trabajar con el aire acondicionado?
5. Además de las líneas del sistema del aire acondicionado, ¿qué más hay en el techo?
6. ¿Cuáles son las ventajas y desventajas de las líneas de acero inoxidable?
7. ¿Por qué dijo Donaldo que el edificio era para los animales?

G 5.27 Consideraciones

En grupos de tres o cuatro, hablen sobre las siguientes cuestiones.

1. Donaldo parece estar muy contento. En su opinión, ¿es importante que los empleados estén contentos? ¿Por qué? ¿Qué pueden hacer los jefes para que estén contentos sus empleados?

2. Además, es obvio que Donaldo está muy orgulloso del trabajo que hace. En su opinión, ¿es importante que los obreros estén orgullosos de lo que hacen? ¿Por qué? ¿Cree Ud. que muchos obreros se sienten así?

3. Si Ud. tuviera que trabajar en la construcción de edificios, ¿qué le gustaría más, ser carpintero o instalador de aire acondicionado?

4. Si Ud. fuera instalador de aire acondicionado, ¿le gustaría trabajar más en edificios grandes o en casas particulares? ¿Por qué?

Lectura

Las salamandras

TOMÁS RIVERA

Tomás Rivera nació en Crystal City, Tejas, en 1935. Sus padres emigraron de México y trabajaron en Texas durante un tiempo como obreros. Después se mudaron a Minnesota en busca de trabajo. Rivera trabajó en el campo hasta la edad de 20 años. Luego se graduó de la Universidad de South Texas State con una licenciatura y una maestría en inglés y educación. Recibió un doctorado en lenguas romances con una especialización en español en 1969. Cuando murió a la edad de 49, trabajaba como canciller de la Universidad de California, en Riverside.

Este hijo de trabajadores migratorios recibió el aclamado premio literario Quinto Sol por su obra *…y no se lo tragó la tierra*. La novela cuenta las experiencias de los obreros migratorios chicanos observadas por un adolescente anónimo. Rivera declaró que escribió esta novela porque en aquel entonces los chicanos no existían en la literatura. El cuento que sigue también describe las dificultades, económicas y psicológicas, de una familia de obreros migratorios. Como en su novela, los personajes del cuento seleccionado no tienen nombres. La prosa es tersa y está escrita en el español de Texas.

Rivera pasó la mayor parte de su vida trabajando de profesor o administrador de la universidad. ¿Por qué escribió sobre las experiencias ásperas y brutales de los obreros chicanos en vez de narrar sus experiencias en el terreno de la educación? Puesto que el cuento *Las salamandras* trata de unas experiencias que tuvo Rivera o que oyó de unos amigos suyos, ¿por qué no tienen nombres los personajes?

5.28 Antes de leer

1. Cada persona tiene miedo de un animal o insecto determinado. A algunas personas les producen escalofríos las culebras, las arañas, las moscas o las cucarachas. Las salamandras, que aparecen en el título de nuestra lectura, son feas y resbalosas. ¿Qué animal le parece a Ud. más repugnante? ¿Cómo es este animal?

2. ¿Le gusta hacer viajes largos en carro? ¿Por qué? ¿Le parecen aburridos estos viajes? ¿Cuáles son los problemas de un viaje largo?

3. ¿Le gusta acampar? ¿Ha ido alguna vez de acampada? ¿Le pareció escuchar animales o sonidos desconocidos? Si alguna vez ha estado en un campamento y ha tenido una experiencia que le diera miedo, descríbala a continuación.

Las salamandras

TOMÁS RIVERA

°**lo resbaloso:** the slipperiness

Lo que más recuerdo de aquella noche es lo oscuro de la noche, el lodo y lo resbaloso° de las salamandras. Pero tengo que empezar desde el principio para que puedan comprender todo esto que sentí y también como algo que siento aún.

°**gallineros:** chicken yard
°**betabel:** beet
°**'apá:** papa

°**nomás:** only

°**telarañas:** spiderwebs
°**bodega:** storeroom

Todo empezó porque había estado lloviendo por tres semanas y no teníamos trabajo. Se levantó el campamento, digo campamento porque eso parecíamos. Con ese ranchero de Minnesota habíamos estado esperando ya por tres semanas que se parara el agua, y nada. Luego vino y nos dijo que mejor nos fuéramos de sus gallineros° porque ya se le había echado a perder el betabel°. Luego comprendimos yo y mi 'apá° que lo que tenía era miedo de nosotros, de que le fuéramos a robar algo o de que alguien se le enfermara y entonces tendría él que hacerse responsable. Le dijimos que no teníamos dinero, ni qué comer, y ni cómo regresarnos a Texas; apenas tendríamos con qué comprar gasolina para llegar a Oklahoma. Y él nomás° nos dijo que lo sentía pero quería que nos fuéramos, y nos fuimos. Ya para salir se le ablandó el corazón y nos dio dos carpas llenas de telarañas° que tenía en la bodega° y una lámpara y kerosín. También le dijo a 'apá que, si nos íbamos rumbo a Crystal Lake en Iowa, a lo mejor encontrábamos trabajo en la ranchería que estaba por allí, y que a lo mejor no se les había echado a perder el betabel. Y nos fuimos.

°**'amá:** mama
°**cariño:** affection
°**grava:** gravel
°**remordimiento:** remorse

En los ojos de 'apá y 'amá° se veía algo original y puro que nunca les había notado. Era como cariño° triste. Casi ni hablábamos al ir corriendo los caminos de grava°. La lluvia hablaba por nosotros. Ya al faltar algunas cuantas millas de llegar a Crystal Lake, nos entró el remordimiento°. La lluvia que seguía cayendo nos continuaba avisando que seguramente no podríamos hallar trabajo, y así fue. En cada rancho que llegamos, nomás nos movían la cabeza desde adentro de la casa, ni nos abrían la puerta para decirnos que no. Entonces me sentía que no era parte ni de 'apá ni de 'amá, y lo único que sentía que existía era el siguiente rancho.

°**charco:** puddle
°**se le mojó:** got wet
°**alambrado:** wiring
°**cargarla:** charge it
°**chota:** police
°**húngaros:** gypsies

El primer día que estuvimos en el pueblito de Crystal Lake nos fue mal. En un charco° se le mojó° el alambrado° al carro y papá le gastó la batería al carro. Por fin un garage nos hizo el favor de cargarla°. Pedimos trabajo en varias partes del pueblito pero luego nos echó la chota°. Papá le explicó que sólo andábamos buscando trabajo pero él nos dijo que no quería húngaros° en el pueblo y que nos saliéramos. El dinero ya casi se nos había acabado, y nos fuimos. Nos fuimos al oscurecer y paramos el carro a unas tres millas del pueblo, y allí vimos el anochecer°.

°**anochecer:** nightfall

°**orilla:** side

La lluvia se venía de vez en cuando. Sentados todos en el carro a la orilla° del camino, hablábamos un poco. Estábamos cansados. Estábamos solos.

°**aguitado:** discouraged

°**cera:** wax
°**'buelito:** grandpa
°**sepultamos:** burried
°**amaneció:** dawned

°**cosecha:** harvest
°**enlagunado:** flooded

°**entullidos:** unable to move

En los ojos de 'apá y 'amá veía algo original. Ese día no habíamos comido casi nada para dejar dinero para el siguiente día. Ya 'apá se veía más triste, aguitado°. Creía que no íbamos a encontrar trabajo. Y nos quedamos dormidos sentados en el carro esperando el siguiente día. Casi ni pasaron carros por ese camino de grava durante la noche.

En la madrugada desperté y todos estaban dormidos, y podía verles los cuerpos y las caras a mi 'apá, a mi 'amá y a mis hermanos, y no hacían ruido. Eran caras y cuerpos de cera°. Me recordaron a la cara de 'buelito° el día que lo sepultamos°. Pero no me entró miedo como cuando lo encontré muerto a él en la troca. Yo creo porque sabía que estaban vivos. Y por fin amaneció° completamente.

Ese día buscamos trabajo todo el día y nada. Dormimos en la orilla del camino y volví a despertar en la madrugada y volví a ver a mi gente dormida. Pero esa madrugada me entró un poco de miedo. No porque se veían como que estaban muertos, sino porque ya me empezaba a sentir que no era de ellos.

El día siguiente buscamos trabajo todo el día, y nada. Dormimos en la orilla del camino y volvi a despertar en la madrugada y volví a ver a mi gente dormida. Y esa madrugada, la tercera, me dieron ganas de dejarlos a todos porque ya no me sentía que era de ellos.

A mediodía paró de llover y nos entró ánimo. Dos horas más tarde encontramos a un ranchero que tenía betabel y a quien, según creía él, no se le había echado a perder la cosecha°. Pero no tenía casas ni nada. Nos enseñó los acres de betabel que tenía y todo estaba por debajo del agua, todo enlagunado°. Nos dijo que, si nos esperábamos hasta que se bajara el agua para ver si no estaba echado a perder, y si estaba bien el betabel, nos pagaría bonos por cada acre que le preparáramos. Pero no tenía casas ni nada. Nosotros le dijimos que teníamos unas carpas a que, si nos dejaba, podríamos sentarlas en su yarda. Pero no quiso. Nos tenía miedo. Nosotros lo que queríamos era estar cerca del agua de beber que era lo necesario, y tambien ya estábamos cansados de dormir sentados, todos entullidos°, y claro que queríamos estar debajo de la luz que tenía en la yarda. Pero no quiso, y nos dijo que, si queríamos trabajar allí, que pusiéramos las carpas al pie de la labor de betabel y que esperáramos allí hasta que se bajara el agua. Y pusimos las carpas al pie de la labor de betabel, y nos pusimos a esperar.

Al oscurecer prendimos la lámpara de kerosín en una de las carpas y luego decidimos dormir todos en una sola carpa. Recuerdo que todos nos sentíamos a gusto a poder estirar las piernas, y el dormirnos fue fácil. Luego lo primero que recuerdo de esa noche y lo que me despertó fue el sentir lo que yo creía que era la mano de uno de mis hermanos, y mis propios gritos. Me quité la mano de encima y luego vi que lo que tenía en la mano yo era una salamandra. Estábamos cubiertos de salamandras que habían salido de lo húmedo de las labores, y seguimos gritando y quitando las salamandras del cuerpo. Con la ayuda de la luz de kerosín, empezamos a matar las salamandras. De primero nos daba asco° porque al aplastarlas les salía como leche del cuerpo, y el piso de la carpa se empezó a ver negro y blanco. Se habían metido en todo, dentro de los zapatos, en las colchas°... . Al ver fuera de la carpa con la ayuda de la lámpara, se veía todo negro el suelo. Yo realmente sólo las veía como bultitos° negros que al aplastarlos les salía leche. Luego parecía que nos estaban invadiendo la carpa, como que querían reclamar el pie de la labor. No sé por qué matamos tantas salamandras esa noche. Lo fácil hubiera sido subirnos al carro. Ahora que recuerdo, creo que sentíamos nosotros también el deseo de recobrar el pie de la labor, no sé. Sí recuerdo que hasta empezamos a buscar más salamandras, para matarlas. Queríamos encontrar más para matar más. Y luego recuerdo me gustaba aluzar° con la lámpara y matar despacio a cada una. Sería que les tenía coraje° por el susto°. Sí, me empecé a sentir como que volvía a ser parte de mi 'apá y de mi 'amá y de mis hermanos.

Lo que más recuerdo de aquella noche fue lo oscuro de la noche, el zoquete°, lo resbaloso de las salamandras y lo duro que a veces se ponían antes de que las aplastara. Lo que traigo conmigo todavía es lo que vi y sentí al matar la última. Y yo creo que por eso recuerdo esa noche de salamandras. Pesqué a una y la examiné bien con la lámpara, luego le estuve viendo los ojos antes de matarla. Lo que vi y sentí es algo que traigo todavía conmigo, algo puro—la muerte original.

°**nos daba asco:** it was repulsive to us

°**colchas:** quilts
°**bultitos:** small lumps

°**aluzar:** to give light
°**coraje:** courage
°**susto:** fright
°**zoquete:** mud

5.29 Comprensión

1. ¿Cuál fue el resultado de tres días de lluvia?
2. Hasta que el ranchero les obligó a salir, ¿dónde dormía la familia?
3. ¿Qué le aconsejó el ranchero a la familia?
4. ¿Por qué les dio las carpas?
5. ¿Por qué se paró el carro en Crystal Lake?
6. Antes de conseguir trabajo en Crystal Lake, ¿dónde dormían?
7. ¿Por qué no les permitió el ranchero que pusieran sus carpas en la yarda?
8. Al despertarse, ¿por qué estaban cubiertos de salamandras?
9. ¿Qué hizo el narrador antes de matar la última salamandra? ¿Por qué?

5.30 Discusión

1. Según la lectura, ¿cuál es la actitud de los rancheros hacia los obreros ? Busque referencias en el texto y explique por qué tienen miedo

a los obreros ¿De dónde surge este temor? Al pensar en esta familia, ¿hay evidencia de que sean ladrones?

2. El narrador también dice que los rancheros no querían húngaros en su pueblo y que el policía les pidió que se fueran. La palabra "húngaros" se refiere a los gitanos que han sido nómadas desde hace siglos en Europa y en otras partes del mundo. ¿Cómo afecta la vida nómada en el trabajo, el modo de vivir, el nivel de educación y la reputación de las personas? ¿Son parecidos los obreros migratorios y los gitanos? ¿En qué sentido son diferentes? ¿Cree Ud. que es posible tener una vida nómada sin ser marginado por el resto? ¿Por qué?

3. Al principio del cuento, el narrador nos dice que ha llovido por tres semanas y que la familia esperó, pero el agua no bajaba. ¿Cual es el efecto de la lluvia sobre la cosecha? ¿Y sobre la familia? ¿Qué significa la frase "La lluvia hablaba por nosotros?"¿Qué otros problemas causó? ¿Qué circunstancias cambiaron cuando paró de llover? Se dice que no podemos controlar el tiempo y por eso es inútil hacer esfuerzos. ¿Cómo se compara esto con las circunstancias de la vida de los obreros migratorios?

4. La familia se despierta cuando las salamandras los invaden y empiezan a luchar hasta matarlas a todas. ¿Por qué no se subieron al carro? ¿Por que atacaron las salamandras con tanta energía? Algunos críticos creen que las salamandras representan las fuerzas adversas o los problemas que siempre atacan a los obreros migratorios. Según esta comparación, ¿qué representa la familia del narrador? Otros críticos dicen que las salamandras simbolizan los obreros migratorios en su lucha diaria contra el sistema económico que los reprime. ¿Qué explicación le gusta más a Ud.? ¿Cuál le parece más creíble?

G **5.31** **Composición**

1. En grupos de dos o tres personas, expliquen con sus propias palabras el significado de la siguiente cita tomada de la lectura.

"No sé por qué matamos tantas salamandras esa noche. Lo fácil hubiera sido subirnos al carro. Ahora que recuerdo, creo que sentíamos nosotros también el deseo de recobrar° el pie de la labor, no sé. Sí recuerdo que hasta empezamos a buscar más salamandras, para matarlas. Queríamos encontrar más para matar más."

°**recobrar:** recover

2. ¿Existen algunas semejanzas entre esta descripción de la matanza ilógica de las salamandras y los crímenes motivados por el odio, o entre esta descripción y los casos históricos de genocidio? ¿Cuáles son?

3. Pensando en las noticias recientes o en la historia mundial, escoja un crimen motivado por el odio o un caso de genocidio y conteste las siguientes preguntas según los detalles de tal suceso. ¿Qué pasó? ¿Quién o quiénes cometieron el/los acto/s de violencia? ¿Quién o quénes fueron la/las víctima/s? ¿Cuáles fueron los motivos o las causas de la violencia?

4. Imagínese que es Ud. el/la director/a de un periódico. Acaba de pasar el suceso que describió Ud. en las "Sección 3". Va a escribir Ud. un editorial en el que lamenta el alto índice de violencia en el mundo de hoy. Debe incluir también una descripción del suceso y concluir con unas sugerencias para prevenir tales actos de violencia en el futuro.

Entrevista

Entreviste a un/a trabajador/a latino/a de su comunidad. (Si necesita ayuda puede repasar las sugerencias del capítulo preliminar en la página 23.) Debe incluir en su entrevista los siguientes temas:

- lo que le gusta de su trabajo
- lo que no le gusta
- lo que cambiaría si pudiera
- cómo lo consiguió
- cuánto tiempo lleva en el trabajo
- sus metas para el futuro.

Después de la entrevista, escriba un texto biográfico al estilo de los que se encuentran en este capítulo.

Si Ud. no puede hallar a una persona latina en su propia comunidad, use el video **"Entrevista virtual: Joel Barrera."** Luego, escriba un texto biográfico basado en la información del video.

Capítulo 6
Los profesionales

COMUNICACIÓN

Hablar de situaciones hipotéticas

Hablar de posibles acciones futuras

ESTRUCTURAS

Repaso del imperfecto del subjuntivo

El uso del imperfecto del subjuntivo

El "si" hipotético

El "si" de conjetura

CULTURA

Profesionales latinos en los Estados Unidos

Con título y sin poder ejercer

Encuentros

Primer encuentro: Ariel Gamiño

Ariel Gamiño recibió la licenciatura de la Universidad de Texas y la maestría de la Universidad de Harvard. Ahora trabaja como Director de Tecnología de una empresa en Miami.

Mi historia comienza en la ciudad de México, que fue donde nací y viví hasta los 13 años. De ahí, y buscando un lugar más tranquilo para seguir con la familia, mis padres decidieron mudarse a un estado llamado Colima, en la parte oeste del país. En Colima, continué aprendiendo lo que tan sólo unos años antes había empezado a hacer, estudiar computación y jugar con pequeños programas en mi computadora. A la edad de 15 años y después de haber asistido a un instituto de computación, comencé a dar clases en el mismo. Cuando llegó el momento de buscar dónde estudiar una carrera, mis padres me dieron la opción de hacerlo en los Estados Unidos, y aunque no sabía mucho inglés, sólo el básico que me habían enseñado en la escuela, decidí irme con una tía a Chicago. Sabía que aprender inglés me ayudaría a entender cuestiones más técnicas de mi carrera. También pensé que al estar en un país que produce tecnología nueva, estaría expuesto a cosas muy interesantes.

Llegué a Chicago a finales de enero de 1991, a un frío y una nieve que nunca antes había conocido. Lo primero que hice al llegar a esa ciudad fue inscribirme a las clases de inglés en el YMCA. Ahí aprendí el idioma y también aprendí acerca de la cultura y de las costumbres estadounidenses. Ya en el verano de ese año comencé a tomar clases de inglés y computación en Elgin Community College. El hecho de que había varios estudiantes extranjeros en la escuela me ayudó mucho a practicar mi inglés. También participé en las actividades de varias organizaciones estudiantiles, lo cual me forzó a hablar el idioma.

Al terminar mi asociado en computación, hablé con los consejeros de la escuela y siguiendo sus recomendaciones, decidí continuar la carrera en la Universidad de Texas, en Austin. Según tenía entendido, ésa era una escuela muy buena en mi área y además era más económica que las que había visto en Chicago. Así, me mudé a Austin y en 1997 terminé mi licenciatura en Computación.

°**vientos:** winds
°**ejercer:** to work
°**consultoría:** consulting firm

Para mi primer trabajo, decidí regresar a la ciudad de los vientos° y empecé a ejercer° como programador de sistemas en una consultoría° enfocada a empresas de manufactura. Una de estas empresas era Lucent Technologies, localizada al norte de Boston, Massachusetts. La empresa me mandó al departamento de tecnología de Lucent para ayudarles en un proyecto que sólo iba a durar dos meses. El proyecto se fue alargando y cuanto más tiempo pasaba en Boston, más me gustaba la ciudad. Al parecer, también a Lucent le gustó la calidad de mi trabajo, ya que al poco tiempo me ofrecieron quedarme a trabajar con ellos. Viendo las posibilidades de seguir avanzando en mi carrera, comencé a buscar programas de maestría en el área, y terminé matriculándome en la Universidad de Harvard. Me matriculé en un programa que me permitía trabajar por las mañanas mientras asistía a mis clases por las tardes. Y así después de dos años completé los requisitos para obtener una maestría en Informática°.

°**informática:** information technology

Mientras estudiaba en Harvard, conocí a otros estudiantes mexicanos, los cuales estaban haciendo su maestría en Administración de Empresas. Al terminar

sus estudios, ellos tenían la idea de comenzar una consultaría en Florida enfocada en promover el mercado hispano y latinoamericano. Mis amigos me invitaron a trabajar con ellos y acepté encantado. La idea principal de la compañía que comenzamos era de resolver problemas de negocios a través del uso de la tecnología. Me interesó mucho la idea ya que, aunque me sentía fuerte en mi área, no me había metido tanto en el área de los negocios. Así fue como llegué a Miami. Como Director de Tecnología de la empresa, mi trabajo consiste en darle dirección al equipo técnico y trabajar con clientes desde el diseño de nuevos sistemas hasta la administración y producción de los proyectos.

Miami es un lugar muy interesante especialmente en lo que se refiere a la cultura. Es muy diferente a los otros lugares donde he vivido en los Estados Unidos. Para mí, Miami es básicamente cualquier ciudad de Latinoamérica. No sólo se habla español por todos lados, sino que también el ambiente es muy latino. En proporción, aquí hay más gente que habla español que en cualquier otra parte de los Estados Unidos, incluyendo Chicago, Texas y Massachusetts.

En el estado de Massachussets la mayoría de los latinos son del Caribe, de Puerto Rico y de la República Dominicana. En contraste, Texas y Chicago tienen una población grande de mexicanos. Texas es el tercer lugar con más gente de mi país en los Estados Unidos, y Chicago el número dos. La comunidad mexicana es muy grande, tanto los que han inmigrado, como los que nacieron ahí. La comida, los mariachis y los festejos que se celebran en esa ciudad reflejan mucho la nacionalidad de mi país.

Una gran parte de los latinos de Miami son cubanos y colombianos, aunque también hay muchos argentinos y venezolanos. En comparación con otras ciudades, los mexicanos representan un número menor que el resto de los latinos. Miami en sí es una ciudad donde varias culturas de inmigrantes coinciden en un mismo lugar. El número de personas que conozco que han nacido aquí se puede contar con los dedos de la mano. Es un lugar con un sabor muy distintivo, muy diferente y muy latino. En general, todos Estados Unidos son así, una mezcla de diferentes colores y sabores que cada nacionalidad que emigra aporta° al país. Ésta es una de las cosas que no para de impresionarme y de gustarme acerca de este gran país.

°**aporta:** contribute

6.1 Comprensión

1. ¿Por qué Ariel quería venir a estudiar a los Estados Unidos?
2. ¿Qué le ayudó a mejorar su inglés?
3. ¿Cómo consiguió su trabajo en Lucent Technologies? ¿Cómo consiguió su trabajo en Miami?
4. ¿Por qué a Ariel le parece tan diferente Miami? ¿Cómo es diferente de los otros lugares donde ha vivido?
5. ¿Por qué a Ariel le gusta vivir en Miami? ¿Le gustaría a Ud.? ¿Por qué?

G 6.2 Discusión

En grupos pequeños, contesten las siguientes preguntas.

1. Dice Ariel que al participar en las actividades que organizaban las agrupaciones estudiantiles, mejoró su habilidad para comunicarse en inglés. ¿Qué otras ventajas existen para estudiantes que participan en organizaciones estudiantiles? ¿Qué organizaciones estudiantiles hay en su universidad? ¿Cuáles son sus metas? ¿De que manera contribuyen a la vida estudiantil?

2. Ariel da varias razones por las cuales escogió las universidades a las que asistió. ¿Cuáles fueron sus razones? ¿Cuándo Ud. escogió donde estudiar su carrera, qué factores consideró? Haga una lista de estos factores y con los otros miembros de su grupo, póngalos en órden de importancia.

6.3 Composición

En México tienen un chiste que dice: "¿Cuál es la diferencia entre Miami y Cancún? … En Cancún hablan inglés." ¿Entiende Ud. este chiste? ¿Qué dice de Miami? ¿Qué dice de Cancún? Ambas ciudades son centros de turismo. Teniendo en cuenta la gran población latina que vive en Miami, ¿cree Ud. que a los latinoamericanos les parece Miami un lugar ideal para pasar sus vacaciones? Haga un folleto publicitario para informarles a los turistas latinoamericanos sobre las diversiones de Miami. Para ello, busque información en Internet. Escriba, por ejemplo, las palabras clave "Miami y turismo" o "Miami y atracciones" en su buscador. Incluya en su folleto por lo menos tres ejemplos de hoteles, restaurantes y atracciones. Debe incluir una breve descripción de cada uno, los precios aproximados y los días o temporadas en que dichos precios se aplican.

Vocabulario esencial

La búsqueda de empleo

la agencia de empleos	*employment agency*
los anuncios por palabras	*classified ads*
el aspirante	*job candidate*
la calificación	*qualification*
la carta de recomendación	*letter of recommendation*
contratar	*to employ*
el currículum	*résumé*
la entrevista	*interview*
el mercado del trabajo	*job market*
la meta	*goal*
la referencia	*reference*
solicitar un empleo	*to apply for a job*
solicitud de empleo	*job application*

En el trabajo

el ambiente	*atmosphere, environment*
la capacidad	*ability*
el/la colega	*coworker, colleague*
la competencia	*competition*
estar capacitado	*to be able, to be qualified*
las prestaciones	*benefits*
quedar bien/mal	*to do well/badly, to make a good/ bad impression on somebody*

Ingeniería

el acopio	*stock, storing*
asegurar	*to insure*
el empaque	*packing*
la empresa	*company*
el esquema	*outline, plan*
fluir	*to flow*
ingeniería industrial	*industrial engineering, process engineering*
la planta	*plant, factory*

Leyes

la acusación /el cargo	*charge*
el/la acusado/a	*defendant, accused*
anombrado	*appointed*
la audiencia	*hearing*
el bufete	*law office*
los casos civiles	*civil cases*
la corte	*court*
el/la defensor/a público	*public defender*
la fianza	*bail*
el/la fiscal	*prosecutor, district attorney*

hacer un negocio	*to plea bargain*
el/la juez	*judge*
el juicio	*trial*
el/la testigo	*witness*

Negocios y computación

el comercio electrónico	*e-commerce*
la contabilidad	*accounting*
los datos	*data*
desarollar	*to develop*
diseñar	*to design*
la factura	*bill, invoice*
el pedido	*order*
la unidad central	*mainframe computer*
el/la vendedor(a)	*salesperson*

Práctica

6.4 *Complete las frases con palabras de la lista de vocabulario.*

1. Cuando llenas el/la _____ tienes que incluir por lo menos tres referencias.

2. Los abogados se juntan con sus clientes antes de ir al/a la _____.

3. Pablo siempre gana mucho en comisiones porque es el mejor _____ de la compañía.

4. Fui ayer al/a la _____ para buscar un trabajo, pero me dijeron que me falta experiencia para el trabajo que quiero.

5. El acusado sabía que iba a perder el caso y decidió _____.

6. Como el/la _____ está creciendo tan rápidamente, nuestra compañía puede hacer negocios con muchos países diferentes.

7. Todavía tengo que coleccionar más _____ para un proyecto que voy a presentar el lunes.

8. Es aconsejable que te vistas bien para tu _____ con esa compañía.

2 **6.5** *En parejas, describan en sus propias palabras el significado de las siguientes palabras.*

1. capacidad
2. planta
3. bufete
4. contabilidad
5. acusado/a

6. fianza
7. colega
8. audiencia
9. competencia
10. aspirante

6.6 *Conteste las siguientes preguntas utilizando el vocabulario nuevo.*

1. ¿Cómo se llama al/a la abogado/a que defiende a los acusados que no tienen dinero para contratar a otros abogados?

2. ¿Cómo era el ambiente de su último trabajo?

3. ¿Cuáles prestaciones tendría su trabajo ideal?

4. ¿En qué consiste el trabajo de los siguientes puestos: el/la defensor/a público, el/la fiscal, el/la juez, el/la testigo.

5. ¿Cuál es la diferencia entre diseñar y desarollar?

6. ¿Es importante quedarle bien a su jefe ¿Por qué?

7. ¿Es importante quedarles bien a sus colegas de trabajo? ¿Por qué?

8. Describa los pasos que uno necesita seguir para encontrar un trabajo.

Cultura

6.7 Estrategia de leer - Hacer un resumen

Después de haber leído una selección, es importante saber resumir lo que ha leído. Ya ha aprendido varias estrategias que le ayudarán a hacerlo: pensar en el título de la lectura para obtener una idea de lo que sigue (estrategia de lectura del capítulo 3) y hacer una conexión entre el contenido de los párrafos de la lectura (estrategias de lectura de los capítulos 4 y 5). Usando la información sacada de las estrategias de arriba rellene el esquema con la información necesaria mientras que Ud. lee la selección.

> El problema
> Detalles importantes
> Solución posible

Después, con la ayuda del esquema, escriba en un párrafo un resumen de la lectura.

Con título y sin poder ejercer

Lupe Gervás
NUEVO MUNDO, 14 DE MARZO DEL 2002

Desde que tenía nueve años, Bertha Aguirre de Mireles supo que quería ser abogada; la pasión por ayudar a otros con problemas la llevó desde bien chiquita a estudiar en su Guadalajara natal para lograr un título universitario. Un poco más tarde, la vida y el matrimonio la trajeron a Estados Unidos donde casi se acaba su sueño.

"Tenía una carrera reconocida en mi país, pero cuando me vine aquí la cosa cambió totalmente, mi título no valía nada," relata la abogada mexicana.

Los expertos creen que miles de latinos que han emigrado a los Estados Unidos viven con este problema, aunque se desconoce el número exacto de hispanos con títulos universitarios que residen en este país. Algunos de ellos viven en la ilegalidad y otros deciden no revalidar sus carreras debido al tedioso proceso. La mayoría enfrenta los estereotipos que existen sobre la escasa capacitación de los inmigrantes y la validez de sus títulos.

Si bien no se sabe a ciencia cierta cuántos latinos trabajan fuera de su profesión a pesar de tener conocimientos para ejercer en aulas y hospitales, lo que sí se sabe es que en el estado de California y en el resto del país se necesitan profesionales titulados, especialmente bilingües, que atiendan la gran demanda de ciudadanos y residentes latinos.

°**acuciante:** urgent

En el caso de la salud, la necesidad de médicos, enfermeras o dentistas es acuciante°. Según anunció recientemente el gobernador Gray Davis, sólo en California se gastarán 60 millones de dólares para contratar unas 5.100 enfermeras en los próximos tres años.

"Tenemos que tener más enfermeras en los hospitales de California si queremos hacer justicia a nuestros pacientes," dijo Davis.

°**pendientes de juicio:** pending trial

En el campo de las leyes, únicamente 8 mil de los 200 mil abogados de California son latinos; aunque el 60 por ciento de las personas pendientes de juicio° o con necesidad de un abogado son hispanos. En lo que a la educación se refiere, el estado necesitará contratar a 300 mil profesores.

Proceso largo

Las dificultades a la hora de revalidar un título universitario en los Estados Unidos varían mucho dependiendo de la profesión. En cualquier caso, el proceso es largo y no existe ninguna guía que ayude al inmigrante, lo que provoca que muchos decidan renunciar a su vocación.

La abogada Aguirre no desistió. Como no sabía cómo revalidar su carrera, decidió pedir ayuda en el Consulado de México en San José.

"Me equivoqué, allí me dijeron que nunca podría ejercer como letrada en este país," explicó. "En realidad, lo que pasó es que no sabían los pasos que yo tenía que hacer," declaró Aguirre, quien durante años tuvo que trabajar como encargada de un bar nocturno para poder vivir.

Ahora, Aguirre ya tiene revalidado su título mexicano de abogada en los Estados Unidos y trabaja asistiendo a personas con problemas legales en México, pero todavía no puede defender casos con juicio en este país, para ello, deberá pasar a finales de año los dificultosos exámenes del Cuerpo de Abogados de California, que podrían otorgarle la licencia definitiva.

Pero esta licenciada mexicana no lo habría hecho sola. Necesitó la asistencia de Teresa de la Peña, traductora profesional que dice haber ayudado en el proceso de revalidación a decenas de profesionales extranjeros. De la Peña acaba de abrir una compañía con el mismo propósito, Tecuixpo & Malinali, y actualmente ayuda a conseguir la validez académica de un abogado y un médico salvadoreños, además de una maestra argentina. Según su experiencia en revalidación de títulos, completar los trámites° de doctores y abogados son los más complicados.

°**trámites:** steps in a formal process

"Sólo el proceso dura más de un año, después, ellos tienen que aprobar los exámenes," explica De la Peña.

En lo que se refiere a los maestros, los requisitos son mucho más asequibles° y el permiso es más fácil de conseguir, debido en parte a la apremiante° necesidad de tutores en las aulas de California. "Uno puede dar clases aquí teniendo una licenciatura, o lo que se llama BA. Eso sí, luego les exigen que en tres años pasen los exámenes necesarios," informa De la Peña.

°**asequibles:** accessible
°**apremiante:** urgent

Algunos distritos escolares incluso pagan los estudios universitarios a quienes se preparan para ser maestros.

Ayuda a profesionales de la salud

La medicina es otro de los campos más necesitados de profesionales en California, por ello, cada vez recibe más apoyo la idea de "reciclar" a universitarios preparados en otros países.

Éste es el objetivo del programa Bienvenidos, que ofrece información y asesoramiento° a los profesionales de la salud extranjeros. Hasta el momento, y aunque no se han promocionado mucho sus servicios, han recibido más de mil llamadas de profesionales que piden información y que residen en todo el país.

°**asesoramiento:** advice

Bienvenidos no tramita° permisos de trabajo, pero sí ayuda a los profesionales a saber cuáles son sus posibilidades y dónde deben acudir. Además, imparte cursos sobre temas de interés para todo aquel que desee ejercer una carrera en el sistema de salud estadounidense.

°**tramita:** takes the legal steps to obtain

El programa, que hace algunas semanas abrió oficinas en San Francisco y Los Ángeles y que en breve podría operar en San Diego y Fresno, es gratuito y está subvencionado° por distintas organizaciones estatales.

°**subvencionado:** subsidized

Brenda Storey, directora del centro de San Francisco, explica que los médicos de otros países deben seguir un proceso de revalidación sumamente complicado, sobre todo porque los hospitales no suelen ofrecer residencias a extranjeros, aunque hayan pasado los exámenes reglamentarios.

En el caso de las enfermeras, el procedimiento es más sencillo: Tienen que mandar la información sobre sus estudios universitarios y después pasar un examen. En algunos casos, las enfermeras tituladas en otros países han de completar algunos cursos universitarios para que su licenciatura sea convalidada.

Pero esto no quiere decir que no vengan preparadas como enfermeras, explica José Ramón Fernández Peña, director de los cuatro centros Bienvenidos en California.

"Estas enfermeras tienen todos los conceptos sobre salud o anatomía, pero en sus países de origen no tenían el sistema de aquí, así es que tienen que aprender de protocolos y cómo funcionan los hospitales de los Estados Unidos," explica.

En este sentido, Fernández Peña destaca que debido a la gran demanda de personal de salud que tiene el estado se debería crear un sistema para contratar personas con títulos de otros países y enseñarles sólo lo que no saben.

"No perdamos tiempo en examinarles de lo que ya conocen. Por eso, lo que hay que hacer es buscar a estas gentes, estudiar sus necesidades, para ponerlos al nivel requerido en este país y eso es lo que hacemos en Bienvenidos," detalla.

6.8 Comprensión

1. ¿Por qué no han conseguido puestos profesionales muchos latinos que han emigrado?
2. ¿En qué campos hay una falta de profesionales latinos?
3. ¿Cuál es el próximo obstáculo que tiene que superar Bertha Aguirre?
4. ¿Qué tipo de ayuda ofrece la compañía Tecuixpo & Malinali?
5. ¿Por qué es más facil la revalidación de una maestra?
6. ¿Cómo da ayuda el programa Bienvenidos?

6.9 A explorar

Con el aumento de inimigrantes en los Estados Unidos, algunos ciudadanos se preocupan de una resultante escasez de empleos. A algunos estadounidenses no les importa que los inmigrantes trabajen en restaurantes, fábricas u otros lugares donde muchos estadounidenses no quieren trabajar. Su argumento es que alquien tiene que hacer este trabajo, que es algo desagradable. Sin embargo, cuando se habla de los puestos profesionales hay menos acuerdo. Es algo que se puede debatir. Entre las cuestiones hay la competencia del individuo cuyo título es de otro país, la falta de conocimiento del sistema americano, y la posible reducción de trabajos para estadounidenses. Además uno puede cuestionar si hay que tener tantas reglas y pruebas de la validez del entrenamiento de los médicos como para los maestros y los abogados.

1. La clase debe dividirse en tres grupos, uno que representa a los médicos, otro a los abogados y por último a los maestros. Los miembros de cada grupo tienen que llegar a una decisión acerca de las reglas que hay que establecer para licenciar "su" grupo. Después se presentarán sus reglas a la clase y los miembros de los otros grupos pueden aprobarlas o demostrar algunos problemas o injusticias.

2. Con respecto al proceso de licenciar a los profesionales con títulos de otros países, se puede presentar un argumento por cada parte de la cuestión de regulaciones estrictas. Escoja en favor de o en contra de unas regulaciones estrictas y escriba un argumento que apoye este punto de vista. Luego cambie su ensayo por el de un compañero y decida si hay una diferencia de opinión o no. Si hay una diferencia de opinión, Ud. puede escribir una refutación. Si ambos argumentos son parecidos, vuelva a escribir el ensayo combinando los dos puntos de vista.

A conocer

6.10 A presentar

Las personas de este capítulo forman un grupo joven y entusiasta. Hay una ingeniera de procesos, un abogado y una especialista en *software*. Todos tienen mucha confianza en sí mismos y seguramente continuarán cosechando éxitos. Valoran que son bilingües y creen que esto les ayudará en el futuro.

G En un grupo pequeño, lean las siguientes citas y traten de decidir a quiénes pertenecen. Al leer la oración, consideren el sexo de la persona, su edad posible, su origen y lo que se puede inferir acerca de su vida. Comparen las respuestas de su grupo con las de los otros grupos. ¿Qué cita les sorprende más? ¿Por qué?

1. "...yo nací en Los Angeles...Crecí en lo que llaman East L.A."
2. "Llegué a los Estados Unidos para estudiar un curso de inglés en el '97."
3. "Nací en México y tenía menos de un año cuando mis papás vinieron a los Estados Unidos...con excepción de esos meses, no conozco México."

Beatrice Lara Bellión

Joe Monsiváis

Ivette Ross

Beatrice Lara Bellión

Beatrice es políglota, es decir, habla varios idiomas, y ha venido del Caribe a trabajar a los Estados Unidos. Su trabajo la ha llevado no sólo a los Estados Unidos sino también a Italia.

Soy de la República Dominicana. Nací en Santo Domingo. Mi familia, por parte de mi padre es del sur de la República Dominicana. La parte de mi madre es del centro y del sur de Francia.

Llegué a los Estados Unidos para estudiar un curso de inglés en 1997. Tomé dos meses de cursos de inglés, para aprender la gramática, la pronunciación correcta y el uso de la lengua aquí, en los Estados Unidos, que es un poco di-

°**montón:** pile, bunch, a lot

°**banco:** bench, work bench

°**involucrada:** involved

°**me agrada:** it pleases me

ferente a lo que uno aprende en la escuela en Santo Domingo. Después decidí solicitar estudiar una maestría en la universidad. Me aceptaron y empecé mi maestría en Ingeniería Industrial.

Escogí esta carrera universitaria porque me gustan mucho las ciencias, las matemáticas, la física, y no me gusta mucho leer historia ni nada por el estilo. Me decidí por la ingeniería industrial porque es una carrera enfocada en el área de ingeniería, pero también en la parte de administración. Es una combinación que me daba la opción de ir para un lado o para el otro, dependiendo de lo que me gustara más profesionalmente.

Actualmente trabajo en Cisco Systems como ingeniera de procesos. Cisco es una compañía que trabaja en la industria de las telecomunicaciones. El trabajo de ingeniero de procesos en Cisco consiste en un montón° de cosas, entre ellas hacer el esquema de como está distribuido todo en la planta. Este esquema especifica por dónde va a fluir cada producto, a qué banco° va a parar, hasta llegar al proceso final del empaque. Como parte de mi trabajo, también tengo que asegurarme de que todo funciona correctamente y, en caso de que aparezca algún problema, buscar la solución apropiada. Trabajo también en el proceso de manufactura, no solamente en la documentación. Tengo que asegurarme de que cada banco está funcionando al cien por cien de su capacidad, sin ningún problema. Además, es responsabilidad mía ver que la persona que está trabajando en cada banco está capacitada y entrenada para hacer ese trabajo, e incluso otros si se diera el caso. En sí el hecho de estar involucrada° en todo, desde el acopio de los materiales que se necesitan, pasando por asegurar que los empleados están capacitados para hacer su trabajo, hasta confirmar que el producto final es de calidad, es un poquito más de lo que yo esperaba cuando empecé este trabajo. Hay mucho que hacer, lo cual me agrada°, porque si hiciera siempre lo mismo, mi trabajo sería muy monótono y aburrido.

Lo que más me gusta de mi trabajo es la posibilidad de poder influir en un producto que va a salir al mercado, que va a tener algún impacto en la vida de los demás. Aparte de eso, mi trabajo me permite viajar mucho, nacional e internacionalmente, lo cual me encanta. Gracias a estos viajes puedo conocer cómo se trabaja en otras compañías, cómo se manejan los diferentes problemas y situaciones. Cuando tengo que viajar al extranjero, también tengo la oportunidad de conocer la cultura de otros países. Es una de las cosas que más me atraen de mi trabajo.

De hecho, creo que el hecho de hablar otros idiomas me abrió muchas puertas en esta compañía. Como mi mamá es francesa y mi papá es dominicano, crecí hablando francés y español, y ahora también hablo inglés. Ya como el mercado ha cambiado tanto y las empresas son multinacionales, buscan a personas que puedan enviar a otros países y no tengan problemas para comunicarse con los demás. Me parece que en estos días si hablas más de un idioma te puede abrir un montón de puertas. Por ejemplo, cuando me contrataron tuvieron muy en cuenta que hablaba más de un idioma, ya que el puesto requería viajar a varios países y necesitaban una persona que supiera otros idiomas y que estuviera más abierta a otras culturas.

Dentro de los Estados Unidos, he viajado solamente a Carolina del Sur. En Europa hasta el momento sólo he viajado a Italia, a Milán, pero en el futuro hay posibilidades de que viaje a París. No hablo italiano pero hablar español ayuda mucho porque comprendes mucho de lo que dicen y así ellos siempre me hablan en italiano. A mí no me hablan en inglés, lo cual creo que para ellos es más

°**bulliciosa:** noisy

°**cohibición:** restraint

fácil y aprecian el hecho de poder hablar en su propia lengua y creo que eso ayuda mucho. También la cultura de Italia es muy parecida a la cultura latino-americana. Son gente muy bulliciosa° y muy expresiva. Gastan muchas bromas y hacen muchos gestos con las manos. Yo diría que no tienen ningún tipo de cohibición°. La gente de allá es muy cálida y muy amigable. Siempre tratan de ayudarte con lo que sea. Por ejemplo, estás en la calle y preguntas cómo llegar a un sitio y siempre hay alguien dispuesto a ayudarte, aunque no sepas el idioma. Tratan de entenderte y hacen más de lo que debieran. Se van un poquito más allá y es muy, muy agradable.

Mis primeros viajes a Italia comenzaron para ver todo el proceso de producción que estamos duplicando actualmente aquí, en Nueva Inglaterra. Los viajes que han venido después de esos han tendido que ver con la documentación del proceso. Documentamos todo el proceso de producción, desde el comienzo

°**paso:** step
°**saltado:** passed over

hasta el final, asegurándonos de que ningún paso° sea saltado° y que todo se siga para que en el momento que se vaya a duplicar acá el proceso de producción, la persona que vaya hacerlo pueda seguir el documento sin ningún problema, paso a paso. También hemos tratado de hacer un documento que sirva para duplicar todo los equipos que hay en la línea de producción, de manera que en el futuro, si se quiere volver a duplicar la línea, se sepa exactamente cómo hacerlo.

Me han gustado muchísimo todas estas experiencias de trabajo. Creo que me han ayudado a entender mejor mi posición dentro de la empresa. Espero que en un futuro próximo tenga aún mas oportunidades de viajar por medio de mi trabajo a muchos otros lugares interesantes.

6.11 Comprensión

1. ¿Por qué tomó Beatrice un curso de inglés cuando llegó?
2. ¿Qué hace un ingeniero de procesos en la compañía Cisco?
3. ¿Qué hace Beatrice con respecto a los trabajadores?
4. ¿Qué aspectos del trabajo le gustan más a Beatrice?
5. En Cisco, ¿por qué es una ventaja hablar más de un idioma?
6. En Italia, ¿por qué no le hablan en inglés?
7. ¿Por qué es tan importante el proceso de documentación en su trabajo?

6.12 Discusión

1. En su opinión ¿le ayudó a Beatrice ser de una familia bicultural? ¿Cómo le ayudó? ¿Siempre tienen ciertas ventajas los hijos de las familias biculturales? ¿Hay desventajas? ¿Cuáles son? ¿Conoce Ud. personalmente a alguien de una familia bicultural? Para esta persona, ¿ha sido una ventaja? Razone sus respuestas.

2. Según Beatrice, las personas italianas y las que hablan español son muy parecidas. Haga una lista de las similitudes. ¿Son diferentes los ingleses, los franceses o los chinos? ¿Cómo son los estadounidenses? ¿Cuál es el efecto de ser "un melting pot" los Estados Unidos?

°**la prepa, la preparatoria:**
high school
°**consejero:** adviser

°**rama:** branch

Joe Monsiváis

Joe es un hombre cuyo consejero en la escuela secundaria le dijo que no debía asistir a la universidad. Sin embargo, tiene un título en contabilidad y otro en leyes. Trabaja como defensor público.

Soy abogado, concretamente soy defensor público, lo cual quiere decir que, en casos federales, un juez me nombra como abogado de aquellas personas que no pueden permitirse contratar a uno propio.

Nací en México y tenía menos de un año cuando mis papás vinieron a los Estados Unidos. Entonces, con excepción de esos meses no conozco México. He ido a visitar, pero nunca he trabajado o ido a la escuela allá. Pasamos unos años en El Paso, Texas y luego, cuando tenía como tres años, nos fuimos a Kentucky y de allí es donde me acuerdo más. Después de Kentucky, mi papá fue al ejército y nos fuimos a Alemania por tres años. Luego regresamos a El Paso cuando tenía diez años. Allí crecí hasta que me fui a los veintitrés años.

A mí no me fue muy bien en la prepa° con mis calificaciones y todo. No hice buen trabajo. El consejero° que te ayuda a elegir una carrera me dijo que yo no era una persona que debería ir a la universidad. Me sugirió que buscara un trabajo como soldador porque la universidad no estaba hecha para mí. Pero yo fui una persona que no se me prendió el foco hasta que ya entré a la universidad a los dieciocho años. Fue la primera vez que me interesó la escuela. Cuando terminé la prepa mi mamá me dijo que podía elegir entre ponerme a trabajar o seguir estudiando. Como no quería trabajar todavía, decidí ir a la universidad.

Terminé mi título en Contabilidad y después empecé a estudiar Derecho. Antes de ir a la escuela de leyes, mucha gente se mete a diferentes programas como filosofía o lenguas o inglés o lo que sea, pero yo quería estudiar algo más práctico para que pudiera hallar trabajo aunque decidiera no ser abogado. Luego cuando terminé, decidí que ser contador era una carrera muy aburrida y fui a la escuela de leyes.

Cuando era más joven pensaba que mi puesto actual podía servir para ayudar a la gente. Pensaba que las compañías grandes o la gente con dinero tenían muchas posibilidades de conseguir buenos abogados, pero que para la gente pobre realmente no había muchos. Ésta fue una de las razones por las que decidí dedicarme a esta carrera . Pero el trabajo que tengo ahorita eso fue algo que me vino después de que terminé con la escuela y conseguí mi licencia. Es una cosa que después me cayó. No era algo que yo pensé que iba a hacer. Pensé que iba a trabajar en casos civiles, nunca penales. Fue una oportunidad y no sabía nada de este tipo de trabajo. Sólo tomé el trabajo para poder aprender más.

Durante un tiempo trabajé en un bufete de abogados y me tocó trabajar en casos civiles. En esos casos, vas a la corte menos veces, tienes menos contacto con los clientes, pero el proceso es más burocrático que el del sistema penal. Con los casos penales tienes que hablar mucho con el cliente y con el fiscal y son muchas más las veces que vas a la corte. También a veces te tocan clientes difíciles y no es fácil trabajar con ellos. Así, cada rama° tiene sus inconvenientes.

Mi trabajo comienza cuando me mandan una acusación formal, es decir, un documento que explica cuáles son los cargos contra la persona a la que voy a

°**castigo:** punishment

defender. Normalmente recibo este documento unos días antes de ir a la corte por primera vez. De esta forma tengo tiempo de hablar con mis clientes y explicarles cómo va a ser el proceso en la corte, cuáles son los cargos que se les imputa y cuál es el castigo° máximo que lleva. A continuación, nos preparamos para ver si podemos conseguir una audiencia frente al juez para ver si esta persona va a recibir fianza antes del juicio. Eso es lo primero que pasa. Después, cuando vamos a la corte por primera vez sabemos si esta persona se va a quedar en la cárcel o si va a haber fianza. Si no hay fianza, el caso se mueve un poco más rápido porque hay un plazo límite de 60 días para que se celebre el juicio. Después de esa primera vez en corte me llegan todos los documentos del fiscal que bajo las reglas y las leyes me pertenecen para poder saber qué es la evidencia que van a presentar contra esta persona. Entonces, puedo discutir eso con mi cliente. Mi oficina tiene una persona, un investigador, que es empleado de la oficina también. Esta persona se encarga de investigar asuntos que no estén claros o de buscar pruebas o testigos relevantes para nuestro caso.

La mayoría de los casos son muy diferentes de los que se ven en la televisión. Muchas veces no hay mucha evidencia que tu cliente te puede dar. En la mayoría de los casos que me llegan a mí hay mucha evidencia en contra de ellos. Entonces, es muy diferente de los casos que hacía yo antes trabajando en el sistema del estado. En el estado hay muchos casos y muy poca investigación. En el sistema federal, hay pocos casos y mucha investigación. Entonces, la mayoría de las veces que te toca un cliente no hay mucho que puedes encontrar a favor de tu cliente. Entonces, el siguiente paso es ver si hay una opor-

°**culpables:** guilty

tunidad para tratar de llegar a un acuerdo que reduzca la pena del cliente. La mayoría de los clientes llegan a un acuerdo y se declaran culpables°. De los que van a juicio, a la mayoría los declaran culpables. A veces lo único que puedes hacer para ayudar al cliente es asegurar que se respeten sus derechos y que los traten bien. Cuando vas al juicio por lo menos estás obligando al gobierno que haga su trabajo en presentar su caso.

Creo que el hecho de ser bilingüe me ha ayudado mucho. En todos los lugares donde he trabajado he sido el único que habla español. Me ha ayudado a encontrar trabajos y en el trabajo no he tenido que recurrir a los servicios de un intérprete cuando hay clientes que hablan español. Me han tocado clientes que no hablan ni inglés ni español, que hablan vietnamita, por ejemplo, y tener que utilizar un intérprete para hablar con tus clientes es muy difícil. Yo nunca entendí eso hasta que tuve que utilizar un intérprete. Cuando me ha tocado gente que hablan diferentes idiomas no me gusta tener que depender de otra persona para poder comunicarme con un cliente. Así aprecio más mi habilidad de comunicarme con mis clientes que hablan español.

Le agradezco mucho a mi mamá que nos expusiera a los dos idiomas mientras crecíamos. No sólo dejaba que habláramos inglés sino que nos obligó a hablar español también. Tengo amigos que son hispanos, cuyos papás son hispanos pero no hablan español. Creo que eso se debe a veces al hecho de que cuando estás creciendo y sabes que te van a decir cosas feas no quieres que se den cuenta de que hablas español. Pero una vez creces ves que hay mucha gente ahora que necesita ayuda en español y si sabes hablar español ya tienes una ventaja sobre alguien que no. Aunque estés en Texas y pienses que hay mucha gente que habla español, cuando te metes a una profesión como leyes no hay muchos abogados que hablan español y no hay muchos intérpretes buenos tampoco. Entonces, a mí me parece ser una habilidad muy útil. A mí me encanta poder hablar dos idiomas.

Si hay gente todavía que no quieren aprender español entonces va a haber más puestos, más trabajos para gente que sí quieren hablar español. El mundo o por lo menos este país está cambiando mucho. Por ejemplo, nosotros vivimos en North Dakota por casi dos años y trabajé en el estado de Minnesota. Y en esos lugares hallas que nunca piensas que vas a encontrar gente que hable español pero hay mucha gente que nada más habla español. También hay mucha gente que viene de África, de Somalia, de todos estos diferentes lugares. Estoy de acuerdo que la gente que vive aquí debería de aprender hablar inglés porque no sé cómo hace la gente si no hablan inglés. Pero al mismo tiempo nosotros necesitamos aprender más de otros países. No podemos no más encerrarnos porque el mundo está cambiando y la mayoría de la gente de este mundo hablan más de un idioma. Para las personas que no quieren aprender a hablar otros idiomas ni entender otras culturas es más difícil cuando van a la universidad si prosiguen maestrías o doctorados. La gente que yo he visto que tuvieron una educación más completa tenían menos dificultades que las personas que no más se encerraron y no querían aprender otras cosas. Ayuda mucho no sólo hablar otro idioma sino también saber de otras culturas y otros sistemas de gobierno. Como el mundo se está haciendo cada día más chiquito, el conocimiento de otras culturas va a ser muy útil en el futuro.

6.13 Comprensión

1. Joe es un defensor público. ¿Cómo le asignan a sus clientes?

2. ¿Dónde nació Joe? ¿Cuántos años tenía cuando se mudó a los Estados Unidos?

3. ¿Sacaba buenas notas en el colegio? ¿Qué le recomendó su consejero que hiciera?

4. Con un título en contabilidad, ¿cómo llegó a ser abogado?

5. ¿Cuáles son las razones por las cuales decidió ser defensor público?

6. Joe ha trabajado en el sistema civil y en el sistema penal. ¿En qué se diferencian ambos sistemas?

7. ¿Para qué necesita la ayuda de un investigador?

8. ¿Qué es lo más importante que pueda hacer para su cliente?

9. ¿Por qué es difícil trabajar con un intérprete?

6.14 Discusión

1. ¿Cuáles son los pasos de un caso que empieza con una acusación formal y termina en un juicio? Joe dice que la mayoría de sus casos son "muy diferentes de lo que ves en la televisión." ¿Cuáles son los programas de televisión que tienen que ver con abogados o juicios? ¿Cómo son los casos? ¿Son la mayoría de los acusados culpables o inocentes? ¿Cómo son los casos de Joe? ¿Cuáles son los resultados de la mayoría de sus casos? Si Ud. fuera abogado, ¿preferiría ser fiscal o defensor público?

2. Las ventajas de ser bilingüe son muchas. ¿Cuáles son algunas observaciones que hace Joe acerca del mundo de hoy día? Joe dice que conoce a muchos latinos cuyos padres hablan español pero ellos no. ¿Por qué no han aprendido a hablar la lengua? Joe está muy agradecido de que su mamá le hiciera hablar español cuando era niño. En su opinión, ¿es importante enseñarles a hablar otro idioma a los niños? Si Ud. tuviera hijos, ¿les haría hablar otro idioma?

Ivette Ross

A pesar de sufrir discriminación cuando era joven, Ivette llegó a ser especialista en software y tiene planes de abrir su propio negocio.

Mis papás vinieron de Puerto Rico a California y yo nací en Los Ángeles. Crecí en lo que llaman "East L.A." En ese entonces, en las décadas de los sesenta y setenta, la vida era diferente a cómo es hoy. Sí había problemas en algunas partes de la ciudad y bandas, pero no creo que estuviera como está ahora...como se ve en las películas. Yo vivía en una zona que se llama Boyle Heights. Había varias zonas en la ciudad: Oeste Los Ángeles, Boyle Heights y Este Los Ángeles. En Boyle Heights había una comunidad de judíos bastante grande, otra de mexicanos y nosotros, que éramos puertorriqueños y judíos.

Después de algún tiempo muchos de los judíos se fueron y quedaron más mexicanos. En aquella época todo estaba bien, el ambiente no era tan peligroso como ahora. Yo crecí en una atmósfera bastante segura. No me peleaba con nadie, no me drogaba, ni me metía en ningún lío. Todo estaba tranquilo. Pero hoy en día, cuando voy a visitar a mi familia veo que el ambiente de mi barrio es bastante diferente.

Tuve una vida interesante creciendo en East L.A. Aprecio todo lo que experimenté. No me gustaría experimentarlo de nuevo, pero sí agradezco las experiencias que tuve. Al tener la piel blanca, por ejemplo, los mexicanos y los negros me molestaban mucho y pensaban que era gringa. No me reconocían por el hecho de hablar español porque allí en ese entonces nadie hablaba español fuera de su casa. En esos tiempos, si estabas en Los Ángeles y hablabas español apenas te respetaban, te trataban como si fueras basura. Por eso, a la gente que no me respetaba, les decía en inglés: "Yo soy puertorriqueña y yo tengo derecho a estar aquí." Me contestaban, también en inglés, "Tú no eres puertorriqueña, tú no eres negra." Me hacían enojar tanto porque creían que si eras puertorriqueña tenías que ser negra. Y como yo era más blanca, para ellos no podría ser que fuera puertorriqueña también. Así fue que por ser blanca, me veían diferente y creo que por eso los que no me conocían no sabían tratarme. Mi hermana y yo tuvimos el mismo problema, pero mis hermanos se parecen más a mi papá y como eran más morenitos no tuvieron este tipo de problemas. No había muchos puertorriqueños, así que los que éramos puertorriqueños nos hicimos amigos de los negros o de los mexicanos. Yo tenía primos que eran negros que estaban con los negros, y primos que eran morenos que estaban con los mexicanos. Pero, en general, todos nos llevábamos bien, nunca tuve que pelear con nadie. En la escuela también me fue bien.

Después de graduarme de la escuela, fui a estudiar a UCLA. Quería ser enfermera, pero cuando me enteré de que la carrera duraba ocho años en total, me dije: "Ni hablar, prefiero ser doctora." Bueno, por fin decidí estudiar psicología y el desarrollo de niños. Mientras estaba en la universidad, estaba trabajando en "UCLA Elementary School." Trabajaba con niños que tenían problemas de aprendizaje para leer, contar, etc. Cuando me gradué trabajé cómo consejera con mujeres y niños que habían sufrido abusos sexuales. Pero al mismo tiempo trabajaba de tiempo parcial en Sears, en el departamento de computadoras, y me di cuenta de que me gustaba mucho más trabajar en esa área. Así que decidí cambiar mi carrera y fui a Computer Learning Center y tomé clases de programación de computadoras. Al graduarme allí, me contrató la compañía EDS. De Los Ángeles me trasladaron a Indiana y tuve que pasar por sus tres fases de entrenamiento. Era bastante duro el entrenamiento pero lo terminé. De los 29 que empezamos la clase, solamente 12 nos graduamos. Los demás o los despidieron o decidieron dejar el trabajo.

Trabajé para EDS como ingeniera de sistemas por cinco años y después Frito Lay me quería contratar. Fui a la entrevista y me gustó. Dejé a EDS y ya llevo doce años trabajando con Frito Lay. Soy especialista en *software*. Diseñamos sistemas, analizamos datos, desarrollamos programas para contabilidad y también para comercio electrónico. Transmitimos pedidos y facturas electrónicamente. Mi trabajo consiste en desarrollar el *software* para este propósito, me ocupo de los programas que se usan en la unidad central o en las computadoras de los vendedores que viajan para la compañía.

Ahorita en mi tiempo libre estoy intentando empezar mi propio negocio. Si pudiera, empezaría mañana mismo a trabajar por mi propia cuenta. A mí me gustan el arte y la fotografía, y por eso estoy tomando clases de fotografía, pero enfocándome más en como sacar fotos digitales de tipo profesional. Quiero ofrecerles servicios a las mamás profesionales que no tengan tiempo para sacar y organizar las fotos de sus familias. Por ejemplo, algunas mujeres hacen fiestas de cumpleaños, etc. para sus niños, pero no tienen tiempo para disfrutar de la fiesta y sacar fotos al mismo tiempo. Sé que si yo tuviera hijos y también tuviera que trabajar a tiempo completo, a mí me interesaría mucho ese tipo de servicio. No creo que sea la única que piensa así. Me parece que si empezara este tipo de negocio, tendría mucho éxito. Todavía quiero terminar de investigarlo bien y estar bien segura de lo que hago. Antes de empezar quiero que esté todo bien planeado. No me gustaría invertir dinero y tiempo para luego fracasar°. Así que por el momento es sólo un sueño que tengo, pero con suerte espero realizarlo en el futuro.

°**fracasar:** fail

6.15 Comprensión

1. ¿Dónde creció Ivette? ¿En qué ha cambiado esta zona hoy con respecto a los años sesenta y setenta?
2. ¿Por qué pensaban los otros niños que Ivette no era puertorriqueña?
3. ¿Por qué no se hablaba español fuera de casa?
4. ¿Según qué característica se dividían los puertorriqueños?
5. ¿Por qué cambió Ivette su trabajo de consejera?
6. ¿Qué hace Ivette en su trabajo para Frito Lay?
7. Si Ivette empieza su propio negocio, ¿qué será? ¿Qué servicio ofrecerá?

6.16 Discusión

1. La niñez de Ivette fue muy interesante. Ivette es latina y sus padres hablaban español en casa cuando era niña. Sin embargo, se sentía única en su barrio por varias razones: su país de origen, su religión y el color de su piel. Parece que la niñez de Ivette fue algo difícil por esas razones. Sin embargo, Ivette dijo que apreciaba todo lo que había experimentado de niña, aunque si pudiera elegir, no volvería a pasar por lo mismo. En su niñez, ¿recuerda Ud. alguien que fuera ""diferente"? ¿En qué consistía la diferencia? Generalmente, ¿cómo tratan los niños a alguien a quien consideran diferente? ¿Ser diferente es un rasgo positivo o negativo para los niños? ¿Y para los adultos?

2. Es interesante notar que Ivette dijo que después de graduarse, estaba trabajando con niños de profesional, especialista en el desarrollo de niños, cuando decidió que prefería trabajar con computadoras. Por otro lado, ahora está pensando dedicarse a otro negocio. ¿Por qué no empieza el nuevo negocio inmediatamente? Si Ud. fuera Ivette, ¿qué haría?

Trabajaría Ud. con niños o computadoras? Si Ud. tuviera el dinero necesario para abrir su propio negocio, ¿qué negocio abriría? ¿Dónde estaría? ¿Trabajaría solo/a o con otras personas?

6.17 A repasar

1. Los latinos, como el resto de la población, han entrado en el
mundo de la tecnología. Con la excepción de Joe, todas las personas de
este capítulo utilizan la tecnología en su trabajo. Repase las entrevistas
de Ariel, Beatrice e Ivette para ver cómo entra la tecnología en su trabajo
diario. Haga una lista de los usos de una computadora en el mundo de
los negocios. Por ejemplo, sirve para anotar datos, hacer cálculos o hacer
investigaciones en Internet. Es probable que Joe, el abogado, utilice una
computadora en su trabajo. ¿Cómo utilizará una computadora Joe? Haga
una lista de las posibilidades que se le ocurran. ¿Cree Ud. que hay programas especiales para los que trabajan en el área de la justicia? ¿Piensa Ud. usar la tecnología en su propia carrera? ¿De qué forma? ¿Le
gustaría tomar clases de computación?

2. Algunos estadounidenses nacen en un estado y pasan toda la vida
allí. Ellos dicen que todo lo que quieren se encuentra allí. Las personas de
este capítulo han viajado lejos de la ciudad donde nacieron, algunos han
viajado a otros países. ¿Dónde han vivido Ariel y Joe? ¿Adónde ha viajado Beatrice? ¿A Ud. le gusta la idea de trabajar en varias ciudades o
prefiere quedarse en la área donde vive ahora? Si pudiera vivir y trabajar
en cualquier ciudad del mundo, ¿dónde lo haría? ¿Por qué? Al buscar otro
lugar para vivir, ¿qué factores influirían en su decisión?

Estructuras

Past Subjunctive with nominal clauses; and forming the past subjunctive. The hypothetical "if" and the "if" of conjecture.

Estructuras

Repaso del imperfecto de subjuntivo

El uso del imperfecto de subjuntivo

El "si" hipotético

El "si" de conjetura

El imperfecto de subjuntivo

In the past two chapters we have seen some of the reasons why we use
the *present* <u>subjunctive</u> in relative clauses. These are the same reasons
we will use past subjunctive in a relative clause.

For example, when someone *wants* someone else to do something, we use present subjunctive.

Quiero que tú <u>hables</u> español

When someone *wanted* someone to do something, we use past subjunctive:

Quería que tú <u>hablaras</u> español

Le pido al jefe que me <u>dé</u> más dinero.

Le pedí al jefe que me <u>diera</u> más dinero.

Forming the imperfect subjunctive

The past subjunctive endings are the same for all verbs. Also, note that the **nosotros/as** forms always have a written accent. For all verbs, the past subjunctive is formed with the **Uds/ellos/ellas** form of the preterite. By dropping the **–ron** ending, we establish the stem for all the past subjunctive forms. Then we add the endings: -ra, -ras, -ra, -ramos, -rais, -ran.

For more information on forming the past subjunctive see Chapter 6 in the workbook

The hypothetical "if"

When we want to say what we would do in a hypothetical case, we use the <u>past subjunctive</u> in the "if" clause and *conditional* for the main verb. This type of "if" clause is often referred to as an "if clause contrary to fact" because if I say *"Si tuviera el dinero"* (if I were to have the money), I am implying that I do NOT have it.

Si yo <u>tuviera</u> suficiente dinero, compraría un Porsche. (pero no lo tengo)

Or

Yo compraría un Porsche si <u>tuviera</u> suficiente dinero.

Como si ... As if

Another common hypothetical "if" in Spanish is the expression "as if + verb" *como si*, which always requires the past subjunctive.

Hablan como si fueran expertos. They speak as if they were experts (i.e. they're not experts)

The "if" of Conjecture

We often use "if" to speculate or make conjecture about the future. In this case we use the <u>present INDICATIVE</u> in the "if" clause in Spanish, and the future for the main verb.

For example:

Te voy a llamar si <u>tengo</u> tiempo.

Si <u>tengo</u> tiempo, te llamaré.

Práctica

2 **6.18** **Imperfecto de subjuntivo**

1. Con un compañero/a de clase, háganse las siguientes preguntas sobre su niñez:

   Cuando eras niño/a …

   ¿Te permitían tus padres que salieras por la noche?

   ¿Temían tus padres que no sacaras buenas notas en la escuela?

   ¿Querían tus padres que tú estuvieras contento/a?

   ¿Fue necesario que estudiaras tanto como ahora?

   ¿Te sugerían tus amigos que hicieras deporte?

   ¿Dudabas que tus amiguitos supieran mucho?

2. (En casa): Vuelva a escribir esta página del diario de Ivette Ross conjugando los verbos subrayados en imperfecto de subjuntivo. Para ello, será necesario que cambie a pretérito o imperfecto los verbos que introducen el subjuntivo.

   Mis padres quieren que yo <u>esté</u> contenta pero yo temo que eso *sea* imposible. Vivimos en East LA. Mi familia espera que yo <u>haga</u> amigos, pero nuestros vecinos mexicanos no creen que yo <u>sea</u> latina; piensan que soy gringa. Mis hermanos mayores no tienen tantos problemas ya que son más morenos que yo.

   _____

   _____

   _____

   _____

   _____

   _____

   _____

6.19 El "si" hipotético

Escriba apuntes sobre lo que dice Ivette Ross hablando hipotéticamente de su vida. Rellene los espacios en blanco conjugando los verbos en imperfecto de subjuntivo o condicional según sea necesario:

   Ivette dice que si (1)_____ (tener) que estudiar ocho años para ser enfermera, preferiría ser doctora.

   Si Ivette pudiera, (2)_____(dejar) su trabajo mañana.

   Le interesaría a Ivette un servicio de fotografía si (3)_____ (tener) hijos.

   (4)_____ (tener) éxito si Ivette empezara un negocio de fotografía.

6.20 El "si" de conjetura

1. Como tarea, rellene la siguiente tabla con sus planes para la semana que viene y de qué dependen los planes (con un "si" de conjetura)
   Mis planes para la semana que viene:

El día	SI	lo que harás
ejemplo: El lunes	si tengo tiempo,	estudiaré
El martes	si _____,	_____
El jueves	si _____,	_____
El sábado	si _____,	_____
El domingo	si _____,	_____

2 2. Los planes de mi compañero. Entreviste a un/a compañero/a de clase sobre sus planes para la semana que viene siguiendo el modelo

MODELO: —*¿Qué harás el lunes?*
—El lunes estudiaré para el examen final de español si tengo tiempo.

o

—El lunes, si tengo tiempo, estudiaré para el examen final de español.

6.21 El "si" hipotético. Para escribir (en casa):

¿Qué haría yo para solucionar los problemas de los latinos si fuera _____? (Por ejemplo: el presidente Bush, un senador, el gobernador de Texas o de California)

Imagine que es Ud. un político, un abogado o alguien famoso que influya en la opinión pública de este país. Escriba un párrafo de seis oraciones como mínimo sobre lo que haría para solucionar los problemas de los latinos en los Estados Unidos.

Es necesario solucionar los problemas de los latinos de los Estados Unidos. Si yo fuera _____, yo _____

_____

_____

_____

_____

_____

[Y si yo fuera] _____

_____

_____

_____

_____

_____

Destrezas

 A escribir

1. Para encontrar el trabajo ideal hay que prepararse bien. Se dice que hay que saber "venderse" a una compañía en la que nos interese trabajar. Una parte muy importante del proceso es su currículum. De él depende la primera impresión que cause en la compañía. Piense en qué tipo de trabajo le gustaría conseguir cuando termine su carrera. ¿Cuál sería su trabajo ideal? Luego, prepare su currículum. La compañía para la cual quiere Ud. trabajar requiere por lo menos un conocimiento básico de español. Por esta razón, requiere que su currículum esté escrito en español. Debe hablar de los estudios realizados, su experiencia profesional y sus habilidades que tengan relación con el puesto que solicita.

Generalmente, la información incluida en el curriculum vitae se divide en cuatro áreas:

Información personal

Nombre, dirección, teléfono, correo electrónico

Educación

Lugar y fecha de sus estudios

Experiencia profesional

Fechas y descripciones de sus puestos

Información adicional

Idiomas, actividades extracurriculares, habilidades o logros relevantes

Si todavía tiene dudas sobre qué tipo de información debe incluir, puede buscar ejemplos en Internet.

2. Después de terminar de escribir su currículum, debe entregárselo a un/a compañero/a de clase. Él/Ella va a escribir una carta de recomendación basada en los datos incluidos en su currículum. Debe también asegurarse de que su compañero/a sabe qué tipo de trabajo está Ud. buscando. La carta debe incluir la siguiente información: cómo conoce al/a la aspirante, desde cuándo lo/la conoce, una descripción de su experiencia trabajando con el/la aspirante y las habilidades del/de la aspirante.

Estrategia de escribir—Esquema

Para escribir una carta de recomendación, puede ser muy útil organizar sus ideas primero en un esquema (*outline*). Puede Ud. empezar su esquema con las ideas principales contenidas en la mayoría de las cartas de este estilo: relación con el aspirante, experiencia trabajando con él/ella y las habilidades del/de la aspirante.

6.23 ¿Qué haría Ud.?

Casi todas las personas a quienes Ud. ha conocido en este capítulo han cambiado de trabajo por lo menos una vez. Basándose en las últimas estadísticas, Ud. probablemente cambiará de trabajo cuatro o cinco veces en su vida. Por eso, el saber presentarse bien durante una entrevista es una habilidad bastante útil.

G En grupos de cuatro personas, van a practicar cómo hacer una entrevista. Imaginen que dos de Uds. trabajan en el departamento de recursos humanos de una compañía. Los otros dos serán los aspirantes que buscan un puesto en la compañía.

1. Primero, todos deben ponerse de acuerdo y elegir una compañía ficticia y un trabajo ficticio.

2. Deben dividirse en dos grupos: los de recursos humanos y los aspirantes. Los de recursos humanos deben hacer una lista de por lo menos diez preguntas que utilizarán durante la entrevista. Pueden empezar su lista con las siguientes preguntas:

- ¿Por qué escogió Ud. esta carrera?
- ¿Qué experiencia tiene Ud.?
- Académicamente, ¿en qué materias fue Ud. más sobresaliente? ¿Menos sobresaliente?
- ¿Qué palabras usarían sus profesores para describirlo/la?

Los aspirantes deben pensar en qué necesitan hacer o decir para presentarse bien en la entrevista. También deben hacer una lista de por lo menos cinco cosas que pueden mencionar durante la entrevista para impresionar a los de recursos humanos. Además de esta lista, deben preparar otra lista de por lo menos diez preguntas para averiguar más información sobre el puesto. Pueden empezar su lista con las siguientes preguntas:

- ¿Cuáles son las responsabilidades específicas del trabajo?
- ¿Cómo sería el/la candidato/a ideal para este puesto?
- ¿Me pueden explicar las prestaciones?
- ¿Me pueden decir cuándo piensan tomar su decisión?

3. Después de las entrevistas, los de recursos humanos deben escribir un breve informe explicando a quién escogieron para el puesto y por qué.

4. Cuando terminen deben intercambiar sus papeles y hacer las entrevistas otra vez.

Comprensión auditiva

6.24 Antes de ver el video

G *Los deportes:*

En grupos de tres o cuatro, hablen con sus compañeros de clase, haciéndose las siguientes preguntas sobre sus experiencias con los deportes.

¿Te gusta el béisbol? ¿Juegas al béisbol? ¿Cuándo? ¿Con quiénes? ¿Vas a los estadios para ver los partidos de los equipos profesionales, uni-

Luis Raúl Jiménez

versitarios? ¿Los ves en la televisión? ¿Qué prefieres: jugar o ver jugar a los profesionales en la tele o en el estadio?

Luis Raúl Jiménez, ingeniero puertorriqueño, habla de béisbol, su deporte favorito.
A Luis Raúl le gusta jugar y ver jugar a los profesionales.

 6.25 Primera proyección - Comprensión

Después de ver el video por primera vez, conteste las siguientes preguntas escogiendo la mejor respuesta:

1. ¿Cuál es el equipo favorito de Luis Raúl?
   a. los Braves
   b. los Mets
   c. los Yanquis

2. Luis Raúl juega béisbol con …
   a. jugadores profesionales
   b. sus clientes
   c. sus colegas

3. Eduardo Figueroa es un amigo de Luis Raúl que …
   a. juega en las ligas menores
   b. juega en las grandes ligas
   c. fabrica bates en California

4. La primera vez que Luis Raúl vio jugar a los Mets fue en …
   a. 1991
   b. 1992
   c. 1995

5. Luis Raúl tiene una foto de un equipo de estrellas de …
   a. todo el Caribe
   b. Puerto Rico
   c. la República Dominica

6.26 Segunda proyección - Comprensión

Después de ver el video por segunda vez, conteste las siguientes preguntas escogiendo la mejor respuesta:

1. La primera vez que Luis Raúl vio jugar a profesionales en los Estados Unidos fue en …
   a. 1991
   b. 1992
   c. 1995

2. En el equipo de su compañía, Luis Raúl juega …
   a. primera base
   b. segunda base
   c. shortstop

3. Eduardo Figueroa juega …
   a. primera base
   b. segunda base
   c. shortstop

4. El equipo de estrellas jugó en las ligas …
   a. mayores
   b. menores
   c. invernales

5. El equipo puertorriqueño ganó el campeonato del Caribe en …
   a. 1991
   b. 1992
   c. 1995

6.27 ¿Se acuerdan de todos los detalles?

1. ¿Cuál fue el tanteo cuando Luis Raúl estaba jugando?

2. ¿Qué equipos estaban jugando en el primer juego de jugadores profesionales que vio Luis Raúl?

3. ¿Dónde juega Eduardo, en qué estado, en qué ciudad? ¿Cómo se llama el equipo? ¿De dónde sacaron ese nombre?

4. ¿Cuándo fue la última vez que Luis Raúl vio a su amigo Eduardo?

5. ¿Qué regalo le dio Eduardo a Luis Raúl?

G 6.28 Consideraciones

Hablen en grupos de tres o cuatro alumnos
   ¿Es muy caro ir al estadio para ver jugar a los profesionales? ¿Cuánto cuestan las entradas en las ligas mayores? y ¿en las ligas menores? ¿Cuántas horas dura un partido de béisbol profesional? ¿Te acuerdas de la primera vez que viste jugar a los profesionales? ¿Qué equipos jugaron? ¿Quiénes ganaron?
   ¿Sabes cómo se llaman los equipos de béisbol de muchas ciudades? ¿Sabes cómo se llaman los estadios en los cuales juegan?

¿Cuál es tu deporte favorito? ¿Eres fan de algún equipo? ¿Eres fanático?

¿Has jugado en un equipo en la escuela?

Hay muchas compañías que tienen equipos de béisbol en los cuales juegan los empleados. Sí tú fueras jefe de una compañía, ¿tendrías un equipo de béisbol? ¿Cuáles son las ventajas y desventajas de tener un equipo de béisbol?

Luis Raúl es un "fanático" auténtico. ¿Conoces a algún "fanático"? ¿Quién? Explica.

Lectura

DOS CARAS

SABINE ULIBARRÍ

Sabine Ulibarrí es considerado uno de los autores chicanos más conocidos. Sin embargo, el autor mismo no está completamente satisfecho con esta opinión. Prefiere ser conocido únicamente como autor, o sea, sin un adjetivo que lo haga parte de un grupo. Ulibarrí explica que el chicanismo es un movimiento político y social, mientras que su meta solamente es escribir cuentos y versos. No tiene una agenda política, tampoco siente el deseo de protestar ni lanzar retos mediante sus obras literarias. Nunca vivió en el barrio de una gran ciudad. Su vida ha transcurrido en Nuevo México, especificamente en Tierra Amarilla, un pueblo pequeño del norte. Ulibarrí nació en 1919 en Santa Fe, pero sus padres se trasladaron a Tierra Amarila. Ambos padres se graduaron de la universidad y Sabine se crió en una casa llena de libros. Sus padres se encargaron de enseñarle a leer; por eso, cuando entró en la escuela, podía leer no sólo cuentos, sino libros en inglés y español también.

Sabine se matriculó en George Washington University (su padre había querido que su hijo se graduara de Georgetown pero costaba demasiado) e iba a clases en el horario de noche. Luego se alistó en el ejército durante la Segunda Guerra Mundial, donde se ganó muchas medallas. Después de la guerra, volvió a la universidad consiguiendo un B.A.y una maestría. Más tarde recibió un doctorado de la Universidad de California en Los Ángeles. Enseñó literatura española e hispanoamericana en la Universidad de Nuevo México por muchos años, hasta que se jubiló en 1990. Los nuevomexicanos son el tema de muchos de sus cuentos. El cuento que sigue, "Dos caras", viene de un libro publicado en 1989, *El condor y otros cuentos*.

Ulibarrí dice que sus cuentos son diferentes de los de los autores chicanos. ¿Cuáles son los temas de los cuentos que Ud. ha leído en este libro? ¿Son parecidos a los temas que menciona Ulibarrí: las experiencias del barrio, la injusticia que han sufrido los inmigrantes y la mentalidad de ser minoría? ¿Qué otros temas ha visto Ud.? Si tuviera que adivinar el tema de "Dos caras," ¿cuál sería? Haga una lista de asociaciones con las palabras "dos caras." Escriba un párrafo acerca de lo que pasará en un cuento cuyo título es "Dos caras." Compare su párrafo con los de los otros miembros de la clase. ¿Son parecidos o diferentes?

6.29 Antes de leer

1. Ulibarrí nos describirá la relación entre dos amigos. ¿Cómo es su mejor amigo/a? ¿Uds. se parecen mucho o son diferentes? ¿En qué consisten las diferencias? ¿Apariencia física? ¿Personalidad? ¿Intereses? ¿Qué rasgos deben compartir dos amigos? ¿Es posible tener un mejor amigo/a completamente diferente de Ud.?

2. Cuando dos amigos asisten a la misma escuela o trabajan juntos, ¿hay competencia entre ellos? Si es así, ¿cómo pueden evitarse los celos? ¿Alguna vez ha tenido Ud. celos de su mejor amigo? ¿Cómo lo resolvió?

Dos caras

°**abigarrada:** multicolored

°**entrañable:** deep

°**ruedo:** arena
°**hombría:** manliness
°**pendiente:** attentive
°**maltrecho:** battered
°**molido:** worn out
°**fantasmagórico:** phantasmagoric, characterized by fantastic imagery
°**aguantando:** tolerating
°**retumbaba:** reverberated
°**alarde:** vain display

°**doncella:** maiden

°**detrás de los bastidores:** behind the scenes

Voy a contarles la abigarrada° historia de dos amigos, casi hermanos. Uno bueno. El otro malo. Uno se queda. El otro se fue. Eran inseparables. Eran como hermanos. Uno, rico, el otro pobre. Una amistad entrañable°. Necesidad por un lado. Generosidad por el otro. Beltrán era genial. Ambrosio no lo era. Beltrán protegía y defendía a Ambrosio en el campo de los deportes, en la esfera académica, en el ruedo° de joven hombría°. Ambrosio siempre pendiente°. Cada vez que Ambrosio resultaba herido, maltrecho° y molido°, Beltrán lo recogía, lo levantaba y lo animaba.

Los dos tuvieron un éxito fantasmagórico° con las mujeres. Por diferentes razones, claro. Salían de fiesta en el coche convertible de Ambrosio. Él adelante con su chica y conduciendo, hablando él la mayor parte del tiempo. Beltrán atrás con la suya, callado y aguantando° para siempre. A la luz de la luna, o en un elegante restaurante, la voz de Ambrosio resonaba y retumbaba°. El silencio de Beltrán se oía y se escuchaba por encima del alarde° y el escándalo que Ambrosio se fabricaba. Basta ya.

Los dos fueron a Harvard. Uno fue con una beca grande y merecida. El otro fue con la plata y la influencia de sus padres. En Harvard ocurrió lo mismo. Como siempre, Beltrán tuvo que sostener a su amigo, mantenerlo respetable, a pesar de sí mismo. Lo pasaron bien en esas tierras verdes de piedra y de frío. Siempre amigos, siempre hermanos.

Un día se graduaron. Los padres de Ambrosio asistieron a la ceremonia. Los de Beltrán, no. Las cosas eran evidentes. No habían cambiado. Uno feliz. El otro triste, como siempre. El último año Ambrosio se casó con una bella doncella° de Boston, Maribel Wentworth. Quién sabe por qué. Quizás le hacía falta. Beltrán no se casó.

Los dos volvieron a Albuquerque. Ambrosio como presidente del banco de su padre. Beltrán como su vicepresidente. Beltrán casado ahora, con la dueña de sus amores que lo había esperado todos estos años. El banco creció y enriqueció bajo la sabia mano del vicepresidente. Ambrosio recibía los honores y los buenos sabores de los triunfos económicos del banco. Beltrán se quedaba detrás de los bastidores°. Como antes. Como siempre.

Empiezan a surgir problemas. Un hombre pone al otro en la sombra. No siempre se sabe cuál es cual. La gente que sabe de esas cosas, sabe que es Beltrán el genio detrás del éxito. Ambrosio también lo sabe. A veces cuando está solo, y aun a veces, cuando recibe los aplausos de los demás, allí dentro hay

°**muerde:** bites
°**carcome:** rots

°**predilección:** preference

°**rencor:** rancor

°**tirantez:** tension

°**convidó:** invited

°**ensueño:** fantasy
°**orilla:** edge

°**empujón:** shove
°**rodando:** rolling
°**empinado:** steep
°**risco:** cliff
°**botando:** bouncing

una voz que le dice, "Si no fuera por Beltrán, tú no valdrías nada." Esto le muerde°, le carcome°. Le molesta y no le deja en paz. Una vocecita, nacida en su interior, le ha venido diciendo siempre algo que no quiso nunca escuchar y que ahora no quiere oír "Eres caca, y más nada."

Esto no es todo. Desde los días de Boston la mujer de Ambrosio había sentido y mostrado una cierta predilección°, una cierta atracción, por Beltrán. Lo buscaba en las fiestas. Cuando hablaba con él, se le veía animadísima. Siempre le echaba en cara a su marido el nombre de Beltrán.

Todo esto, la seguridad de su propia incapacidad, los celos y la envidia produjeron en Ambrosio un violento tormento y un feroz rencor°. Su creciente decadencia y su siempre presente dependencia trajeron consigo un incipiente alcoholismo. Tomaba demasiado, casi no comía ni dormía. Su mejor amigo, casi hermano, su brazo derecho, se había convertido en su fantasía en su peor enemigo. Decidió matarlo.

Beltrán notó la tirantez° que surgió entre ellos, el mal humor de Ambrosio, pero no le dio mucha importancia. Lo atribuyó todo al licor o a la enfermedad que parecía que tenía.

Una preciosa tarde de otoño Ambrosio convidó° a Beltrán a ir a dar un paseo. Se fueron a la cresta de los Sandías. Los bosques se habían vestido de sus ropajes más finos y coloridos. Había en el aire un algo de voluptuosidad, una cierta languidez, que invitaba al sueño o al ensueño°.

Se bajaron del coche y se situaron en la misma orilla° de la cresta. De allí se divisaba el gran valle del Río Grande con sus lejanos horizontes morados.

Inesperadamente, Ambrosio le da un empujón° a Beltrán. Beltrán se va rodando° por el lado empinado° del risco°, su cuerpo botando° grotescamente de roca en roca, para descansar, flojo y suelto, a unos cien metros más abajo. Ambrosio se quedó largo rato contemplando el cuerpo inerte de su antiguo amigo.

°**adrede:** deliberately

°**acudió:** arrived
°**resbalado:** slipped
°**lacio:** limp
°**milagrosamente:**
miraculously
°**lacras:** marks

°**cicatrices:** scars
°**cirugía:** surgery

°**encargó:** entrusted

°**estancia:** stay

°**clausuró:** closed by official
order

°**cuesta abajo:** downhill

°**acciones:** shares
°**mayoritario:** majority

°**desenfrenado:** unbridled

°**mesa directiva:** board of
directors
°**junta:** board

Luego, deliberadamente, se subió en el coche. Manejó despacio, adrede°, hasta llegar a un teléfono. Llamó a una ambulancia. Estaba seguro que Beltrán estaba muerto. Le contó a la policía que acudió° cómo su querido amigo se había resbalado°, y cómo él no había podido salvarlo. Mientras tanto, los ayudantes recogían el cuerpo sangriento, lacerado y lacio° de Beltrán, milagrosamente° vivo.

En el hospital le hallaron múltiples huesos rotos, contusiones, lacras° de todo tipo. Pronto lo pusieron en la mesa de operaciones y le dieron transfusiones de sangre y suero. Las operaciones duraron horas. Salió de allí vendado de pies a cabeza como una momia.

Gracias a la magia de la ciencia y la tecnología, Beltrán sobrevivió, aunque los primeros días su vida estuvo pendiente de un hilo. Su esposa y sus hijos le acompañaban de noche y día, pendientes ellos también de un imposible.

Su fuerte salud, su voluntad de vivir y su valentía moral fueron sacando al enfermo poco a poco del lado de la muerte al lado de la vida. Su recuperación fue increíble. El mismo personal médico se quedó impresionado con el milagro. Se le cerraron las heridas; se le compusieron los huesos. Quedó como antes. Con una excepción. Cuando le quitaron las vendas de la cara, la esposa y los hijos gritaron simultáneamente sin querer. Es que vieron una cara distorsionada, llena de cicatrices° y lacras en todo sentido feas y monstruosas.

Beltrán no perdió el equilibrio. Insistió que le hicieran cirugía° cosmética inmediatamente. Un buen cirujano lo hizo. Después de los días indicados, le quitaron las vendas. Esta vez Beltrán estaba perfecto, tan guapo como antes.

Pero no igual que antes. Su aspecto era totalmente distinto. Beltrán hizo que le pusieran las vendas otra vez. Les rogó a los médicos que lo vieron que no dijeran nada.

Le encargó° a su mujer que hiciera las maletas, que hiciera reservaciones por avión para todos y que cerrara la casa. Al día siguiente Beltrán salió del hospital, con la cabeza completamente vendada, y se subió en un avión con su familia. Nadie lo volvió a ver.

Durante su larga estancia° en el hospital, Beltrán formuló un plan de acción que no divulgó a nadie. Lo puso en operación al primer día. Se fue a Nueva York. Por correo clausuró° sus relaciones con el banco y vendió la casa.

En Nueva York se cambió el nombre a Fabián Abencerraje. Con el pequeño capital que había acumulado, su talento para los negocios y su don de gente amasó una fortuna dentro de cinco años su plan de acción estaba en plena función.

Allá en casa el banco de Ambrosio iba cuesta abajo° desde que Beltrán se fue. Ambrosio sabía, sin poner impedirlo, que un cierto Fabián Abencerraje había venido comprando acciones° en el banco y que ahora era el accionista mayoritario°. Ese misterioso comprador no había intervenido ni en lo más mínimo en los asuntos del banco.

A los cinco años volvió Fabián. Nadie lo conoció. Volvió viudo. Tenía 45 años. Encuentra a Ambrosio víctima de un alcoholismo desenfrenado°, gordo y enfermo.

En el banco demanda una reunión de la junta directiva° para el siguiente día. En esa junta° hace las siguientes declaraciones que él ha adquirido control del banco, que él asumiría la presidencia, que Ambrosio ocuparía el puesto de tercer vicepresidente. Presentó un plan de construcción para el banco que había traído consigo. Al parecer el banco iba a sufrir una serie de operaciones como si tuviera todos los huesos rotos y múltiples heridas. Iba a recibir también cirugía cosmética para cambiarle su aspecto por completo, e iba a cambiar de nombre. Iba a dejar de ser lo que era antes.

Ambrosio salió de la reunión destruido. Ese banco había sido su vida y su orgullo, como lo había sido de su padre y de su abuelo. Era lo único que le quedaba de su antigua arrogancia. Pensar en perder el banco era pensar en perderlo todo.

Fabián buscó a Maribel. Le reveló su identidad. Ella se quedó atónita° mirándolo. Reconoció su voz. De pronto el volcán dormido, lleno de emociones suprimidas y de recuerdos apagados, se encendió y reventó° en una erupción de rosas. Sin saber cómo, se encontraron los dos abrazados, besándose apasionadamente.

Fabián, que siempre había desviado° las tentativas° amorosas de Maribel por honesta lealtad, ahora se dedicó a enamorarla y conquistarla. Lo hizo abierta, hasta ostentosamente. Quería que Ambrosio lo supiera, lo viera. No encontró dificultades en ambos lados. Su propio abogado le consiguió el divorcio. Pronto se supo que se casarían.

Esperó el momento oportuno. Un día encontró a Ambrosio más o menos sobrio, más o menos racional, y le dijo lo que sigue.

—Soy Beltrán, el fiel amigo que quisiste matar. He vuelto a cobrarte lo que me debes. Ya te quité lo que más quieres: tu egoísmo, tu amor propio, tu dignidad, el banco y Maribel. Lo único que queda es quitarte la vida. También te la voy a quitar a su tiempo y a mi manera. Por ahora me satisfago viéndote revolcar° en la bazofia° que es tu vida.

Ambrosio no dijo una sola palabra, ni antes ni después. Esa noche se destapó° los sesos° con la 45 que había heredado de su padre junto con el banco.

Cuando Beltrán supo lo ocurrido, se quedó largas horas pensativo en su sillón de ejecutivo. Por su mente flotaban pensamientos como los siguientes. Ustedes, los lectores, sabrán interpretarlos:

"Todo lo bello y lo bueno de Nuevo México es eterno. Todo lo malo y feo es pasajero. ¿Quién borrará de nuestros ojos y recuerdos las altas sierras, los altos cielos y amplios desiertos? ¿Quién va a apagar la lúcida luz de nuestro sol y nuestra luna en nuestras verdes o nevadas alturas? ¿Quién va a desdorar el día o desplatear la noche? ¿Quién se va a llevar el aroma y la sombra del pino, el color, el olor del sabino°? Los crepúsculos° que encienden el mundo. El chile verde que pica y quema. El chicharrón° que huele a gloria. La tortilla caliente. Los humildes frijoles. La carne adobada. No, no, no. Eso no nos lo quita nadie. Eso es lo bueno. Eso es lo que se queda. Las tormentas, las sequías° y los fríos vienen y se van. Eso es lo malo."

"La cortesía, la elegancia y la cultura son cosas heredadas. Transmitidas por la sangre, nutridas° por la naturaleza y la crianza°. Mucho de lo español y otro tanto de lo indio. Las viejas familias han conservado lo bueno y lo malo de ambos. Lo bueno debe quedarse y honrarse. Lo malo debe irse y despreciarse°. Los recién llegados se quedan pasmados° con lo bueno y lo noble, se quedan y se ennoblecen, se hacen nuevomexicanos, es decir, los buenos; los malos deben irse."

"Nuesto padre Martínez vive y vibra° en nuestros recuerdos como valiente antecedente. Era atrevido° y benévolo. El (nunca nuestro) arzobispo Lamy muere

---

°**atónita:** astonished

°**reventó:** burst out

°**desviado:** deflected
°**tentativas:** attempts

°**revolcar:** wallowing
°**bazofia:** rubbish

°**destapó:** uncovered
°**sesos:** brains

°**sabino:** savin, an aromatic herb
°**crepúsculos:** twilights
°**chicharrón:** pork rind
°**sequías:** droughts

°**nutridas:** nurtured
°**crianza:** upbringing

°**despreciarse:** be scorned
°**pasmados:** stunned

°**vibra:** reverberates
°**atrevido:** bold

y muerde en nuestra memoria como bandido. Era racista y malévolo. Uno vivió y sigue viviendo. El otro murió y sigue muriendo. Uno nació para vivir. El otro nació para morir."

Nota: El padre Martínez era un sacerdote muy famoso de Taos y Nuevo México. Mucho de su fama resultó de un conflicto que tuvo con el arzobispo Jean Baptiste Lamy. Éste fue la inspiración para el protagonista en la obra de Willa Cather, "Death Comes to the Archbishop" El padre Martínez, heroe del pueblo, estaba por las prácticas locales y también no quería imponer diezmos a los pobres. Lamy creía que las prácticas locales deben ser cambiadas a las de los Estados Unidos y que todos debían dar diezmos. El conflicto continuó hasta que el sacerdote ofreció renunciar (si podría nombrar su sucesor). Es posible que Lamy no entendiera el lenguaje pero resultó que el sacerdote fue excomulgado. No podía ni ofrecer la misa ni dar los sacramentos. Murió en 1867, un heroe que luchaba por los derechos humanos y la cultura nuevomexicana.

6.30 Comprensión

1. ¿Por qué eran tan buenos amigos los dos hombres? Razone su respuesta.
2. ¿Por qué tenía éxito con las mujeres Ambrosio? ¿Y Beltrán?
3. Con respecto al banco, ¿cuál era el puesto de cada uno?
4. ¿Por qué le molestaba a Ambrosio el trabajo de Beltrán?
5. ¿Cómo confrontaba sus problemas Ambrosio? Después de algún tiempo, ¿qué decidió hacer?
6. Según el plan de Ambrosio, ¿qué pensaría la policía al recobrar el cuerpo de Beltrán?
7. ¿Por qué quería Beltrán que le hicieran la cirugía cosmética?
8. ¿Por qué salió Beltrán del hospital en un disfraz?
9. ¿Qué hizo Beltrán cuando llegó a Nueva York?
10. ¿Quién era Fabián Abencerraje? ¿Cuál era su conexión con el banco de Ambrosio?
11. ¿Cómo sería diferente el banco con su nuevo jefe?
12. ¿Por qué reveló Beltrán su identidad a Maribel?
13. ¿Por qué le admitió a Ambrosio lo que había hecho?
14. ¿Qué es lo bueno de Nuevo México?
15. El padre Martínez y el arzobispo Lamy son diferentes. ¿En qué sentido lo son? ¿Qué representa cada uno?

G 6.31 Discusión

1. Ulibarrí hace un contraste entre los dos personajes, Ambrosio y Beltrán. Haga una lista de las diferencias entre los dos hombres. ¿Hay semejanzas? ¿Se parecen a personas que Ud. conoce? ¿Por qué sí o no?

¿Cree Ud. que Ulibarrí quería presentar verdaderos hombres o símbolos para darnos una lección ética? Es posible que Ambrosio represente lo malo y Beltrán lo bueno. ¿Cree Ud. que Beltrán siempre se comporta totalmente bien cuando hace planes para vengarse? ¿Debería haber perdonado a Ambrosio? ¿Es culpable Beltrán de la muerte de Ambrosio? ¿Por qué? Los miembros de la clase deben formar dos grupos: uno que piensa que Beltrán es culpable y otro que piensa que es inocente. Cada grupo debe organizar sus ideas para hacer un debate.

2. Al fin del cuento, Beltrán se pone pensativo al oír que su antiguo amigo Ambrosio se ha suicidado. Piensa en lo bueno de la cultura nuevomexicana. ¿En qué consiste esto? Luego menciona al padre Martínez y al arzobispo Lamy. Uno parece bueno y el otro malo, como los protagonistas del cuento. Repase la información acerca de los dos hombres (o haga una búsqueda en Internet) y trate de decidir por qué piensa Ulibarrí que el padre es un hombre mejor.

 6.32 Composición

1. Repase la información en la actividad anterior donde Ud. hizo una lista de comparaciones de las características positivas de Beltrán y de las negativas de Ambrosio. Ahora, decida si estas características cambiarían si ambos fueran mujeres. Escriba una descripción de dos gemelas fraternales (incluya una descripción física, pasatiempos, carrera, personalidad, etc) cuyas personalidades son muy diferentes. Termine su descripción con un conflicto que va a ocurrir. Cambie su descripción por una de un compañero de clase. Este escribirá una obra drámatica acerca del conflicto.Los celos serán el origen del conflicto. ¿Cuál es la causa de los celos: un trabajo, un amante o el éxito en general? La obra debe concordar con lo que su compañero de clase escribió.

2. Después del suicidio de Ambrosio, Ulibarrí termina su cuento con un discurso largo acerca del arzobispo Lamy y el padre Martínez. Si Ud. escribiera el cuento, ¿lo haría así? ¿Hay otras posibilidades interesantes? Repase el párrafo que empieza con las palabras "Cuando Beltrán supo lo ocurrido… ." Empiece con la oración "Por su mente flotaban pensamientos como los siguientes," y escriba estos pensamientos. ¿Estará Beltrán pensando en su juventud, el accidente, su destrucción de la vida de Ambrosio? Cambie su descripción de los pensamientos de Beltrán con un compañero de clase. Éste escribirá la acción que sigue estos pensamientos. ¿Qué hará Beltrán ahora? Piense en su personalidad, lo de siempre hacer bien, su manera de guardar silencio pero planear una acción apropiada. ¿Hará algo por la familia de Beltrán? ¿Sufrirá una enfermedad causada por el estrés de todo? ¿Hará una obra de caridad? ¿Cambiará su vida de cierta manera? Escriba un final para este cuento que continúa la parte escrita por su compañero de clase.

Entrevista

Entreviste a un/a profesional latino/a de su comunidad. (Si necesita ayuda puede repasar las sugerencias del capítulo preliminar en página 23.) Debe incluir en su entrevista información sobre lo siguiente:

- cómo escogió su carrera
- su educación y su formación profesional
- aspectos de su trabajo
- cómo el hecho de ser bilingüe le ayuda en su trabajo
- qué le aconsejaría a alguien que quisiera trabajar en la misma profesión

Después de la entrevista, escriba un texto biográfico al estilo de los que se encuentran en este capítulo.

 Si Ud. no puede hallar a una persona latina en su propia comunidad, use el video **"Entrevista virtual: Dr. Ramón Ruiz."** O **"Entrevista virtual: Luis Raúl Jiménez."** Luego, escriba un texto biográfico basado en la información del video.

Capítulo 3 - ¿Qué haría Ud.?

Categorías Holland

Categoría #1—Realista—Los que hacen

Personas de este grupo tienen capacidad atlética o mecánica, prefieren trabajar con objetos, máquinas, herramientas, plantas o animales, o estar al aire libre.

Profesiones:	Entrenamiento / Educación:
mecánico	se requiere bachillerato más entrenamiento en el trabajo, se recomienda instituto vocacional
carpintero	se requiere aprendizaje (entrenamiento en el trabajo)
ingeniero electrónico	se requiere licenciatura
entrenador particular	varía, se requiere desde bachillerato (más entrenamiento en el trabajo) hasta licenciatura
agricultor	varía, se requiere desde título de dos años hasta licenciatura
florista	se requiere bachillerato más entrenamiento en el trabajo, se recomienda instituto vocacional

Categoría #2—Investigador—Los que piensan

A las personas que pertenecen a este grupo les gusta observar, aprender, investigar, analizar, evaluar o solucionar problemas.

Profesiones:	Entrenamiento / Educación:
programador de computadoras	varía, desde instituto vocacional hasta licenciatura
dentista	se requiere licenciatura más cuatro años en una escuela odontológica
meteorólogo	se requiere licenciatura
farmacéutico	se requiere licenciatura
médico	se requiere licenciatura más cuatro años para graduarse de la facultad de medicina
técnico químico	varía, se requiere desde título de dos años hasta licenciatura

Categoría #3—Artístico—Los que crean

Las personas de este grupo tienen una capacidad artística o innovadora y les gusta trabajar en situaciones no estructuradas usando su imaginación y creatividad.

Profesiones:	Entrenamiento / Educación:
actor / actriz	varía, se requiere escuela de bellas artes y/o licenciatura
arquitecto	se requiere licenciatura
diseñador de modas	varía, se requiere desde título de dos años hasta licenciatura
maestro de música	se requiere licenciatura
fotógrafo	varía, se requiere desde entrenamiento en el trabajo hasta licenciatura
escritor / editor	se requiere licenciatura

Categoría #4—Social—Los que ayudan

A las personas que pertenecen a este grupo les gusta trabajar con la gente para educar, informar, ayudar, o entrenar.

Profesiones:	Entrenamiento / Educación:
peluquero	se requiere instituto vocacional
maestra de escuela pública	se requiere licenciatura
bibliotecario	varía, se requiere desde licenciatura hasta maestría
enfermera	varía, se requiere desde título de dos años hasta licenciatura
policía	varía, se requiere desde título de dos años hasta licenciatura (más entrenamiento en el trabajo)
asistente social	se requiere licenciatura, se recomienda maestría

Categoría #5—Emprendedor—Los que persuaden

A los de este grupo les gusta trabajar con la gente, influir, persuadir, organizar o administrar para realizar las metas de una organización o para ganancias económicas.

Profesiones:	Entrenamiento / Educación:
azafato/a	se requiere bachillerato, se recomienda título de dos años
ingeniero industrial	se requiere licenciatura
intérprete	se requiere licenciatura
abogado/a	se requiere licenciatura más graduarse de la facultad de derecho
dependiente	se requiere bachillerato más entrenamiento en el trabajo
publicista	se requiere licenciatura

Categoría #6—Convencional—Los que organizan

Las personas de este grupo tienen capacidad administrativa y llevan a cabo las instrucciones de otras personas realizando los detalles. A estas personas les gusta organizar y trabajar con datos.

Profesiones:	Entrenamiento / Educación:
contador/a	se requiere licenciatura
cajero/a	se requiere bachillerato más entrenamiento en el trabajo
aduanero/a	se requiere licenciatura
analista financiero	se requiere licenciatura
maestro/a de guardería	se requiere licenciatura
secretario/a médico/a	se requiere bachillerato más entrenamiento en el trabajo, se recomienda instituto vocacional

Glosario

a la venta, *on sale*
a la vista, *apparently*
a medida que, *as*
a partir de, *starting from*
a pesar de, *in spite of*
abarcar, *to take in, include*
abigarrado, *multicolored*
abismo, *abyss*
abrupto, *abrupt*
aburrirse, *to become bored*
acciones, *shares*
acero, *steel*
acogedora, *cozy, secure*
acompañantes, *attendants*
acopio, *stock, storing*
acordarse de, *to remember*
actor, el / la actriz de reparto, *supporting actor / actress*
actualmente, *presently*
actuar, *to act*
acuciante, *urgent*
acusación, *charge*
acusado/a, *defendant, accused*
adaptación, *adjustment*
adaptado (estar adaptado), *(to be) adapted or adjusted*
administración de empresas, *business administration*
adobo, *a broth or sauce used to season meat*
adrede, *deliberately*
aficionado, keen, fond
afrontar, *to face*
agarrar, *to catch, claw, grab*

agencia de empleos, *employment agency*
agradar, *please*
agrega, *adds*
aguantar, *to stand, put up with*
aguijado, *encouraged*
aguja, *needle*
ahorrar, *to save*
alabanza, *praise*
alambrado, *wiring*
alambre de púas, *barbed wire*
alarde, *vain display*
álbumes de recortes, *scrapbooks*
alcanzar, *to reach, attain*
almendrado, *almond-shaped*
alrededores, *surroundings*
altoparlante, *loudspeaker*
alumno/a, *student*
aluzar, *to give light*
'amá, *mama, mom*
ambición, *ambition, aspiration*
ambicioso, *ambitious*
ambiente, *atmosphere, environment*
ambos, *both*
amenazado, *threatened*
anglosajón/a, *Anglo Saxon*
angosto, *narrow*
animar, *inspire, encourage*
anochecer, *nightfall*
anombrado, *appointed*
'apá, *papa, dad*
apagado, *turned off*
apegado, *fond of*

apenas, *scarcely*
apoderarse, *to take over*
aportación, *contribution*
aportado, *contributed*
aportar, *to contribute*
apoyar, *to support*
apremiante, *urgent*
aprobación, *passing grade*
aprobar (no aprobar), *to pass (not pass), to approve*
aprovecharse (de), *to take advantage (of), to make the most (of)*
apuesta, *bet*
apurarse, *to worry*
apuro, *haste*
arándanos, *cranberries*
arcilla, *clay*
armario, *locker*
arroz guisado, *rice cooked with spices*
ascenso, *promotion*
asegurar, *to insure*
asequible, *accessible*
aserrín, *sawdust*
asesoramiento, *advice*
áspero, *rough, harsh*
aspirante, *job candidate*
asuntos, *affairs, matters*
asustado, *scared*
aterciopelado, *velvety*
atiborrando, *packing*
atónito, *astonished*
atrevido, *bold*

audiencia, *hearing*
aullido, *howl*
aumento, *raise*
autoestima, *self-esteem, self-respect*
autónomo, *autonomous, for its own sake*
avena, *oatmeal*
ayunar, *to fast*
bajón, *step down*
banco, *bench, work bench*
barrio, *neighborhood*
bazofia, *rubbish*
bebida, *drink*
beca, *scholarship, grant*
bellas artes, *fine arts*
bendecido, *blessed*
bendiciones, *blessings*
betabel, *beet*
biblioteca, *library*
bien águila, *sharp as a tack*
bilingüe, *bilingual*
bodega, *storeroom*
bomba, *Puerto Rican dance form*
botando, *bouncing*
botones de rosa, *rosebuds*
brincar, *to jump up*
bruto, *stupid*
'buelito, *grandpa*
bufete, *law office*
bultitos, *small lumps*
burlarse de alguien, *to make fun of someone*
cadena de televisión, *television network, chain*
caja, *cash register*
cajero automático, *ATM machine*
calificación, *qualification*
calificaciones, *grades*
calificar, *to grade*
cambiar de opinión, *to change one's mind*
camión (m.), *bus (Mexico)*
camioneta, *van*
campo, *field of study*
canal, *channel*
canción (f.), *song*
canicas, *marbles*
cantante (el, la), *singer*
cantautor/a, *songwriter*
caña, *sugar cane*
capacidad (f.), *ability*
capaz de (ser capaz de), *to be able to, to be capable of*

carcajada, *loud laugh*
cárcel, *jail*
carcomer, *to rot*
cargo, *charge*
cariño, *affection*
cariñoso, *affectionate*
carrera, *a major*
carta de recomendación, *letter of recommendation*
casa de vecindad, *tenement building*
casco, *helmet*
casos civiles, *civil cases*
castellano, *Spanish (language)*
castigo, *punishment*
centro estudiantil, *student center*
cera, *wax*
certificado de nacimiento, *birth certificate*
charco, *puddle*
charlar, *to chat*
chicharrón, *pork rind*
chiquillo, *very young*
chispear, *to produce sparks*
chocar, *to surprise, shock*
chota, *police*
chute, *fix*
cibernautas, *persons who access the Internet often*
cicatriz (f.), *scar*
ciencias políticas, *political science*
ciencias, *science*
cine, *movies, movie industry*
cintas, *ribbons*
cirugía, *surgery*
citación (f.), *subpoena, summons*
ciudadano/a, *citizen*
clausurar, *to close by official order*
cohibición (f.), *restraint*
cojo, *lame*
colcha, *quilt*
colega (el, la), *coworker, colleague*
colgando, *hanging*
comercio electrónico, *e-commerce*
comercio, *business*
compañero/a de cuarto, *roommate*
compañía de seguros, *insurance company*
compartir, *to share*
compasión, *compassion*
chocar, *to surprise, to shock*
choque, *shock*
clasificados, *classified ads*

competencia, *competition*
competitivo, *competitive*
componer, *to compose*
comportarse, *to behave*
computación, *computer science*
comulgar, *to take communion*
confianza, *trust*
confundirse, *to get confused*
conjunto, *group*
conseguir, *to obtain*
consejero, *adviser*
consultoría, *consulting firm*
contabilidad (f.), *accounting*
contar con, *to count on, depend upon*
contienda, *fight*
contratar, *to employ*
convidar, *to invite*
conviviendo, *living together*
cooperativo, *cooperative*
coraje, *rage*
corte (f.), *court*
cosecha, *harvest*
costar, *to cost*
costarle a uno trabajo, *to be difficult*
costo, *cost*
cotidiano, *daily*
cotos, *game preserve*
creencias, *beliefs*
crepúsculo, *twilight*
criado, *brought up*
crianza, *upbringing*
criarse, *to grow up*
cuadra, *block*
cuadro al óleo, *oil painting*
cualquier, *any*
cuchara de palo, *wooden spoon*
cuchilla, *knife*
cuesta abajo, *down hill*
cuidar, *to look after, to care for*
culminar, *to end, to conclude*
culpable, *guilty*
cumplirse, *to be fulfilled, to come true*
currículum, *résumé*
cursos obligatorios, *required courses*
cursos opcionales, *elective courses*
dañar, *to harm*
dar clase, *to teach*
darle asco a alguien, *to make someone sick, nauseous*

darse por vencido, *to give up*
datos, *data*
de golpe, *suddenly*
dedicarse (a), *to devote oneself
     (to), to dedicate oneself (to)*
defensor/a público, *Public
     Defender*
dejar, *to quit*
demorar, *to linger, last*
dentro de cinco años (una semana,
     etc.), *in five years, in five years'
     time (one week)*
desordenado, *disorderly*
deprimir, *to depress*
democrático, *democratic*
derecho, *law*
derechos de matrícula, *registration
     fees*
derramar, *to spill*
derrumbarse, *to collapse*
desafío, *challenge*
desagradable, *unpleasant*
desanimado, *discouraged,
     depressed*
desarollar, *to develop*
desarrollado, *developed*
desasosiego, *uneasiness*
descanso, *break*
desconfiado, *mistrusting*
desdeñable, *despicable*
desechado, *discarded*
desempleo, *unemployment*
desenfrenado, *unbridled*
desgastarse, *to break apart*
deslizando, *slipping away*
desmoronando, *falling apart*
despavorido, *terrified*
despedir, *to fire*
despreciado, *scorned*
destapar, *to uncover*
desviado, *deflected*
detrás de bastidores, *behind the
     scenes*
día de paga, el, *payday*
diadema, *diadem, crown*
dibujo, *drawing*
dictadura, *dictatorship*
diestra y siniestra, *right and left*
diplomático, *diplomatic*
directo, *direct, straight-forward*
disco compacto, *compact disk*
discriminación, *discrimination*
discutir, *to discuss, to argue*

diseñar, *to design*
diseños, *design*
disfrutar, *to enjoy*
dispuesto, *willing*
diversión, *entertainment*
divertirse, *to have fun*
doblar, *to dub, translate*
docencia, *teaching*
doctorado, *doctoral degree*
don, *gift*
doncella, *maiden*
drama, *drama, play*
dramaturgo/a, *playwright*
dulces, *candy*
educación, *education, pedagogy*
ejercer, *to practise*
ejército, *army*
elegir, *to choose*
embajada, *embassy*
emborracharse, *to get drunk*
empaque, *packing*
empinado, *steep*
empleado, *employee*
empleo, *employment, job*
empresa, *company*
empujón, *shove*
encabezar, *to head, lead*
encajes, *lace*
encoger los hombros, *to shrug
     one's shoulders*
enfermería, *nursing*
enfocar, *to focus*
engañarlas, *to deceive*
enlacado, *fixed with hairspray*
enlagunado, *flooded*
enlozado, *tiled*
enmonado, *(hair) pulled up into a
     twist*
enredado, *entangled*
ensueño, *fantasy*
entrañable, *deep*
entremeses, *side dishes*
entrenamiento, *training*
entretener, *to entertain*
entrevista, *interview*
entuertos, *injustices*
entullido, *unable to move*
envejeciente, *elderly person*
escabullir, *to escape*
escalones, *stairs*
escaseces, *scarcities, shortages*
escoger (una carrera), *to choose
     (a major or career)*

escolar, *school (adj.)*
escondiéndose, *hiding*
escondite, *hide and seek, hiding
     place*
esculpir, *to sculpt*
esforzarse, *to work hard*
esmalte, *varnish*
esmóquines, *tuxedos*
especialidad, *major*
especialización, *major*
espetar, *to surprise with a remark*
espontáneo, *sudden*
esquema, *outline, plan*
estancia, *stay*
estar capacitado, *to be able, to be
     qualified*
estar de juerga, *to live it up*
estar deprimido/a, *to be depressed*
estar desempleado, *to be
     unemployed*
estirarse, *to stretch out*
estrenarse, *to debut*
estreno, *premiere, debut*
estribillo, *refrain, hook (music)*
estudiar para abogado/médico, *to
     study to be a lawyer/doctor*
estudio de grabación, *recording
     studio*
estudios, *studies, education*
etruscos, *Etruscans*
evaluación, *evaluation*
extrañar, *to feel lonely for; to miss*
éxito, *hit*
expresivo, *expressive*
expuestos, *exposed*
extraño, *strange*
factura, *bill, invoice*
fantasmagórico, *phantasmagoric,
     characterized by the imagery of
     optical illusion*
fe, *faith*
ferrocarril, *railroad*
festejar, *to celebrate*
fianza, *bail*
fieles, *faithful*
fijarse en, *to look at*
filosofía, *philosophy*
filosófico, *philosophical*
fin de semana, *weekend*
finca, *farm*
fiscal (el, la), *prosecutor, District
     Attorney*
flecha, *arrow*

florecer, *to flower*
fluir, *to flow*
fomenta, *to foster*
fondillo, *behind, backside*
fondo, el, *background*
fondo, *end*
fontanería, *plumbing*
formulario, *form*
fracasar, *to fail*
fracasar, *to fail, to be unsuccessful*
frijoles charros, *a bean dish with pork, salsage, ham and spices*
fumar, *to smoke*
gallina, *chicken*
gallinas indias, *hens*
gallinero, *chicken yard*
garboso, *graceful*
gerente (el, la), *manager*
gimnasia, *gymnastics*
glorias azules, *morning glories*
goteros, *droppers (for counting or measuring drops)*
grabar, *to record*
granada, *pomegranate*
grava, *gravel*
gregario, *gregarious*
grietas, *cracks*
guineas, *pheasant-like birds*
guiño, *wink*
guión, *script*
habanero, *relating to Havana*
habilidad, *skill*
hacer amigos, *to make friends*
hacer el papel, *to play the part*
hacer señas, *to signal*
hacer un negocio, *to plea bargain*
hacer/organizar fiestas, *to throw parties*
hacerse chilango, *to become a person from Mexico City*
halagador, *flattering*
hechos, *facts*
híbrido, *hybrid*
hilo, *thread*
hombría, *manliness*
horario de trabajo, *work schedule*
horas extraordinarias, *overtime*
horchata, *drink made with water, sugar, and crushed almonds, tiger nuts, or rice*
hoyito, *a little hole*
hoyuelos, *dimples*
humo, *smoke*

húngaros, *gypsies*
imagen, *image*
impreso, *printed*
independiente, *independent*
indígena, *native*
indulto, *pardon*
informática, *computer science*
ingeniería industrial, *industrial engineering, process engineering*
ingeniería, *engineering*
inscribirse, *to register, enroll*
inscribirse, *to enroll*
inseguridad, *insecurity*
intentar, *to try*
jactarse, *to boast*
jefe/a, *boss*
joven (los jóvenes), *young person (young persons)*
jubilación anticipada, *early retirement*
jubilación, *retirement*
jubilado, *retired*
judío/a, *Jewish*
juegos de video, *video games*
juez (el, la), *judge*
juguetes, *toys*
juicio, *trial*
junta, *board*
justo, *just (fair, righteous)*
juventud, *youth*
juzgar, *to judge*
kiniseoterapía, *physical therapy*
lacio, *limp, straight*
lacras, *marks*
láminas, *engravings*
lata, *can*
lazo, *tie*
lencería, *linen goods*
letra, la, *song lyrics*
letrero, *sign*
libertad condicional, *parole*
librería, *bookstore*
libro de texto, *textbook*
licenciatura, *bachelor's degree*
liceo, *institute*
lienzo, *canvas*
líneas de montaje, *assembly lines*
lisiado, *paralyzed*
lleva, *tag*
lograr, *to achieve, attain*
luchar, *to fight*
luterana, *Lutheran*

macizo, *hard*
madera contrachapada, *plywood*
maestría, *master's degree*
mal educada, *bad-mannered*
malacrianzas, *bad manners*
maltrecho, *battered*
manejar, *to handle*
manoplas, *brass knuckles*
manosear, *to touch*
maquillaje, *make-up*
maracas, *musical instrument made from gourds*
marco escénico, *setting*
marginarse, *to drop out*
mármol, *marble*
mata, *shrub, vegetation*
matemáticas, *mathematics*
materia, *subject*
materialista, *materialistic*
matones, *bullies*
matriculación, *registration, enrollment*
matriz, *womb*
mayoría, *majority*
mayoritario, *majority*
medicamentos, *medicines*
amistad, *friendship*
mejorarse, *to get better*
mejorarse, *to improve*
mendigo, *beggar*
menear, *to shake*
menear, *to stir*
mercado del trabajo, *job market*
mes que viene,el, *next month*
mesa directiva, *board of directors*
mesura, *moderation*
meta, *goal*
metas, *goals*
meterse en, *to involve one's self in*
michelines, *"spare tires" (slang for folds of fat on the body)*
migra, *immigration control (slang)*
milagrosamente, *miraculously*
militar, *military*
minoría, *minority*
misa del gallo, *midnight Mass*
mojado, *illegal (slang)*
mojarse, *to get wet*
mojo, *a broth or sauce*
molido, *worn out*
monolingüe, *monolingual*
montón, *pile, bunch, a lot*
morder, *to bite*

moto, *marijuana*
mudarse, *to move*
muñecas de trapo, *rag dolls*
murciélagos, *bats*
música latina/tropical, *Latin music*
músico/a, *musician*
muy de madrugada, *very early*
nomás, *only*
notas, *grades*
nutrido, *nourished*
obrero/a, *worker*
oficio, *trade, craft*
ola, *wave*
óleo, *oil painting*
optimista, *optimistic*
orgulloso, *proud*
orilla, *side, edge*
orlado, *edged*
oscilar, *to go back and forth*
otorgar, *to give*
oveja descarriada, *sheep that has gone astray*
pagar en efectivo, *to pay cash*
palidecer, *to pale*
palillo, *stick*
palo, *stick*
papel de lija, *sand paper*
papel protagonista, *leading role*
paracaídas, *parachute*
parado, *unemployed person*
paro, *unemployment;* (estar en paro), *to be unemployed*
pasado mañana, *the day after tomorrow*
paso, *step*
pastel, *cake*
patada, *kick*
patinete, *scooter*
patio escolar, *school yard*
patrocinar, *to sponsor*
paulatinamente, *little by little*
pebre, *sauce made of pepper, garlic, parsley and vinegar*
pedagogía, *education, pedagogy*
pedido (el), *order*
pedir permiso, *to ask permission*
pegadura, *glue*
pelear, *to fight, quarrel, argue*
película, *movie*
pendiente, *attentive*
pendiente de juicio, *pending trial*

pensar hacer (pienso estudiar), *to plan to do (I plan to study)*
pensión, *retirement pension*
perezoso, *lazy*
permitir, *to allow, let*
personaje (m.), *character*
pesimista, *pessimistic*
pichi, *jumper*
piezas de teatro, *plays*
pincel (m.), *paintbrush*
pintura, *painting, paint*
pista de baile, *dance floor*
plan de jubilación, *pension plan*
planta, *plant, factory*
platicar, *to chat*
plena, *Puerto Rican type of song that has social comment, satire or humor*
poder, *power*
poderoso, *powerful*
polifacético, *many-faceted*
pollinas, *bangs*
pollos capones, *capons*
por consiguiente, *consequently*
por otra parte, *on the other hand*
portarse, *to behave*
predilección, *preference*
prepa, *shortened form of preparatoria*
prepararse, *to prepare oneself, to get ready*
preparatoria, *(México), high school*
prepositiva, *prepositional*
preso, *prisoner*
prestaciones, *benefits*
préstamo, *loan*
prójimo, *neighbor*
promedio, *average*
propósito, *purpose*
propuesta, *proposal, prospectus*
proveer, *to provide*
proveniente de, *coming from*
próximo año, *next year*
psicología, *psychology*
púas, *sharp points*
puente (f.), *bridge*
puesto, *position, job*
pulido, *polished*
pulir, *polish*
quedar bien/mal, *to do well/badly, to make a good/bad impression*
quedarse, *to remain, to stay*
quehaceres, *chores*

racionamiento, *rationing*
rama, *branch*
ramificar, *to branch out*
rancheras, *type of Mexican music*
rayuela, *hopscotch*
realizar, *to accomplish, achieve*
rebelarse (contra), *to rebel, revolt (against)*
rechazar, *to reject*
recobrar, *to recover*
recopilar, *to compile, collect*
redactar, *to write, edit*
referencia, *reference*
regañar, *to scold*
regar, *to water*
regatear, *to bargain*
rehusar, *refuse*
religioso, *religious*
remordimiento, *remorse*
rencor, *rancor, hatred*
rentable, *producing income*
repasar, *to review*
represivo, *repressive*
resaca del vino, *a hangover from drinking wine*
resaltar, *to stand out*
resbaloso, *slippery*
rescatar, *to rescue*
reseña, *review, critique*
residencia de estudiantes, *dormitory, residence hall*
retirarse, *to retire*
retiro, *retirement*
retrato, *portrait*
retroceder, *turn back*
retumbar, *to reverberate*
reventar, *to burst out*
revisar, *to review*
revolcar, *to wallow*
risco, *cliff*
ritmo, *rhythm*
rizos, *curls*
rodando, *rolling*
rodeado, *surrounded*
roncar, *to snore*
ruedo, *arena*
ruido, *noise*
ruidoso, *noisy*
sabino, *savin, an aromatic herb*
sacar buenas (malas) notas, *to get good (bad) grades*
sacar dinero, *to take out money*
salario mínimo, *minimum wage*

salario, *pay, wage, salary*

salir con amigos, *to go out with friends*

salir impune, *to get away with it*

salón *(m.), classroom*

saltado, *passed over*

saltar la cuerda, *to jump rope*

salto, *leap*

sazón criollo, *Creole seasoning*

secretario/a general, *registrar*

seguir vigente, *to remain in effect*

seguridad, *safety, security*

seguro médico, *health insurance*

seguro social, *social security*

semejante, *similar*

sentimental, *sentimental*

señalar, *to point out*

sepultar, *to burry*

sequía, *drought*

sesos, *brains*

signo, *sign*

sindicato, *labor union*

sindicatos, *labor unions*

síndrome de abstinencia, *withdrawal symptoms*

sobaqueras, *dress shields*

sobreviviente, *survivor*

socio, *member*

soga, *rope*

solar, *empty lot*

soler, *to be accustomed to*

solicitar un empleo, *to apply for a job*

solicitud de empleo, *job application*

solito, *all by one's self*

soñar con, *to dream about*

sospecha, *suspicion*

subvencionado, *subsidized*

suceder, *to happen*

sueldo, *salary*

sueño, *dream*

superarse, *to improve, better oneself*

supervisor, *supervisor*

supervivencia, *survival*

supuesto, *supposed*

subsidio de paro, *unemployment benefit*

suspirar, *sigh*

susto, *fright*

tachar, *to cross out*

tajante, *sharp, strong*

talento, *talent, gift*

tallar, *to carve*

tarjeta de crédito, *credit card*

técnico, *coach*

tejas, *tiles*

telaraña, *spiderweb*

televidente (el, la), *television viewer*

temeroso, *fearful*

temporero/a, *seasonal worker*

tener éxito, *to be successful*

tener habilidad para, *to be good at*

tener la facilidad para, *to have a gift for*

tener una actitud (positiva/negativa) hacia, *to have a (positive/negative) attitude toward*

tentative, *attempt*

tertulia, *gathering*

testigo, *witness*

tiempo completo, *full time*

tiempo completo, *full-time*

tiempo parcial, *part-time*

tiendas de lencerías, *dry goods stores*

timbales (m.), *kettle drums*

tímido, *timid*

tirantez, *tension*

titular, *holder of the title*

título, *degree*

título de bachiller, *high school diploma*

tomar decisiones, *to make decisions*

tomar notas (apuntes), *to take notes*

tomar una decisión, *to make a decision*

toque, *touch*

torta, *cake*

trabajador/a, *worker*

trabajar por horas, *to be paid by the hour*

trabajo estacional, *seasonal work*

traidor/a, *traitor*

trámites, *procedures*

trasladarse, *to move*

trastocar, *to twist*

tratado, *treaty*

trozo, *piece*

tulipanes, *tulips*

tumbar, *to knock down*

tutor/a, *tutor*

ubicarse, *to be located*

unidad central (la), *mainframe computer*

vacaciones, *vacation*

vadear, *wade*

valedero, *of value*

valer para, *to be good at*

varita, *wand*

varón, *male*

vecindario, *neighborhood*

vecino/a, *neighbor*

vela, *candle*

velar, *to watch*

vencer, *to defeat*

vendedor/a, *salesperson*

verja, *fence*

veterinaria, *veterinary medicine*

vibrar, *to reverberate*

viento, *wind*

vigente, *in effect*

vivencias, *personal experiences*

volarle la cabeza, *to blow one's head off*

yema, *egg yolk*

yeso, *plaster*

zapallos, *squash*

zoquete, *mud*

Créditos

Index